Ci-contre

Jean-Michel Jacques lors d'une visite du président Jacques Chirac à Creil, au début des années 2000. Il est alors infirmier commando au sein du groupe de combat en milieu clos (GCMC).

JEAN-MICHEL JACQUES

ANCIEN INFIRMIER COMMANDO MARINE DÉPUTÉ DU MORBIHAN DEPUIS 2017 VICE-PRÉSIDENT DE LA COMMISSION DE LA DÉFENSE DE L'ASSEMBLÉE NATIONALE

La guerre fascine surtout ceux qui ne la connaissent pas et qui ne l'ont jamais faite. Les membres des forces spéciales n'aiment pas la guerre mais ils la font au nom de la France, discrètement et efficacement. Bien loin du quotidien de nos concitoyens, la guerre n'a pourtant pas disparu; elle a simplement évolué et changé de visage: terrorisme, cyber-attaque, combats hybrides, etc. Néanmoins, ce qui n'a pas changé et ne changera jamais, c'est la douleur de perdre un père, un enfant, un frère, un conjoint ou un camarade. En écrivant ces quelques lignes, je ne peux que penser à mes frères d'armes blessés dans leur âme, dans leur chair, et à ceux morts au combat ou dans l'exercice de leurs fonctions et dont les noms sont couchés parmi tous ceux figurant dans cet *in memoriam*: Frédéric, François, David, Pierre-Marie, Patrice, Éric, Henri, Loïc et Jonathan. Tant de souvenirs!

À travers cette préface, il m'a été donné la possibilité de contribuer humblement à cet ouvrage qui offre bien plus qu'un panorama des opérations menées par les forces spéciales. D'abord, il montre que ces unités si particulières constituent l'un de nos meilleurs outils stratégiques parce qu'elles sont discrètes, peu coûteuses à l'échelle du budget de l'État, et que leurs actions ont un effet psychologique fort sur l'ennemi. Ensuite, il atteste que, de tout temps, une armée robuste ne saurait se passer de ces petits groupes à effet majeur car leurs missions sont ultra-stratégiques: destruction d'objectifs tactiques, neutralisation de terroristes, capture de criminels de guerre, arrestation de narco-trafiquants en mer... La liste est bien trop longue pour énumérer l'ensemble de ces missions de haute intensité. Enfin, les témoins et l'auteur — qui connaissent très bien l'univers des forces spéciales — s'attachent à faire percevoir à qui ne la connaît pas encore la vie de ceux qui se sont engagés dans ces unités avec détermination et humilité, et qui sont capables d'opérer de façon autonome dans tous les types d'environnement, même les plus hostiles, mêmes lors des crises les plus graves, même dans le chaos le plus total.

De nos jours, les modes opératoires et les équipements des forces spéciales sont bien différents de ceux d'hier mais les fondamentaux issus de l'héritage du *Special Air Service* et des 177 commandos marine du commandant Kieffer restent les mêmes.

Après plus de vingt-trois ans passés dans la Marine nationale, dont dix-sept au sein de la Force maritime des fusiliers marins et commandos (Forfusco) en tant qu'infirmier de l'avant, j'ai vu évoluer les méthodes et les matériels. J'ai également assisté à la création du commandement des opérations spéciales (COS) en 1992, qui a permis de réorganiser les unités d'élites de l'armée française et d'améliorer les capacités d'action propres à chacune d'entre elles tout en conservant leurs spécificités et leurs traditions. Surtout, bien plus que tout autre chose, j'ai gardé en mémoire ces hommes qui m'ont fait grandir et dont les valeurs me servent encore de boussole aujourd'hui; ce qui m'évite de perdre mon cap dans ma nouvelle jungle!

J'ai retenu que le respect, la loyauté, le sens du devoir, le dépassement de soi, le courage, l'humilité, l'anticipation et l'innovation font partie des qualités de ces hommes de l'ombre. Depuis mon retour à la vie civile, mon béret vert au badge n° 7480 — badge porté à gauche, de couleur bronze, sur lequel figurent la dague de commando, le brick de l'aventurier, la croix de Lorraine et une flamme sous laquelle est inscrit en lettres majuscules « Commando Marine » — m'a toujours suivi. À présent, il trône dans mon bureau de député à l'Assemblée nationale: il veille, il me rappelle et il m'oblige.

L'innovation est au coeur de la mission du COS et en la matière tous les moyens sont bons pour « faire autrement » et coller au plus près des besoins rencontrés en opérations. De Mossoul à Tripoli en passant par l'Afghanistan, l'Irak ou le Sahel, surprendre l'ennemi nécessite une certaine agilité tactique mais aussi une certaine agilité technique. Alors, pour affronter des adversaires toujours plus insaisissables, plus rapides et dotés d'équipements de plus en plus sophistiqués, il faut innover. C'est en partie pour cela que, dès sa création, le COS s'est doté d'une commission dédiée à l'innovation, nourrie par les retours d'expériences des forces spéciales sur la réalité des engagements, la nature des menaces, voire des innovations imaginées par l'ennemi. Les objectifs sont clairs: conserver un niveau d'asymétrie technologique à l'avantage de nos armées, emporter la décision et asseoir notre supériorité opérationnelle sur le terrain. Tous ceux qui sont passés dans les corps d'élite jusqu'à aujourd'hui ont toujours innové. Véhicules légers, système de plongée, jumelles de vision nocturne avec capteur thermique intégré: l'innovation n'est pas que l'histoire de grands programmes d'armements, elle passe aussi par ces petits équipements tout aussi cruciaux.

INFIRMIER

Tous ceux qui, un jour, ont eu des expériences opérationnelles ont été habités, j'en suis convaincu, par ces sentiments que j'ai pu connaître : la frustration, la colère et l'envie de trouver des solutions là où d'autres ne verraient que des problèmes.

La frustration : celle de constater que l'équipement n'est pas à la hauteur des exigences de la mission ; celle qui toutefois se transforme très vite en énergie positive. Ce sentiment nous a habités avec mes camarades du groupe de combat en milieu clos (GCMC – devenu CTLO) et du Commando Hubert. Au milieu des années 1990, dans un contexte de montée en puissance du groupe islamique armé (GIA) en Algérie, nous étions en alerte en cas de prise d'otage sur l'un des ferrys effectuant la traversée Alger-Marseille et devions être en mesure de reprendre de vive force le contrôle du bateau et de libérer les otages depuis la mer en cas d'attaque terroriste. Pour ce faire, nous avions dû nous-mêmes inventer et fabriquer de façon artisanale des perches télescopiques pour pouvoir monter à l'assaut sur les ferrys à partir de nos embarcations rapides.

La colère : celle d'apprendre — alors que je travaillais sur la Loi de programmation militaire (LPM) en tant que député de la commission de la défense nationale et des forces armées — que lors de la bataille de Mossoul contre Daesh, nos soldats se faisaient bombarder par des drones achetés sur Internet, transformés à l'aide d'imprimantes 3D et développés par des ingénieurs recrutés sur le *darknet*. Alors que, pour nos soldats, obtenir un simple drone d'observation pouvait prendre entre six mois et trois ans, de son côté un proto-État était capable de renouveler facilement les siens deux à trois fois par mois.

L'envie : de combler les trous et de réussir la mission, celle d'être collectivement à la hauteur des enjeux, de « croire et oser » et de faire bouger les lignes avec volonté et persévérance. Sur le plan technologique, l'une des priorités était de faciliter les liens entre les forces spéciales et l'ensemble des acteurs des armées et du secteur privé qui ont tous de bonnes idées pour innover aussi bien dans le secteur civil que militaire. C'est d'ailleurs dans cette optique, entre autres, qu'en 2018 l'Agence de l'innovation de défense a été créée. De nos jours, les boucles technologiques sont de plus en plus courtes et les innovations ont une durée de vie relativement éphémère. Dès lors, tout l'enjeu est de pouvoir capter l'innovation avant qu'elle ne le soit par nos adversaires mais aussi, et surtout, d'en faire bénéficier nos forces dans les meilleurs délais : la réforme des procédures d'acquisition y participe.

Vous l'aurez compris, l'esprit des forces spéciales c'est aussi l'adaptabilité, la réactivité et l'envie d'aller toujours de l'avant avec détermination et humilité. Aussi, à travers cet ouvrage, c'est un bel hommage qui est fait à ces hommes aux qualités physiques, psychologiques et morales hors du commun et dont l'engagement impose parfois, dans le cadre légitime de leur mission, de retirer la vie d'un autre ou, dans l'accomplissement de leur devoir, d'aller jusqu'au sacrifice suprême.

Ci-dessous
Jean-Michel Jacques en juin 2019, désormais député du Morbihan et vice-président de la commission des forces armées, au milieu des opérateurs du Commando Hubert.

01

LE COMMANDEMENT DES OPÉRATIONS SPÉCIALES

DES UNITÉS ISSUES DE LA FRANCE LIBRE

Ci-dessous
Ce tireur d'élite des commandos parachutistes de l'air exhibe son fusil doté d'un chargeur spécial rallongé.

La France a créé ses premières unités de forces spéciales dès 1937, au sein de la toute jeune armée de l'air. Ces groupements d'infanterie de l'air (GIA) disposaient à la fois de parachutistes et d'avions au sein de la même unité. Mais l'état-major n'y a pas cru car c'était trop avant-gardiste.

S'appuyant sur les expériences menées en Grande-Bretagne, la France Libre a développé en 1942 de nouveaux combattants, les « commandos », formés dans les Forces navales françaises libres (FNFL) et confiés à Philippe Kieffer. Tandis que les Forces aériennes françaises libres (FAFL) créent des commandos sur le modèle du *Special Air Service* (SAS), une autre unité, confiée au pilote de l'aéronavale et résistant Pierre Ponchardier, voit le jour en 1944 pour le théâtre Pacifique. Dans les trois cas, les Britanniques ont été des modèles, même si les Français ont créé leur propre marque et environnement.

Les deux entités ont œuvré au succès du débarquement de Normandie. 177 marins (les fameux « commandos Kieffer ») ont ouvert la voie à Colleville-Montgomery dans le secteur de Sword, tenant ensuite bon tout l'été dans des conditions dantesques.

Quelques équipes isolées et un maquis animé par le 2e régiment de chasseurs parachutistes (4 SAS[01]) de Pierre-Louis Bourgoin génèrent quant à eux l'effet stratégique, en contribuant à fixer 150 000 Allemands en Bretagne par leurs actes de sabotage et leurs combats de guérilla. Ces Allemands manquent en Normandie, ce qui contribue aussi à permettre la percée d'Avranches du général américain Patton, en août 1944. Les SAS sont ensuite largués en France occupée et permettent de continuer des actions de niveau stratégique.

Seulement, après la guerre, une bonne partie de ces unités innovantes spécialisées dans l'action fulgurante et fugace disparaissent. Seule la marine croit vraiment aux commandos qui combattent en Indochine (1947-1954), à Suez (1956) et en Algérie (1954-1962), au prix de très lourdes pertes. Leur emploi est alors limité à quelques opérations comme au Liban (1983), ou dans le Pacifique pour contrer Greenpeace ou libérer les otages d'Ouvéa (1988). La référence d'action commando a alors migré en parallèle vers les actions clandestines du SDECE, ancêtre de la DGSE. Le 11e régiment parachutiste de choc est d'ailleurs utilisé en Algérie, un théâtre où l'armée de l'air crée, pour toute la durée de la guerre, des commandos parachutistes de l'air (CPA) dont les descendants, les CPA 10 et CPA 30, sont désormais intégrés au commandement des opérations spéciales (COS).

Dans l'armée de terre, un groupement opérationnel (GO) a été formé au sein du 1er régiment de parachutistes d'infanterie de marine (1er RPIMa) de Bayonne. Mais son action, qui profite essentiellement au SDECE, est limitée à quelques opérations éclair en Afrique, comme au Zaïre en 1977 et en 1978, puis en Centrafrique en 1979. Le GO, qui a atteint un niveau élevé et une capacité multimilieux, est dissous sans autre forme de procès lorsque la gauche arrive au pouvoir, en 1981. Ses ressources humaines patiemment formées sont alors dispersées aux quatre vents, mais il a créé des précédents, des souvenirs, qui seront profitables au 1er RPIMa par la suite.

Il faut attendre la guerre du Golfe, en 1992, pour que la notion de forces spéciales et de commandement d'unités des opérations spéciales (COS) voie le jour, afin d'éviter les guerres de clocher entre unités d'élite, et ainsi favoriser un pilotage réactif en opération.

Un outil inégalé est né, mais il ne sera vraiment utilisé que dans les années 2000. Le COS gère des coups de poing ici ou là, avant d'entrer dans une ère d'opération plus construite, plus longue et, inévitablement, plus risquée.

01 Le 2e RCP s'est appelé successivement 1re compagnie de chasseurs parachutistes (1941), 4 SAS, puis 1er bataillon d'infanterie de l'air (BIA) en juillet 1943, puis 4e BIA en novembre 1943, avant de prendre le nom de 2e RCP le 1er juillet 1944.

Haut

Band of brothers : commandos parachutistes de l'air durant la guerre d'Algérie. La rusticité reste la règle de base.

Bas

Leurs successeurs, en 2005, sur une crête en Afghanistan. Le guidage des moyens aériens est une des missions des forces spéciales.

LA FINESSE DES EFFETS, L'*ULTIMA RATIO* DE L'ÉLYSÉE

Le recours à une opération spéciale permet d'évacuer rapidement des ressortissants dans un pays exposé, de créer la surprise stratégique, d'aider des opposants politiques. Dans les années 2000, les opérations spéciales permettent surtout la traque des chefs terroristes et l'exploitation de leur documentation. Si une simple neutralisation d'artillerie et/ou une frappe aérienne pourraient sembler suffire, ces solutions un peu définitives éliminent des indices, donc des moyens de relancer d'autres opérations. Et la possibilité de mener des interrogatoires. En effet, un prisonnier est aussi une «monnaie d'échange» contre des otages civils ou d'autres prisonniers alliés.

En outre, la présidence de la République fait de plus en plus appel au COS. Elle y a eu recours sur les principaux théâtres d'opération ces dernières années (Syrie-Irak, Sahel), mais aussi sur ceux qui peuvent sembler plus périphériques ou absents des journaux télévisés (Libye, par exemple). Les forces spéciales sont utilisées car elles sont rentables: leur succès est quasi certain, et elles laissent une faible empreinte sur le terrain. De plus, plusieurs présidents de la République (Nicolas Sarkozy, François Hollande et Emmanuel Macron) ont été conseillés à l'Élysée par le général Benoît Puga[01], un ancien général commandant le COS (GCOS). Son successeur, l'amiral Bernard Rogel, est aussi un fin connaisseur des capacités du COS même s'il n'a pas commandé les forces spéciales.

Progressivement, le COS est devenu un intégrateur de capacités, d'abord sous le commandement du général Christophe Gomart,

01 Lire son interview en fin de partie.

Ci-contre
Des forces spéciales déployées dans le centre Mali, durant la reprise du pays par les forces spéciales, début 2013.

Ci-dessous
Dans une météo incertaine, un plot avancé de la TF Sabre dans le centre du Mali, début 2013.

puis avec le vice-amiral Laurent Isnard[02]. Le COS s'est constitué sa propre « caisse à outils » ; il utilise à sa façon ses ressources propres et aussi celles des autres. Régulièrement, il frappe avec des moyens aériens qui ne lui appartiennent pas, mais dont il a le commandement opérationnel (OPCON)

TASK FORCE SABRE (TF SABRE)

Ci-dessous
L'efficacité de la TF Sabre repose sur des opérations coup de poing avec de petits groupes de commandos, ici du 1er RPIMa…

Ci-contre
Mais tout commence souvent par des observations discrètes, menées durant des jours, ici par deux VPS du 13e RDP.

Cette unité opérationnelle commandée par le COS au Sahel rassemble les unités des trois composantes : air, marine et terre. Elle a été constituée dès 2009 pour former les forces spéciales mauritaniennes, puis pour trouver et libérer des otages français enlevés au Sahel. Grâce à son prépositionnement, elle a accumulé de l'information sur la zone et a pu bloquer l'offensive djihadiste en janvier 2013. Depuis, elle traque inlassablement les têtes de réseaux terroristes, réalisant en parallèle des libérations d'otages.

ATTENTAT DU RADISSON BLU DE BAMAKO

Le 20 novembre 2015, l'hôtel Radisson Blu de Bamako (Mali) est attaqué par des terroristes. La TF Sabre anticipe les demandes et besoins, et déploie une force d'intervention avant même d'en recevoir l'ordre. Le groupe Sakin du 1er RPIMa localisé à N'Djamena (au Tchad) reste sur place, tandis que d'autres commandos du 1er RPIMa, prépositionnés à Gao en vue d'opérations, sont envoyés à toute allure sur Bamako à bord d'un Casa nurse dépiauté de son matériel médical. À Ouagadougou, le Poitou et un appareil affrété se chargent de convoyer d'autres groupes action en alerte à Bamako. Finalement, tous les commandos

A gauche

VPS du 13e RDP en surveillance face à un axe suspect, Sahel, 2017.

sont donc envoyés vers la capitale malienne, avec un Cougar qui se charge de constituer une force mobile si, d'aventure, il fallait poursuivre des terroristes qui auraient pu s'échapper. Le soutien médical est fourni par l'Allemagne qui dispose alors de moyens dans la zone.

Les deux djihadistes, des Peuls, donnent du fil à retordre aux Maliens comme aux Français, mais ils finissent par être neutralisés. Leurs tirs prouvent qu'ils étaient des combattants expérimentés — par la suite, on découvrira qu'ils étaient shootés pour pouvoir tenir le coup. Pendant l'opération, endiguer le feu est nécessaire (moins de 400 coups de feu sont tirés) car il n'est pas exclu que l'on découvre des salariés et des résidents piégés dans l'hôtel, ou bien retenus comme boucliers humains. Par ailleurs, l'immensité des lieux explique que l'opération dure toute la journée. Un Reaper piloté depuis Niamey, et dont l'imagerie sera fournie en continu au PC de GFS de Ouagadougou, vole en continu. À la fin de l'opération, la TF Sabre doit blanchir toutes les chambres de l'hôtel avant que ce dernier soit de nouveau mis à disposition des clients.

La TF Sabre s'en sort finalement avec «seulement» deux blessés. C'est un tour de force car un milieu clos (en l'occurrence, l'hôtel) favorise généralement les pertes humaines, notamment car les tirs de l'adversaire sont plus performants dans un espace fermé, et parce qu'il peut y avoir des pièges à certains endroits.

ORION

Sahel, fin février 2019. Grâce au renseignement initial issu de plusieurs opérations précédentes, la TF Sabre échafaude la neutralisation de l'émir de Tombouctou, Yahia Abou-el-Hammam, nom de code «Orion».

La cible est importante car des membres de la katiba peuvent aussi voyager avec le chef, ou au moins le croiser. Le temps de réaction ne permet pas de mobiliser un avion pour larguer des parachutistes. Le Commandant de la TF Sabre (COMTF) décide de mobiliser les hélicoptères, dont il connaît parfaitement l'emploi. Tous les hélicoptères disponibles prépositionnés de nuit à Tombouctou sont engagés. Un Tigre sert de PC volant et deux Gazelle portent une minigun pour l'une et un tireur d'élite pour l'autre.

Le dispositif décolle à 13h13, une fois des mouvements de pick-up détectés et identifiés comme suspects. Seul problème, leur zone d'évolution (à Bou Djeheba) est à 180 km de Tombouctou, en limite d'élongation des vecteurs. Le plan est de prendre le groupe djihadiste en tenaille entre deux mâchoires venues du nord et du sud. La poursuite va s'échelonner sur quatre heures au total.

Depuis que les hélicoptères ont décollé, deux autres véhicules sont venus rejoindre le rutilant pick-up Toyota à double cabine avec une grosse climatisation, ciblé par la TF Sabre. Au bout de trente minutes de vol, vient le temps de l'interception de mobiles (IDM). Comme c'est souvent le cas, les trois véhicules s'éloignent les uns des autres afin de disperser les forces des Français.

La stratégie est d'abord d'affaiblir l'escorte d'Orion. Les deux pick-up chargés de combattants sont donc ciblés en premier. Problème: le carburant descend rapidement dans les réservoirs; les deux Gazelle doivent aller se ravitailler après avoir déchargé les commandos. Le Tigre se met donc à courser le pick-up d'Orion traqué par un drone Reaper dans le ciel, pendant que les commandos assurent le service après-vente sur les deux autres véhicules. Une équipe va même se lancer à la poursuite d'Orion, en réutilisant un pick-up avoiné[01] quelques minutes plus tôt. Le Tigre solitaire est forcément le plus rapide; il se charge d'arrêter la course d'Orion et de le fixer.

01 Mitraillé.

Haut
Début 2013, le ministre de la défense Jean-Yves Le Drian vient à Lorient rencontrer les forces spéciales qui vont partir en Afrique.

Bas
Ce Transall de l'escadron de transport 3/61 Poitou peut se poser sur des terrains dits sommaires car non préparés.

Ci-dessous

La nacelle suspendue à ce Caracal de l'armée de l'air peut porter jusqu'à 1 500 kg.

Dans le véhicule, l'émir et ses lieutenants attendent, et se disent qu'ils vont finir par épuiser la réserve du Tigre. À bord de ce dernier, les deux pilotes sont sereins. De la patrouille d'hélicoptères, ils sont de loin les plus endurants et peuvent tenir longtemps, notamment le temps que les commandos rallient le pick-up ennemi. L'attente va durer 45 minutes, le Tigre faisant sa sarabande autour de la Toyota.

En comprenant que les renforts arrivent, Orion et ses trois lieutenants tentent un dernier combat contre le félin du 4e RHFS. Le Tigre l'empêche. Les occupants du pick-up sont neutralisés avec plusieurs rafales (au total, 150 obus de 30 mm, soit un tiers des réserves de munitions du Tigre). Les réserves de carburant commencent alors à descendre aussi, mais l'équipage pense qu'elles seront suffisantes, car il a misé sur le vent favorable rencontré à l'aller (dans l'autre sens). Le calcul était parfait : l'appareil se pose vingt minutes plus tard — avec le plus petit volume ayant sans doute réussi à faire voler un Tigre, sept minutes avant extinction porté par un vent de 25 nœuds. Au total, il aura volé 4 h 40. L'équipage avait de toute façon tout prévu. S'il avait fallu soutenir les commandos au sol plus longtemps, l'appareil se serait posé au milieu des commandos et se serait fait larguer des « couilles » (des réservoirs souples de carburant).

Avant de quitter la zone, l'appareil est relevé par une Gazelle qui a pu remplir son réservoir au sol et qui est arrivée cinq minutes après les rafales du Tigre. L'imbrication des effets est parfaite, mais une fois de plus la couverture est offerte par trois drones Reaper (un français, un américain et un second français), qui se succèdent sur la zone d'opération pour permettre un des plus beaux succès de la TF Sabre en ce début d'année.

QUATRE OTAGES

Le soir du 9 mai 2019, les aéronefs de la TF Sabre décollent pour une zone d'action au nord du Burkina Faso, avant même de recevoir l'onction du président

Ci-dessous

L'équipage de cet hélicoptère Cougar du 4e RHFS frôle les commandos marine, à peine débarqués.

de la République. Il s'agit de mener une libération d'otages. Cette action a été précédée d'une patiente opération de surveillance qui, en réalité, a commencé le 1er mai quand deux Français ont été enlevés au Bénin.

Des moyens américains de surveillance aérienne se sont joints à ceux des Français; tout est mis au service de cette mission, et toutes les autres sont abandonnées dans l'urgence. Les vols de drones Reaper se succèdent depuis Niamey, où Français et Américains ont installé leurs drones endurants capables de voler 24 h d'affilée.

Le Reaper américain est relevé par deux engins du même type opérés par l'armée de l'air, un volume inédit qui doit éclairer les commandos du 1er RPIMa et du Commando Hubert qui ont été choisis pour l'opération. C'est l'équipe de la marine qui a été retenue pour la commander. Plusieurs huttes doivent être traitées dans une zone déserte.

Les deux groupes se scindent en plusieurs équipes. Le Commando Hubert forme deux équipes de quatre hommes. Cédric de Pierrepont et Alain Bertoncello mènent chacun la leur. C'est à eux que revient le travail le plus risqué: ouvrir la voie. Le plus expérimenté, Alain Bertoncello, est frappé le premier. Pour avancer jusqu'à une hutte, il doit éviter une table, ce qui l'expose au terroriste dissimulé à l'intérieur. Cédric de Pierrepont est touché alors qu'il vient d'entrer dans la deuxième hutte dont l'entrée est très basse. Il a dû se contorsionner, ce qui a permis à un autre terroriste de le frapper par derrière.

Le groupe du 1er RPIMa, formé de douze commandos, a progressé en ligne à droite de la position du Commando Hubert, avec sa cellule de mise en œuvre (CELMO) en échelon refusé. C'est ce stick contre-terrorisme et libération d'otages (CTLO) de la 3e compagnie SAS qui retrouve les otages dans un ensemble qu'il investit.

Une des images les plus fortes de 2019 est celle des opérateurs de la TF Sabre, unis dans la douleur sur le tarmac de la base de Gao, quand un avion du Poitou emmène les corps des deux opérateurs de Hubert vers la base aérienne de Niamey, d'où ils rejoindront la France après un ultime hommage.

UNLOCK BEFORE OPERATION
UNLOCK BEFORE OPERATION

Ci-contre
Ce drone Reaper a largué 40 % des munitions de l'armée de l'air au Sahel sur le premier quadrimestre 2020.

Ci-dessous
Les honneurs militaires (ici rendus à deux commandos marine tombés au Burkina Faso) expriment à la famille et à aux frères d'armes la reconnaissance de l'État.

BILANS

Ces dernières années, c'est à la TF Sabre que l'on doit l'essentiel des pertes dans les rangs adverses. Plus particulièrement à ses hélicoptères Tigre, et à l'appui de la chasse. L'arrivée de l'armement sur les drones Reaper de l'escadron de drones

En moyenne, un mandat de quatre mois de la TF Sabre génère entre vingt et trente opérations. « Une opération peut durer quatre heures sur le terrain, mais avant, elle comprend des heures de préparation, puis, à l'issue, de *debriefing* », constate un ancien COMTF de l'armée de terre issu du 4ᵉ RHFS. Elles durent rarement moins de 48 h.

TASK FORCE HYDRA (TF HYDRA)

À l'origine, la TF Hydra est mise sur pied pour aller aider les combattants peshmergas qui combattent Daech en Irak, en 2014. En quelques mois, l'hydre terroriste s'est organisée et a étendu sa zone d'action en Irak. Parfaitement conseillée par d'anciens militaires irakiens spécialistes de l'influence (notamment *via* les réseaux sociaux), elle a distillé la terreur parmi l'armée irakienne qui, en fait, ne combat pas. Daech se rapproche dangereusement de Bagdad, avant d'être freiné et de reculer sous les coups de boutoir de l'aviation alliée.

Dans l'histoire du COS, la TF Hydra est un cas assez inédit de soutien à une composante minoritaire (les Kurdes) dans un pays (l'Irak) dont le gouvernement est agressé par une armée terroriste.

La gravité des combats autour de Mossoul contraint à opter pour un mode opératoire assez proche de celui utilisé dans les tranchées de la Première Guerre mondiale, c'est-à-dire une guerre de positions ponctuée d'embuscades, de neutralisations à distance et d'exploitation du moindre renseignement actionnable. Ainsi, toutes les capacités de neutralisations à distance par fusil de tireur d'élite, mais aussi par les drones armés et les chasseurs, ont été utilisées.

À cet égard, c'est le théâtre qui a le plus mobilisé, et de loin, les talents des tireurs d'élite de toute l'histoire du COS. La distance entre les lignes des deux camps permettait d'y avoir recours et, quand les distances étaient supérieures aux performances des armes, des groupes de snipers opéraient des infiltrations, parfois sur plusieurs kilomètres, le plus souvent de nuit et à pied, parfois en véhicules.

Les Français n'ayant pas d'hélicoptères en propre, le mode opératoire était forcément contraint. Les distances de tir ont pu varier entre une centaine de mètres et plus de 2 000 mètres pour les plus élevées. Le recours à une nouvelle arme identifiée par le 1er RPIMa a permis de peser sur le cours des batailles, sur place. Même si, parfois, lors d'assauts de Daech sur les positions qu'elle occupait, la TF Hydra a pu se retrouver à bien plus courte distance (quelques mètres) contre des dizaines d'assaillants, de jour comme de nuit. C'est le cas le 5 octobre 2018, pendant plusieurs heures, quand une quarantaine de combattants de Daech disposant d'armes antichar harcèlent un poste franco-américain, qui tiendra bon malgré un ennemi supérieur en nombre.

À plus longue distance, et afin que les tireurs ne se fassent pas repérer, les armes sont systématiquement pourvues de réducteurs de son (RDS), ce qui était déjà la règle au Sahel. Le RDS réduit fortement le bruit que fait la balle en quittant le canon, il ne subsiste que le bruit de la culasse. Il supprime aussi la lueur en sortie de bouche qui peut trahir la position d'un tireur, de jour comme de nuit. C'est souvent ce qui permet de détecter un tireur, même plus que le bruit que fait la balle quand le coup part. Vu les distances de tir et la précision demandée, y compris sur des cibles très furtives qui ne sont visibles que quelques secondes, les calculateurs de tirs portables se sont généralisés. Ils peuvent être individuels ou collectifs, et informer un ou plusieurs tireurs. Chaque calculateur possède en mémoire les caractéristiques de tir et de munitions de plusieurs armes, ce qui permet une réactivité très intéressante pour le sniper.

Les mortiers de 81 mm qui figurent dans le catalogue du 1er RPIMa et des commandos marine ont aussi été utilisés, car leur portée est intéressante (5,7 km) et ils peuvent utiliser des obus de neutralisation comme éclairants, de façon visible ou sous infrarouge. Des missiles antichar Javelin ont aussi été tirés, notamment contre des *Teknicals*, des 4 × 4 « bricolés » avec du blindage et des armements, mais aussi des VBIED, des véhicules truffés d'explosifs conduits par un kamikaze. L'un d'eux est passé à la postérité lors de sa destruction… filmée par une équipe de télévision occidentale. Un autre a explosé sans tambour ni trompette en octobre 2018, détruit par un missile français.

Enfin, le lance-roquettes consommable type AT4CS s'est aussi avéré très utile pour des tirs anti-infrastructures. Tout comme le canon sans recul, une arme exploitée par les « proxys » kurdes. Suite à cela, les forces spéciales de l'armée de terre ont même envisagé d'en faire l'acquisition.

Afin d'accumuler des dossiers d'objectifs, les moyens de renseignement les plus divers ont été utilisés. Parmi les plus connus, citons les nano, micro et minidrones, et même les drones alliés endurants, qui permettent de découvrir des cibles, de lever tout doute sur leur nature, et de confirmer l'absence de civils innocents à proximité.

Plusieurs centaines de combattants de Daech ont été neutralisés de cette façon, au fusil. La chasse alliée, notamment française, a également pu réaliser des frappes sur des objectifs définis par les commandos au sol, là aussi à une échelle rarement atteinte auparavant.

Ci-contre

Cette vidéo tournée localement montre le départ d'une équipe d'observation et de neutralisation.

Ci-dessous

Le COS a réussi une manœuvre globale en Syrie et en Irak, en travaillant avec des « proxys », des forces partenaires issues de la résistance kurde.

Ces commandos de la TF Hydra ont d'ailleurs été les seuls combattants français au contact direct de Daech, même si le risque d'intrusion de Daech dans les lignes était patent. Des artilleurs ont été engagés, mais leurs canons ont frappé leurs adversaires à plusieurs dizaines de kilomètres.

Comme les commandos de la TF Sabre, ceux de la TF Hydra se sont parfois retrouvés face à des commandos extrêmement jeunes. De telles confrontations ont clairement été responsables de plusieurs cas de PTSD[01]. Ils ont aussi été confrontés à des armes chimiques, certes basiques, mais bien réelles.

Enfin, ils ont été confrontés à la menace des drones du commerce piégés. Deux peshmergas ont été tués après avoir ramassé l'un d'entre eux, et deux opérateurs du CPA 10 ont été grièvement blessés par l'explosion. Ces deux modes opératoires, qui peuvent sembler primitifs, illustrent la capacité de Daech à diversifier ses modes d'action.

01 *Post-traumatic stress disorder*, syndrome post-traumatique, dont le nombre est monté en flèche avec l'Afghanistan.

XB24
XB23
O
POS

GRANDS TÉMOINS

GÉNÉRAL MAURICE LE PAGE

CRÉATEUR PUIS COMMANDANT DU COS (1992-1996) ET PÈRE DU MAÎTRE PRINCIPAL LOÏC LE PAGE, COMMANDO TRÉPEL, TUÉ EN AFGHANISTAN EN MARS 2006

La montée en puissance du COS fut une merveilleuse aventure, mais elle n'a pas toujours été facile. Cette création atypique en a gêné quelques-uns, car ils y perdaient certaines capacités. Nous connaissions nos amis comme nos ennemis. Ce n'était pas simple de déterminer les unités que nous allions garder. Il fallait aussi laisser les unités au sein de chaque armée, et c'est un commandement opérationnel qui devait apparaître.

Chacun a apporté sa pierre à l'édifice. L'homme qui a eu la vision géostratégique est l'amiral Lanxade[01]. Le général Douin[02], avec qui j'avais fait l'IHEDN en 1987-1988, a aussi été essentiel. Ils m'ont donné carte blanche.

J'ai aussi été aidé par un certain nombre d'officiers qui ont dépassé les intérêts catégoriels de leur armée. Quand il a fallu créer le COS, j'ai obtenu ce que je voulais: me mettre dans un lieu discret. J'ai commencé mon travail avec un ancien pacha du Commando Hubert, nous sommes partis à deux! Il avait été engagé dans la guerre du Golfe, mais pas comme il l'aurait voulu. Il avait l'idée de quitter la marine, ce qu'il a fait finalement, mais d'abord, il a travaillé avec moi à la création du COS. Nous avons bossé comme des dingues avant de présenter notre projet à l'amiral Lanxade puis au ministre Joxe.

Je n'avais servi ni au GO ni au 1er RPIMa, je ne venais pas des services spéciaux, mais ma vie avait toujours été en unité commando. J'étais instructeur commando et j'avais servi en unités para un peu partout, au 3e RPIMa, au 6e RPIMa, au 8e RPIMa. J'avais commandé le groupement aéroporté (GAP), un outil merveilleux, puis j'avais été adjoint opérations de la 11e DP. Nous avions été déçus de ne pas pouvoir être employés davantage dans la guerre du Golfe, mais je m'étais arrangé pour faire envoyer sur place au moins le groupement para commando du colonel Rosier qui commandait alors le 1er RPIMa. J'étais aussi pilote d'avion, je plongeais, je pratiquais la chute libre. Je connaissais bien le CEMA, le général Schmitt, qui m'avait commandé au 8e RPIMa.

L'amiral Lanxade m'avait croisé à la cellule de crise et m'avait désigné pour l'opération Libage/*Provide Comfort* au Kurdistan. Avant même de rentrer de cette opération, j'ai appris qu'on me confierait une mission à mon retour. Faire naître autre chose après la fin du GAP me semblait important. Quand le GAP avait été dissous, nous avions créé un insigne avec le phénix, l'oiseau qui renaît de ses cendres. C'était un superbe outil, avec 5 000 hommes qu'on pouvait engager. Nous avions fait des choses merveilleuses avec ce GAP; je m'étais juré de le faire renaître, car sa dissolution m'était restée en travers de la gorge.

Pour créer le futur COS, je pouvais contacter toutes les unités spéciales, SA et GIGN[03]. Il fallait dissocier le clandestin du classique. Les SAS britanniques font des missions spéciales et clandestines, mais pour que ce soit admis en France aussi, une séparation était nécessaire.

Nous avons longuement hésité, nous avons failli faire la DOS, avec un « D » pour « direction » et non un « C » pour « commandement ». Le « D » donnait un statut particulier aux uns et aux autres, mais le « commandement » ne me semblait pas mauvais non plus, placé entre les mains du CEMA.

Nous avons choisi le symbole du COS (l'arbalète) ensemble. Nous avons longuement discuté là-dessus; des gens avaient des idées originales. Nous avons pris l'arbalète parce que le poignard est très connu, donc c'était un petit peu bateau. Je voulais quelque chose de bien français, ce qui est le cas de l'arbalète. Et c'est une arme de commando. On m'en a offert une à mon départ du COS. Notre premier patch était assez semblable à l'actuel. Nous avions glissé le mot « France », que j'admire. Il a disparu, mais l'arbalète est toujours là, comme l'étoile qui guide les aviateurs et les parachutistes.

Pour l'état-major, tous les services et armées fournissaient des effectifs: les armées, mais aussi un ancien de l'EPIGN[04] des personnels de la 11e DP, de la DGSE... Nous avons vu assez vite un premier cercle que nous allions garder, le 1er RPIMa, les commandos marine, une unité qui n'existait pas, les commandos de l'air, et les moyens aériens. J'avais été frappé dans l'armée de l'air par une unité, le CPA 10. Le capitaine qui commandait le CPA 10 m'avait fait forte impression. Cette unité m'avait paru spéciale, particulière, j'en avais besoin pour remettre en état un aéroport, une tour de contrôle, préparer l'arrivée de l'avion, et aussi le guidage[05] des chasseurs. Ils ont ensuite travaillé avec les pilotes de Mirage et sont montés en puissance.

01 Jacques Lanxade est le premier marin à devenir chef d'état-major des armées, poste qu'il détiendra de 1991 à 1995.

02 Jean-Philippe Douin, aviateur, est alors depuis le 1er octobre 1992 major général de l'état-major des armées. Il deviendra CEMA en août 1995.

03 Service action de la DGSE et groupe d'intervention de la gendarmerie nationale.

04 Escadron parachutiste d'intervention de la gendarmerie nationale, intégré en 2007 au GIGN.

05 Le guidage aérien désigne le travail d'un spécialiste au sol — appelé JTAC (joint terminal attack controller). Celui-ci consiste à donner les éléments à l'aéronef en vol pour trouver puis attaquer un objectif. Mais le guidage peut aussi désigner les informations qui permettent l'atterrissage d'avions ou d'hélicoptères.

Ci-dessous

Atypique, le général Le Page était l'homme tout désigné pour prendre en main le COS, fonctionnant différemment des troupes régulières.

Et nous avons constitué un deuxième cercle auquel on pouvait faire appel ; des unités de la DRM, par exemple, les CRAP de la 11e BP. Dans le troisième cercle, nous trouvions des unités indispensables pour mener quelques missions, comme les unités de montagne. La chute libre à haute altitude sous oxygène est une qualification extrêmement pointue qui ne peut intéresser que certaines personnes. Il fallait avoir les capacités aériennes idoines, ne pas avoir de la masse, mais plutôt le bon bistouri pour le bon malade.

Cela nous a conduits à avoir un effectif restreint au départ, mais dans tous les domaines d'action des opérations spéciales qu'il fallait définir.

Au COS, nous avions le 1er RPIMa qui avait eu une composante GO, les commandos marine. Il fallait mettre le 13, mais il appartenait à la sphère du général Heinrich, donc à la sphère du renseignement. Au début, le 13e RDP était évidemment un régiment qui devait entrer immédiatement dans le premier cercle. Je l'avais visité et je le connaissais. J'avais participé à un certain nombre d'opérations en Centrafrique avec lui, au moment de l'opération Barracuda, tout comme lors de deux engagements avec mon régiment au Tchad. J'ai signé un accord avec le général Heinrich, mais aussi avec le colonel Costedoat qui commandait le service action de la DGSE.

Au début, c'était une véritable aventure, il n'y avait rien au COS. Il fallait trouver le hangar qui allait convenir pour l'EOS, trouver des locaux pour nos garçons. Puis nous avons commencé à réfléchir aux programmes d'armement, aux aptitudes que devraient avoir les futurs matériels, à la façon dont nous pourrions les adapter. Nous l'avons fait d'entrée de jeu pour le Tigre, mais nous nous sommes aussi interrogés sur les SNA (comment ils pourraient accueillir des nageurs de combat). La question s'est également posée pour la nouvelle génération (dont le Suffren, le premier de série, qui a fait sa première plongée fin avril 2020 en face de Cherbourg) ; nous avons anticipé les drones.

Il fallait faire confiance aux cellules innovation des unités ; nous avons créé une cellule au COS (la CIEPCOS), et des gens de la DGA y étaient associés.

L'idée était de prendre des gens jeunes à l'état-major, pour qu'ils commandent ensuite. Cela ne s'est pas fait pour le général Jacques Rosier qui a néanmoins commandé le GSA[06]. En revanche, ça a été le cas pour Grégoire de Saint-Quentin, que j'appréciais, et qui a commandé le 1er RPIMa puis le COS.

06 Groupement spécial autonome, associant le 1er RPIMa et l'EOS.

TOYOTA

Ci-contre

Loïc Le Page, un des fils de Maurice Le Page, est tué à la tête de son escouade, en mars 2006, dans la vallée de Marouf, en Afghanistan.

La première chose que j'ai souhaitée en débutant cette mission était de m'installer discrètement, de le faire avec la paix et avec les moyens nécessaires. On m'a donné un bureau sous terre à proximité de l'endroit où j'avais travaillé à l'EMAT, au bureau emploi. J'ai fait venir l'ancien pacha du Commando Hubert. Nous avons préparé la montée en puissance du COS. Plusieurs solutions étaient possibles, nous avons visité plusieurs endroits, comme une base formidable du côté de la Méditerranée, qui appartenait à la marine. Le site offrait plein d'atouts, avec une piste, mais nous avons vite arrêté car des lignes aériennes de l'aéroport de Nice se croisaient à proximité. La deuxième option était du côté de Villacoublay — dans les Yvelines, près de Paris. Ce n'était pas mal, mais il y avait de gros travaux à faire. Il fallait que nous arrivions dans un endroit où toutes les têtes pensantes seraient là, il fallait que nous ayons la sécurité, la logistique, la discrétion et les moyens de communication. Nous avons donc retenu la base aérienne 921 de Taverny dans le Val d'Oise, au nord de Paris. Le COS s'est installé à côté de l'état-major des forces aériennes stratégiques. Nous nous sommes installés dans l'ancien PC de crise du général de Gaulle, revu et corrigé. Nous avions des locaux, de l'espace, la cuve[07], une passerelle, des moyens de projection, mais les travaux n'étaient pas complètement achevés. Au début, nous étions peu de personnel, nous ne nous perdions pas dans les couloirs (*rires*) ! Progressivement, nous avons eu du personnel de la marine, de la DGSE, des parachutistes, des transmetteurs… Je voulais que les gens soient pilotes d'hélicoptères, d'avions, ou parachutistes. Que tout le monde soit guidé par les mêmes étoiles et traité de la même façon. Et qu'il y ait tous les grades.

Au début, nous n'étions qu'une petite structure d'action et de réflexion. Très vite, il y a eu la tentation de vouloir engager le COS en tant que tel. Mais il était hors de question de le faire tant que de solides moyens et une chaîne de commandement n'étaient pas été mis en place, et que tout était bien carré.

J'ai commencé mon travail en 1991, le 12 mai 1992, l'EMA avait pris la décision d'implantation à Taverny. Le 1er juin 1992, j'ai exposé les conclusions de mon étude au ministre, et le 24 juin, il signait l'arrêté portant création du COS. Je continuais à faire des voyages entre-temps pour parfaire ma connaissance des unités spéciales étrangères. Le 15 septembre 1992 a débuté l'installation à Taverny. Et, le 28, nous y recevions l'amiral Lanxade. C'était le début d'une longue série de visites, car il fallait convaincre les armées de notre utilité. Au début, le major général, le général Douin, me disait d'y aller doucement.

Je travaillais beaucoup dans ma voiture, entre Paris (où j'habitais), Taverny, et le ministère de la Défense. Dans la voiture, j'avais une radio, le téléphone. C'était mon PC roulant. Une fois arrivé à Taverny, j'allais courir dans la forêt, souvent il faisait encore nuit. J'arrivais à mon bureau à 8 h, un petit café, et c'était parti. Puis, dans la journée, je retournais dans mon bureau à Paris, aussi souvent qu'il le fallait. J'avais obtenu l'installation sous terre d'une cellule unité spéciale. J'étais au contact de tous les services de l'EMA. Et j'avais aussi un bureau en surface.

Il fallait faire admettre le COS car, au début, nous n'avions pas une place réservée. Le CEMA pouvait décider ou non de l'emploi des unités que nous allions engager. Je me suis battu, dans des stratégies d'influence parfois discrètes, pour que nous atteignions la taille que nous avons maintenant. Nous sommes passés au-dessus de gens qui ne nous voulaient pas du bien. Au début, nous suscitions l'œil goguenard de certains, puis ils ont été convaincus.

Parmi les choses que j'ai beaucoup aimées chez les Britanniques, c'est le rôle du DSF, le *director of special forces*, l'homme qui intervient en cas de coup dur. C'est un homme directement au plus près du plus haut pouvoir décisionnel à Londres. Je ne fais qu'esquisser un rêve, mais je n'ai pas le droit de ne pas le faire, car quand on veut gagner des délais, il faut des chaînes de décision courtes. Et, quand on veut être discret, il faut une chaîne directe, sans qu'elle soit clandestine.

Nous avions besoin de réfléchir et d'anticiper — c'est le maître mot aujourd'hui. C'est ce que j'appelais à l'époque le « traitement avancé », c'est-à-dire agir avant les autres, avant qu'il ne soit trop tard. Il fallait l'adopter dans tous les domaines : les modes opératoires, l'armement, l'innovation… La première chose que j'ai créée au COS est la commission interarmées d'études pratiques pour les opérations spéciales (CIEPCOS) ; nous réfléchissions ensemble, tout le monde apportait ses idées. C'est cette CIEPCOS qui nous a fait avancer sur les véhicules, les armements ; nous réfléchissions à livrer du fret par parachute dans une ambassade isolée, nous travaillions déjà avec drones. Elle a permis de travailler sur de nouveaux GPS, des appareils de prises de vue, des embarcations rapides, des systèmes de vision nocturne, des voiles de parachutes pour chuteurs opérationnels, nous avions aussi réfléchi à des ULM… Nous avions même pu acheter deux Toyota Land Cruiser que nous avions pré-équipées en moyens de transmission et qui permettaient de commander les opérations sur le terrain.

07 La cuve est le surnom du centre de planification et de conduite des opérations de l'état-major des armées (CPCO).

J'admirais ce que faisaient les Britanniques, et que nous avons découvert lors de multiples déplacements chez eux, ainsi qu'aux États-Unis, aussi bien chez les SAS qu'au SBS[08]. Lors d'une de ces tournées, je suis monté dans une embarcation rapide du SBS qui filait à grande vitesse, je me suis dit qu'il fallait que nous ayons des engins pareils. Et lors d'un déplacement à Lorient avec le major général de la marine, je lui ai présenté celui qui avait préparé l'arrivée des premières embarcations de ce type, pour qu'il en achète aussi. C'était très utile de voir ce que les autres avaient, de mesurer nos faiblesses et nos manques, et de convaincre ensuite au plus haut niveau.

Nous sommes allés aux États-Unis en Transall. Rien que le fait que les Français aient traversé l'Atlantique sur un simple bimoteur ébahissait les Américains. Nous avons pu visiter toutes leurs unités, nous avons été reçus très amicalement par leurs forces spéciales. Cela m'a permis de revoir certains des camarades croisés au Kurdistan en 1991 ou sur le porte-avions Forrestal au large du Liban. Il fallait toutefois garder raison quoi qu'il arrive. Nous n'avions pas la débauche de moyens des Américains, mais nous pouvions nous en inspirer sur certains points. Quand il a fallu créer des modes d'action, des échanges entre états-majors, cela a été rendu possible par les amitiés bâties à cette époque.

Il fallait créer un centre d'entraînement particulier que j'avais vu en Grande-Bretagne, et c'est Jacques Rosier qui l'a réalisé à Pau avec la complicité du CEMAT. J'avais eu Rosier comme lieutenant au 3e RPIMa. Quand j'ai commandé le GAP à Albi, il était mon chef opérations, il commandait le 1er RPIMa quand j'étais à la DP. C'est lui que j'ai envoyé dans le Golfe en 1991.

Nous avons eu une opération délicate, au Rwanda. C'était la mise en place d'une unité larguée dans l'inconnu, nous ne savions pas comment les forces allaient être accueillies là-bas. Les forces spéciales (FS) doivent être engagées le plus rapidement possible pour ouvrir le théâtre. Nous le faisons parfois en coopération avec les unités clandestines, puis l'opération est menée de façon à ce que l'on puisse préparer l'arrivée des conventionnels. Nous restons sur place aussi longtemps qu'il le faut pour mener des opérations, mais le but est ensuite de rapatrier les FS, car ce n'est pas la peine de faire la même chose que les conventionnels. Ç'a été dur à faire admettre.

Il faut situer l'opération spéciale au niveau élevé, stratégique, parce que si c'est pour obtenir le même résultat que les conventionnels, elle ne sert à rien. Durant la guerre du Golfe, les SAS britanniques étaient utilisés pour détruire les missiles Scuds irakiens et empêcher ainsi Israël de rentrer dans la guerre. En Somalie, lors de notre toute première opération, il fallait laisser la main aux autres. Les commandos de recherche et d'action dans la profondeur (CRAP) de la 11e DP, du REP, sont très bien pour cela. Nous devons être considérés comme étant capables d'agir avec des moyens particuliers et avec des normes que les conventionnels n'ont pas. Nous avons beaucoup travaillé avec l'armée de l'air pour acquérir les normes du GAM[09], nous avons passé de nombreuses heures dans les avions.

En Bosnie, nous avons été à l'origine des actions civilo-militaires. J'avais sympathisé avec le patron des affaires civiles américaines, il mobilisait des moissonneuses-batteuses. Au sein de leurs FS, ils avaient des unités capables de développer ce concept. Nous avons commencé à faire appel à des réservistes pour remettre en route le pays par l'intermédiaire d'un réservoir qualifié.

Les personnels du COS vont au bout de l'extrême. J'ai encore une grande émotion quand j'en parle. Ils sont discrets, peu bavards, courageux, compétents, ils vont au bout d'eux-mêmes et font le sacrifice de leur vie avant qu'on le leur demande. Quand vous avez à agir avec des garçons comme ceux-là, c'est extraordinaire ; tout le monde se rassemble sur le sable, sans notion de hiérarchie. Les compétences sont mises en commun.

En quittant le COS au bout de quatre ans, j'ai laissé une sorte de testament qui évoquait les orientations qui me semblaient souhaitables pour les trois composantes. Je suis heureux de voir que mes suggestions ont été mises en place petit à petit. Le 13 a notamment rejoint le COS après les attentats du 11 septembre.

Je suis parti comme chargé de mission auprès du CEMA, puis du CEMAT, le temps de prendre le commandement de la région terre sud-ouest. Deux unités spéciales, le 1er RPIMa et le DAOS, y étaient installées. Je pouvais continuer à travailler pour elles.

Mon fils Loïc, qui était le dernier de la famille, s'est engagé dans la marine après quelques mois de faculté, en vue de rejoindre les commandos. Il voulait suivre les traces de son frère aîné qui était engagé en Bosnie. Il a choisi librement cette carrière, comme tous mes enfants, à qui j'ai laissé choisir leur métier. Il détestait la médiocrité par-dessus tout et il voulait toujours être parmi les meilleurs. Il a été major d'un de ses stages, le brevet supérieur. Il avait un potentiel énorme, il devait devenir chef de mission, et serait sans doute passé officier, et aurait commandé un commando. Il est tombé, les armes à la main, en Afghanistan, le 4 mars 2006.

08 *Special boat service*, équivalent des commandos marine français.

09 Le GAM-56 Vaucluse est l'unité volante de la DGSE.

Ci-dessous

La dépouille de Loïc Le Page est accompagnée par des opérateurs du Commando Trépel dans la soute du Transall.

Il était le premier commando marine à mourir en opération depuis très longtemps. Nous avons eu un contact étroit avec son chef, le colonel Christophe Gomart (futur GCOS). J'ai envoyé un message aux hommes pour qu'avant tout ils continuent le combat.

Notre famille a alors reçu une longue série de témoignages de solidarité et d'amitié de la part de ses frères d'armes, de ses chefs, de ses copains du lycée militaire d'Autun, une mafia incroyable. Et cela continue toujours, quatorze ans après. Je suis allé décorer un jour le proviseur d'Autun, et une classe de 3e s'est détachée du groupe et a chanté face à notre famille une chanson inspirée par la vie de Loïc. Ç'a été un moment dur, qui prenait à la gorge. Des cours portent son nom, une coursive à bord d'un bateau de la marine, une formation de l'école de Maistrance, une promotion de la préparation militaire marine Kieffer, un bâtiment de la base de Lorient. Son souvenir est partout…

J'ai aussi été marqué par la façon dont les Américains ont honoré sa mort. Il a reçu une décoration américaine, et plusieurs généraux ont pris la parole ce jour-là.

Un jour, alors que nous arrivions au cimetière où repose Loïc, nous avons croisé un magnifique gaillard, tenant par la main une petite fille avec une rose. C'était un des commandos de Loïc qui venait honorer sa mémoire.

GÉNÉRAL BENOÎT PUGA

Ci-contre

Le général Puga, pendant la *garden party* du ministère des Armées, dans le sillage d'un des présidents qu'il a conseillés, François Hollande.

ANCIEN GCOS, ANCIEN CHEF D'ÉTAT-MAJOR PARTICULIER DU PRÉSIDENT DE LA RÉPUBLIQUE

MON GÉNÉRAL, QUEL A ÉTÉ VOTRE PREMIER CONTACT AVEC LES FORCES SPÉCIALES ?

Le premier fut avec les services, *via* Alexandre de Maranches (futur directeur de la DGSE), un ami de mon père qui était présent à mon mariage. Mon premier contact sur le terrain s'est fait à Kolwezi, en 1978, pas avec des personnels du groupement opérationnel[01], mais avec des nageurs de combat d'Aspretto que je connaissais, des amis. Les forces spéciales n'ont pas existé telles que nous les connaissons aujourd'hui avant 1992.

Il y a eu ensuite une confusion des genres à Ouvéa qui a failli coûter très cher aux forces spéciales[02]. Mais, heureusement, les personnels ont été utilisés pour une partie technique, puis ils ont très vite été renvoyés sur leurs bases arrière. Les choses n'ont pas eu de conséquences dramatiques suite à ce mélange des genres. Habituellement, chaque unité a sa place : les forces spéciales, les forces conventionnelles, les services. Elles sont complémentaires ; vouloir mener la mission de l'autre expose à de graves conséquences ou à des malheurs pour la suite.

Une unité des services est clandestine donc nous n'en parlons pas. Toute tentative d'échapper à cette contrainte, comme ceux qui racontent leur vie dans des articles, par exemple, est préjudiciable. Soit c'est du mytho (et cela cultive le « mythe destructeur »), soit cela laisse entendre que les personnes commettent des actes répréhensibles, ce qui entache l'action de ces gens inutilement. À l'inverse, les forces spéciales peuvent agir de façon confidentielle, comme quand je commandais les opérations spéciales. Nous avons mené une opération très importante qui fut couronnée de succès en Afrique. Ceux qui ont de la jugeote pourraient retrouver les circonstances, mais nous n'en avons jamais parlé après. Nous n'agissions pas en clandestins comme la DGSE, mais de façon confidentielle. Comme cela peut être demandé à des unités françaises conventionnelles. Nous ne sommes pas obligés de faire de la communication à chaque fois.

Lors de toutes les opérations que j'ai faites, avant que je ne devienne le général commandant les opérations spéciales, j'ai croisé des unités qui sont devenues spéciales par la suite.

01 GO, une composante de la DGSE fournie par le 1er RPIMa.

02 Des forces spéciales (Commando Hubert) et clandestines (11e Choc) ont été employées pour une opération sur le territoire français, ce qui n'était pas justifié à l'époque. Mais les effectifs du GIGN déployés sur place étaient en nombre insuffisant, d'autant plus qu'une partie d'entre eux étaient otages.

À Kolwezi, j'ai croisé nos camarades du 13e régiment de dragons parachutistes qui avaient « fait tapis » ; leur matériel était hors service. J'y ai aussi croisé des personnels du 1er RPIMa. Mais la vraie rencontre a eu lieu plus tard, quand le commandement des opérations spéciales a été constitué après la guerre du Golfe. Comme chef de corps du 2e régiment étranger de parachutistes, j'ai encore été amené à côtoyer des unités de forces spéciales en Afrique. Cela nécessitait que je me coordonne avec elles, avant de les commander à partir de 2004.

EN QUOI LA GUERRE DU GOLFE A-T-ELLE CONSTITUÉ UN ÉLECTROCHOC ?

La guerre du Golfe a fait évoluer le contexte d'engagement des forces, mais elle n'a pas forcément été un électrochoc. Ce sont les erreurs d'emploi des unités spécialisées commises pendant la guerre du Golfe qui ont provoqué un électrochoc. Mais quand on regardait les autres forces spéciales anglo-saxonnes déployées lors de la guerre du Golfe, on constatait que leur emploi n'était pas non plus interarmées. Cela ne l'est devenu qu'ensuite, avec la prise en compte du caractère interarmées des opérations.

La combinaison des actions des trois composantes apparaît pendant la Première Guerre mondiale. Même si l'armée de l'air n'existait pas à l'époque, elle était intégrée à l'armée de terre. Il y avait déjà ce souci de coordination des effets, qui s'est renforcé pendant l'entre-deux-guerres puis la Seconde Guerre mondiale.

L'électrochoc dont vous parlez était nécessaire pour casser les corporatismes. Quand les unités spéciales étaient dans leurs armées d'origine, elles avaient leur utilité dans ces armées. Quand nous les avons retirées pour les mettre dans le « pot commun » interarmées, les armées ont ressenti ce vide, et la nature en a horreur. Quel que soit son niveau, un chef a besoin de personnel de confiance à qui il peut donner des missions particulières qui sortent du cadre d'emploi.

Napoléon avait des aides de camp dont la mission était de porter les ordres aux maréchaux. Cela montre bien à quel point il faisait confiance à ces hommes. Ils devaient réussir à rejoindre les maréchaux, mais aussi à transmettre correctement les ordres de l'Empereur. Il fallait parfois percer une brèche dans le dispositif adverse ou avoir des unités qui avaient des aptitudes particulières.

En Indochine, nous avions le besoin de former des pelotons d'élèves gradés (PEG) pour préparer les caporaux[03]. Ces unités commandées par un très bon lieutenant servaient comme une unité spéciale pour le chef de corps. Roger Faulques a été le chef du peloton d'élèves gradés au bataillon

03 Premier grade après celui de simple soldat.

B PUGA

Ci-dessous

Le CPA 10, ici en mission en 2005, a mobilisé des ânes et des motos pakistanaises lors de la guerre d'Afghanistan.

étranger de parachutistes (BEP). Il s'est illustré dans de nombreux « coups de poing », car il commandait une petite réserve pour les chefs de corps des BEP. Quand j'étais capitaine au 2e REP, à Beyrouth, nous avions détaché des commandos de recherche et d'action dans la profondeur (CRAP).

Il a fallu créer ces unités de forces spéciales pour le niveau stratégique. Il faut trouver le bon équilibre entre ressource et besoin, ne pas trop élargir le volume de forces spéciales, sous peine de banaliser le besoin en unités de ce type. Je cite souvent l'exemple du cheval de Troie : le commandement des opérations spéciales, ce sont les guerriers grecs et Ulysse (qui ont ouvert les portes de la ville de Troie). Mais ce sont les conventionnels — soit le reste de l'armée grecque — qui ont pris la ville. Les conventionnels n'auraient pas pris la ville sans ce concours des forces spéciales.

Pendant la guerre du Golfe, seuls nos CRAP ont été déployés[04], le 2e REP n'y a pas participé. Clairement, il y a eu une perte d'efficacité pour nos forces spéciales du fait d'un mélange des genres, on complexifiait, alors que chacun avait son rôle à jouer. Nos camarades se sont aperçus qu'ils auraient pu avoir une action plus efficace s'ils avaient été regroupés.

QUELLES SONT, SELON VOUS, LES MISSIONS QUI ILLUSTRENT LE MIEUX CE QUE SONT LES FORCES SPÉCIALES ?

Les meilleurs exemples d'actions des forces spéciales sont les « ouvertures de portes », l'entrée de théâtre comme à Bunia en 2003, en Afghanistan, sur d'autres actions en Afrique ou au Liban, en Irak plus récemment (en 2014, au début de l'opération Chammal). Les FS sont des unités qui sont des démultiplicateurs de force.

Dans ces cas-là, vous rendez possible un succès qui sera déterminant pour une opération. L'emploi des forces spéciales doit se faire au niveau stratégique, il n'a pas de raison d'être au niveau tactique. C'est souvent l'erreur commise. Le service action de la DGSE doit être employé pour mener des actions clandestines. On n'agit pas pour se faire plaisir, sinon on n'a rien compris. C'est au chef de ne pas tomber dans le piège du romantisme et du cosmétique.

À QUOI RESSEMBLE LE COMMANDEMENT DES OPÉRATIONS SPÉCIALES QUAND VOUS Y ARRIVEZ COMME CHEF EN 2004 ?

Avant 2004, le commandement des opérations spéciales avait déjà été employé dans quelques missions en Afrique, principalement dans ces missions ponctuelles d'ouvertures de portes, justement. Lors de Bunia, j'étais patron du centre de planification et de conduite des opérations (CPCO). À cette époque, le COS avait fait de la libération d'otages et de l'action commando ponctuelle ses spécialités. C'était bien le cas, mais ce n'était pas encore intégré dans tous les esprits. Le COS avait été employé dans la traque des criminels de guerre dans les Balkans et avait alors connu de beaux succès, mais il y avait aussi eu des aspects pervers. Sur des théâtres de crise, dans des conditions particulières, avec des personnels en civil, il n'est jamais bon que cela dure trop longtemps.

Quand j'ai pris le commandement des opérations spéciales, il est monté en puissance avec la mission en Afghanistan. Tous les ingrédients étaient réunis pour que le COS, pour la première fois, puisse agir et combattre en totale autonomie. Il a fallu repenser le soutien logistique, le soutien santé, l'accompagnement par des unités de guerre électronique. Les composantes des trois armées étaient en permanence représentées dans les détachements. Cela constituait une extrême richesse et permettait à chacune de découvrir ce que les deux autres étaient capables de faire dans leur domaine. Ce fut une remarquable école d'« interarmisation[05] » et de développement de savoirs tactiques et techniques.

ALLIEZ-VOUS RÉGULIÈREMENT EN AFGHANISTAN POUR PRENDRE LA TEMPÉRATURE ?

J'étais le premier colonel du CPCO à aller là-bas, en 2001. J'ai dû y aller plus d'une trentaine de fois. Tous les trimestres j'allais passer une semaine entre autres à Spin Boldak, pour maintenir la relation avec les Américains (que ce soit à Washington ou à Tampa[06]), car c'était aussi la première fois que des forces spéciales françaises travaillaient au contact d'autres FS de pays étrangers alliés. L'intégration des forces spéciales françaises sous leur commandement était assez exceptionnelle, ce qui nécessitait une très grande confiance. À cette époque, ce n'était pas banal de mettre des FS, par constructions nationales, sous les ordres d'un commandement étranger. Ç'a été un très bon exercice ; il a fallu convaincre à chaque relève le commandement américain, ce qui demandait une très grande rigueur de la part des patrons des détachements français à Spin Boldak.

04 Avec, parmi eux, l'actuel chef d'état-major de l'armée de terre, le général Thierry Burkhard.

05 L'intermisation est le processus qui mène à l'emploi des composantes des trois armées (air, terre, marine) dans des opérations, et qui vise aussi à rationaliser les soutiens, en France.

06 Ville de Floride où siège l'état-major des forces spéciales américaines, mais aussi celui du CENTCOM, le commandement central dont dépendait le théâtre afghan.

Ci-dessous

Le général Puga, alors chef du COS, oriente le président Chirac, lors de sa dernière visite aux forces spéciales, en avril 2007.

Arès a constitué un moment particulièrement fort et exemplaire. Nous avons mis au point des modes d'action interarmées, déployé des systèmes informatiques et photographiques pour conduire nos actions. Cela s'est avéré très utile par la suite, car cela a été transposé de façon efficace sur d'autres théâtres, comme au Sahel, quand nous avons installé un poste de commandement (PC) au Burkina Faso.

Ces états-majors projetés de FS ou de *combined joint special operations task forces* (CJSOTF) étaient très utiles et importants.

GRÂCE À VOUS, LES MOYENS AÉRIENS CONSTITUENT UN SOUTIEN, ET VOUS AVEZ NOTAMMENT JOUÉ UN RÔLE DANS LA CONSTITUTION DE L'ESCADRON DE TRANSPORT 3/61 POITOU ?

Nous avons fait un effort sur la constitution du Poitou. Il était important d'avoir une intégration interarmées au sein du COS, et que chacun soit à sa place. J'ai toujours été un grand partisan des développements de capacités propres à chaque armée. Nous pouvons avoir des nageurs de combat dans l'armée de terre ou de l'air, ils peuvent être aussi bons que ceux des commandos marine. Mais, par construction, ces derniers sont le fer de lance, la tête de pont. De même, la marine et l'armée de terre sont capables de guider des avions, de les orienter pour des posers d'assaut et des déposes d'hélicoptère, ou pour équiper des zones en plein désert. Mais, par construction, les commandos parachutistes de l'air (CPA) sont bien évidemment les premiers capables de développer des savoir-faire, car ils ont la même mentalité que les pilotes de chasse et de transport.

Nous sommes un petit pays, il nous faut trouver un équilibre entre ce que nous pouvons trouver et payer, et ce qui serait superflu. Nous ne pouvions pas avoir, comme les Américains, notre propre flotte d'avions et d'hélicoptères spécialisés, donc nous avons développé le meilleur système. Nous avons spécialisé des unités d'hélicoptères dans l'armée de l'air et l'armée de terre. Pour les avions de transport, nous ne pouvions pas avoir des appareils spécialisés, nous avons donc équipé des Transall avec des kits d'équipement, comprenant un pod de reconnaissance. Avec le Poitou, nous avons mis au point des capacités qui correspondent précisément aux besoins de l'action spéciale : s'infiltrer, se poser, récupérer des camarades. Cela nécessite des surhommes et un entraînement tellement pointu qu'il n'est pas possible de le généraliser à l'intégralité des armées. Nous avons suffisamment d'heures de vol pour former trois ou quatre équipages d'avions et remplir les conditions particulières de mission.

Le Poitou a acquis de formidables compétences dans certaines opérations, et un excellent niveau. C'était important pour moi de développer ce qui se faisait de mieux pour chaque unité dans le cœur de son domaine. Le Commando Hubert s'est encore amélioré dans le milieu subaquatique, ce qui lui a permis de nous rendre des services fantastiques par la suite.

Les forces spéciales sont des enfants gâtés, c'est vrai : elles ont un matériel, une autonomie phénoménale. C'est le cœur du métier, mais cela demande une grande exigence. Nous ne pouvons pas nous permettre autre chose qu'une extrême rigueur. Il faut être impitoyable, nous ne sommes pas là pour jouer les cow-boys.

AVANT QUE NOUS NE QUITTIEZ LE COMMANDEMENT DES OPÉRATIONS SPÉCIALES, VOUS AVEZ ACCUEILLI LE PRÉSIDENT CHIRAC QUI S'APPRÊTAIT LUI-MÊME À QUITTER SES FONCTIONS…

Le président Jacques Chirac est venu avec son petit-fils. Il était déjà bien fatigué. Ce jour-là, il a été extraordinaire. Les mains dans les poches, il marchait avec difficulté. Lorsqu'il s'est adressé à la troupe à la fin de la visite, au mess sous-officiers, il s'est redressé de toute sa taille après avoir passé le rang des spots, et a fait un discours extraordinaire, en y mettant toute son énergie.

Ç'a été une journée très agréable, d'autant plus qu'elle arrivait après plusieurs actions conduites par les forces spéciales. Le président Chirac nous avait fait confiance, comme le chef d'état-major des armées (CEMA). Pendant trois ans, nous avions cumulé un certain nombre de missions extraordinaires, le président en était conscient. Ma mission ce jour-là était de m'assurer que, vu le nombre de micros au-dessus de sa tête, les médias ne captaient pas d'informations confidentielles pendant que nous échangions sur plusieurs stands. Nous ne sommes pas passés loin de voir fuiter quelques informations sensibles (*sourire*).

Ci-dessous
Les quads ont été employés en opérations pour la première fois par le CPA 10 en 2005, par l'équipe 12 Alpha.

L'UNE DE CES ACTIONS EST LE LARGAGE DE NUIT DE PLUSIEURS DIZAINES DE CHUTEURS OPÉRATIONNELS AU-DESSUS DU POSTE DE BIRAO (CENTRAFRIQUE), ASSIÉGÉ PAR DES IRRÉGULIERS…

C'est vrai, Birao est emblématique. Le parachutisme n'est pas une fin en soi, juste un moyen de transport. Tout comme la chute opérationnelle. Mais là, l'intérêt était de procéder à un assaut vertical, en s'affranchissant des obstacles, d'accélérer les délais d'intervention, de jeter dans la nasse suffisamment d'effectifs pour renverser la situation. Pour faire une mauvaise comparaison, à Arnhem, c'était *Un pont trop loin*[07]. À Birao, nous avons trouvé le bon équilibre ; l'action a été bien menée. Nous avions la confiance du président de la République et du CEMA, qui avaient pris la décision en toute conscience, sachant qu'il y avait un risque même si les chances de succès étaient réelles.

07 Film se déroulant en septembre 1944 (avec Sean Connery, Gene Hackman, Anthony Hopkins, ou encore Robert Redford) et sorti en 1977.

C'ÉTAIT UN PARI, UN COUP DE DÉS ?

Le terme « pari » est un peu fort. Par exemple, Kolwezi était un pari. Cette opération a été l'une des décisions les plus difficiles que le président Valéry Giscard d'Estaing ait dû prendre, il l'a d'ailleurs très bien dit dans ses mémoires. Il ne s'agissait pas juste de jeter la pièce en l'air.

Mais à Birao, nous avons fait un pari avec de grosses chances de succès. Ici, les chances de succès étaient largement supérieures à 50 % — elles étaient plus proches de 90-95 %. Simplement, il y a toujours un risque, notamment de pertes.

Les opérations ne sont pas une science exacte mais, à un moment donné, l'intuition joue. La décision du président Jacques Chirac de ne pas aller en Irak en 2003 aux côtés des Américains est d'abord intuitive, et liée à sa connaissance des relations internationales, même si la justesse de son choix a été confirmée ensuite par les faits.

Quand le président Nicolas Sarkozy a pris le risque d'intervenir en Libye en 2011, avec le soutien d'une cinquantaine de chefs d'État, il y avait un risque pour nos avions, mais le succès était évident.

Ci-dessous

Poser d'assaut d'un Transall du Poitou sur le terrain sommaire de Tessalit, au Mali, le 8 février 2013. Le tout, en moins de 1 000 mètres!

QUAND VOUS DEVENEZ CHEF D'ÉTAT-MAJOR DU PRÉSIDENT DE LA RÉPUBLIQUE (CEMP), MAIS AUSSI QUAND VOUS ÉTIEZ LE GÉNÉRAL COMMANDANT LES OPÉRATIONS SPÉCIALES (GCOS), COMMENT MESUREZ-VOUS LA PERCEPTION DES FORCES SPÉCIALES PAR L'EXÉCUTIF ?

Dans les deux cas, comme GCOS et CEMP, nous opérons pour le personnage élu de la nation, élu au suffrage universel direct. À moins d'avoir été trompé par le passé, le président fait d'emblée confiance aux forces militaires. Je n'ai jamais vu un homme politique élu faire preuve de méfiance *a priori* à l'encontre des unités. Ensuite, il faut répondre à cette confiance en étant d'une rigueur absolue. Nous n'avons pas le droit de mentir, de camoufler, de tromper. La franchise est toujours récompensée.

Pour être honnête, j'ai connu deux cas d'échec comme GCOS et CEMP. Et le président de la République assume l'échec quand il lui est expliqué clairement, ce qui est insupportable quand quelque chose est caché, car les présidents ont suffisamment de nez pour s'en rendre compte. Sur le terrain, la « boulette » vient souvent d'un excès de confiance et d'une mauvaise appréhension des risques de la mission. Il n'y a jamais de petite mission.

Il faut aussi envisager les cas non conformes sans se noyer, et ces cas non conformes ne doivent pas inhiber l'action. Nous fonctionnons différemment d'un avion qui ne décolle que si tous les paramètres sont au vert. Il suffit d'un voyant non vert pour que l'avion ne décolle pas. Nous, c'est différent, par moments, tous les signaux sont au vert, mais parfois, il faut expliquer aux personnels de terrain que, même si des clignotants sont au rouge, nous devons y aller. Rappelez-vous le lieutenant qui a débarqué face à la pointe du Hoc. Heureusement qu'il a débarqué, malgré le fait que tous les signaux étaient au rouge. Nous l'avons nous-mêmes fait en Afghanistan, en Afrique. Dans la culture des FS, c'est important.

Il faut aussi savoir dire non. Une fois, lors d'une affaire de piraterie maritime, malgré le feu vert du président de la République et du chef d'état-major des armées, il a fallu reporter l'intervention de 24 h, car les camarades sur place n'étaient pas optimistes. Dans ce genre de cas, le camarade en mer est sur place, il faut lui faire confiance. Nous avons donc suivi les recommandations du camarade sur le terrain, et le lendemain, l'opération a été couronnée de succès.

COMMENT AVEZ-VOUS VU ÉVOLUER LE COS ?

Quand j'étais à sa tête, j'ai vu le COS évoluer comme les autres unités au Sahel et au Levant. La confiance était là, nous connaissions les gens. Il faut s'assurer que les camarades ont des moyens suffisants en termes de renseignement et de matériel, et que l'alchimie s'effectue de façon la plus efficace possible dans leurs domaines.
Au début de l'opération Serval en 2013, les forces spéciales ont été un fer de lance ; elles étaient déjà déployées au Burkina Faso pour suivre la situation des otages, nous avions une connaissance de la zone qui s'améliorait et se perfectionnait. En 2014, nous avons arrêté Daech avec les Kurdes d'Irak. C'était la combinaison idéale : il y avait des troupes au sol qui voulaient se battre, et des commandos français qui apportaient la capacité d'appui aérien. Dans ces cas-là, vous avez une alchimie totale. Il avait été demandé au COS de s'adapter le mieux possible à la situation du moment.

DEPUIS 2001, LE COS EST QUASI ENTIÈREMENT DÉDIÉ À LA LUTTE CONTRE LE TERRORISME, EN AFGHANISTAN, AU SAHEL, AU LEVANT…

En fait, les principes de la guerre restent les mêmes, que l'adversaire soit allemand pendant la Deuxième Guerre mondiale, vietminh pendant la guerre d'Indochine, ou bien terroriste ces dernières années. Il reste l'ennemi. Il écoute, vous vous adaptez à lui, vous n'êtes pas prisonnier du terrain, vous l'utilisez pour le défaire. C'est valable quel que soit l'adversaire. Au Mali, le rythme était élevé, car les terroristes n'avaient pas cette aptitude à se réorganiser, que d'autres avaient. C'est la même chose pour Daech. Ce ne sont pas ces groupes terroristes qui vont bloquer une unité de l'armée française.

Mais ces conflits ne se réduisent pas à une dimension militaire, il faut aussi prendre en compte tout le reste : les raisons du conflit, les raisons de la détérioration… C'est comme cela qu'on trouve une solution politique. Il faut réfléchir au T+1 (temps d'après). C'est le post-crise qui est important.

En Afghanistan, quand nous avions replié les forces spéciales en 2007, la mission était terminée. Pourquoi tout s'est cassé la figure depuis ? En 2006-2007, les objectifs fixés dans les accords de Bonn avaient été réunis, comme au Mali à l'issue de Serval. Ensuite, bien sûr, il faut réorganiser les forces locales.

LES FORCES SPÉCIALES SONT-ELLES UN OUTIL D'AVENIR ?

Oui, à condition de ne pas s'asphyxier comme sont asphyxiées les forces britanniques aujourd'hui. Si nous voulons tenir dans la durée, les armées françaises doivent trouver l'équilibre idéal entre la formation et l'instruction d'une part, et les opérations d'autre part. Si nous faisons du tout opérationnel, nous allons nous asphyxier. Les gens ne seront plus instruits et nous risquons de graves incidents. Nous aurions été asphyxiés comme les Britanniques si nous nous étions engagés comme eux en Irak en 2003. On peut donner des coups de reins pendant un ou deux mois, mais il faut calmer la cadence ensuite. Si l'opération dure longtemps, il faut se réorganiser en profondeur pour permettre de tenir la distance. Le combat ne remplace pas l'instruction, c'est une vérité biblique. Un constat. La sueur de l'entraînement épargne le sang au combat. C'est évident, et il ne faut jamais sous-estimer l'adversaire, quel qu'il soit. Même un va-nu-pieds sans instruction, si vous êtres dans son viseur, vous logera une balle en pleine tête. Il faut rester modeste.

Les forces spéciales seront toujours utiles, car il y aura toujours besoin, au niveau stratégique, d'être capable de réaliser des missions d'ouvertures de portes, des libérations d'otages, d'être facilitateur et multiplicateur d'effets à obtenir. Mais les forces spéciales ne remplacent pas les forces conventionnelles qui tiennent le terrain. Et une faute grave pourrait conduire à leur disparition. On ne leur excusera rien, comme ç'a été le cas pour le CRAP de Carcassonne.

VICE-AMIRAL D'ESCADRE LAURENT ISNARD

Ci-dessous
Comme la plupart des GCOS, le VAE Isnard est un pur produit des opérations spéciales.

ANCIEN PACHA DU COMMANDO HUBERT, ANCIEN GCOS

AMIRAL, COMMENT AVEZ-VOUS VU LES FS ÉVOLUER, DE VOTRE ARRIVÉE COMME OPÉRATEUR, JUSQU'À CE QUE VOUS LES COMMANDIEZ ?

L'histoire du COS est issue de la guerre du Golfe. À Daguet, nous avons vu comment les Américains s'organisaient. L'interarmées s'est alors développé dans plusieurs domaines : le renseignement et les actions spéciales. Au début, l'intégration était légère. Quand on traquait les criminels de guerre dans les Balkans, dans les années 1990 et 2000, on confiait à une unité une personne à aller chercher.

Le dossier Kra été confié aux commandos marine, et nous avions aussi pris le 13e régiment de dragons parachutistes qui ne faisait pas encore partie du COS. En outre, nous avions deux hélicoptères du DAOS (l'unité hélicoptère de l'armée de terre), mais à l'époque, les composantes restaient juxtaposées, et pour des missions ponctuelles.

Avec l'Afghanistan, parce que les missions durent désormais des mois voire des années, les opérations spéciales s'inscrivent dans le temps long. Aucune unité seule n'est capable de fournir toute la ressource. L'interarmées se décline alors tactiquement dans un environnement dont les règles sont fixées par les Américains. Nous avons donc une intégration interarmées au niveau tactique, avec l'intégration des combattants entre eux, dans un environnement interarmées et interallié. Ç'a été un grand bond en avant.

Le changement majeur intervient avec la TF Sabre et le modèle de la force intégrée contre-terroriste. Nous allons chercher des gens sur le terrain. L'intégration est très forte entre les hélicoptères, les commandos, l'état-major tactique. C'est un changement d'échelle, nous utilisons le drone endurant, l'avion avec des caméras, le chat pour un commandement fluide, et l'échelon parisien avec l'état-major du COS.

C'est un modèle nouveau, qui s'inscrit dans le temps, avec le lancement de Serval, puis les attaques du 13 novembre 2015. Nous devenons un système dans lequel nous sommes dans la permanence, dans l'intégration tactique maîtrisée, et dans un cycle du renseignement maîtrisé dès le recueil. C'est un système abouti dans la lutte antiterroriste. Notre état-major à Paris gère des opérations à distance.

Puis nous avons mené deux opérations, que je ne peux pas détailler, dans lesquelles notre capacité à conduire une opération différemment a été mobilisée. Ces opérations se sont déroulées sans forces spéciales sur le terrain, avec uniquement des moyens conventionnels. C'est possible parce que nous avons l'habitude d'intégrer des alliés : les services de renseignement. Ce rôle d'intégrateur de capacités est nouveau.

Sur le Levant, désormais, nous savons nous intégrer avec les unités locales, les services de renseignement français et alliés. Nous prenons en compte les représentants du ministère des Affaires étrangères et nous savons nous concerter en interministériel. Nous devenons un hub sur lequel les autres viennent « se brancher ». Nous faisons des opérations spéciales, mais sans unités spéciales déployées. Nous sommes capables de travailler avec le schéma d'action le plus adapté. Nous sommes alors dans l'ingénierie des forces spéciales.

Aujourd'hui, deux courants de pensée coexistent. Parfois, le recours aux opérations spéciales est un gage de discrétion, et on emploie alors des unités très spécialisées. C'était le cas avec Arès, par exemple.

Mais, dans l'ingénierie, on se rapproche de ce que font un certain nombre de services. Personnellement, j'utilise le poids des armées françaises et étrangères pour m'appuyer. Nous employons des petites équipes, nous sommes dans la planification et la conduite. Nous avons beaucoup travaillé dans ce domaine en bande sahélo-saharienne. La force Takuba est le produit de cela. Elle regroupera des forces spéciales européennes insérées au sein des forces armées maliennes pour les accompagner au combat.

EXISTE-T-IL UN TYPE DE COMMANDEMENT SPÉCIFIQUE AUX FORCES SPÉCIALES ?

En unité, qu'on soit chef d'escouade, pacha, ou GCOS, on n'est pas seul. C'est toujours un travail d'équipe. Quand j'étais pacha du Commando Hubert, je travaillais avec mon ops, l'officier opérations, et mes chefs d'équipe. GCOS, c'est un travail collectif. Le chef arrête des décisions, mais elles sont mûries et réfléchies au sein de l'état-major. Quand nous montons en grade, ce ne sont plus les mêmes que

Ci-dessous

Ce tireur dispose d'un HK417 tirant des balles de 7,62 mm. C'est une arme très efficace pouvant tirer sur une cible située même à 600 m.

nous avons autour de nous mais, dans tous les cas, le chef est payé et choisi pour assumer la responsabilité.

ON DIT SOUVENT QUE CE QUI CARACTÉRISE LES OPÉRATIONS SPÉCIALES, C'EST UNE PLANIFICATION TRÈS MINUTIEUSE…

Le degré de planification dépend de l'opération. Si cette dernière est ponctuelle, avec un objectif à traiter, nous allons travailler les cas non conformes, les *what if*[01], l'environnement, les liens avec les partenaires. Nous allons rentrer dans le détail, seconde par seconde, minute par minute. Pour une opération dans le temps, en environnement local ou international, nous sommes les plus forts. Nous possédons une capacité d'adaptation grâce à nos personnels qui ont beaucoup d'expérience et une force maîtrisée. Nous accompagnons ce mouvement pour nous fondre dans l'environnement, pour atteindre les objectifs évolutifs dans le temps.

La subsidiarité est très importante. La solution est locale, mais les partenaires sont-ils fiables ou non ? Devons-nous agir nous-mêmes, ou faire agir d'autres personnes ? Je mesure la chance que j'ai d'avoir travaillé avec des officiers et des sous-officiers intelligents et malins. Nous expliquons l'esprit de la mission donnée par le CEMA et les responsables politiques, et nous avançons à partir de là, après avoir trouvé les solutions.

Le personnel est mature, ce qui permet de conduire les opérations sur le terrain avec beaucoup d'intelligence. J'aimais bien aller sur le terrain pour entendre comment les gens avaient vécu l'ordre que nous leur avions donné, voir s'il y avait eu ou non un décalage, et si nous avions bien expliqué l'esprit de la mission, ce que nous voulions et ne voulions pas.

QUELS CRITÈRES SONT MARQUANTS DANS LE COMMANDO HUBERT QUE VOUS AVEZ COMMANDÉ PENDANT DEUX ANS, NOTAMMENT SUR LE TERRAIN ?

Les unités qui constituent le COS sont très différentes les unes des autres, elles ont des cultures et des mentalités très différentes. Le COS se nourrit de cette diversité.

01 *What if*: comment se retourner si un événement imprévu intervient.

Haut
Le Caracal a connu des débuts difficiles au Mali où le sol était gorgé « d'herbes à chameau » qui venaient se loger dans les entrées d'air.

Bas
Ces opérateurs du Commando Jaubert restent attentif durant le stationnement du Caracal du 4e RHFS, rotor tournant.

Pour Hubert, c'est la logique des petits effectifs, très spécifiques, très techniques, qui ont gardé l'esprit commando. Des petits groupes qui peuvent travailler facilement avec des unités étrangères. C'est une des rares unités, avec l'escadron d'hélicoptères Pyrénées, qui travaille régulièrement avec les Anglo-Saxons. C'est quasiment intuitif pour ces unités.

Ce qui est plus spécifique encore, c'est le travail avec des équipes issues d'autres composantes : les engins sous-marins, le travail en petite équipe, le travail en binôme… Il y a beaucoup de subsidiarité et d'autonomie. L'unité s'appuie sur le bateau pour larguer l'embarcation, sur les hélicoptères pour déposer une équipe, sur l'avion pour larguer les chuteurs opérationnels. Cela demande beaucoup de souplesse et une grande capacité à s'intégrer dans un dispositif étranger, ou qui n'appartient pas aux forces spéciales.

C'EST AUSSI LE RÉSULTAT D'UNE FORMATION UNIQUE ET HYPER SÉLECTIVE…

C'est le cas pour la formation de commando marine et le cours nageur qui forme les nageurs de combat d'Hubert et de la DGSE. Là, officiers et officiers mariniers font le même cours, sans galons. Cela entraîne une confiance unique entre officiers et officiers mariniers. Quand j'étais pacha, j'avais fait mon cours avec tous mes chefs d'escouade, il y avait une complicité naturelle. Il faut dire que les cours nageurs ont toujours lieu à la même époque de l'année, ce qui tend à standardiser le « produit fini ».

Ce que j'ai beaucoup apprécié à Hubert, c'est que rien n'est jamais acquis dans une escouade, il faut être aussi bon que les autres et il faut apporter au groupe. Qu'on soit chuteur oxy, tireur, trans, c'est la même émulation et complémentarité. Dans le groupe, chacun apporte quelque chose.

QUELLE MISSION VOUS A LE PLUS MARQUÉ ?

Kra était une mission intéressante[02]. Tout comme celle que j'ai faite à Mururoa quand nous avons arrêté en mer le *Rainbow Warrior*, en 1995, lors de l'opération Nautile. Comme GCOS, je retiens les opérations que nous avons conduites au Levant. Je ne citerai pas d'autres opérations, trop récentes. Le Levant était intéressant, car il demandait énormément d'adaptation du dispositif. J'ai toujours aimé le travail commando qui nécessite de la rusticité, du renseignement, de l'adaptation, de la vie en autonomie, de la subsidiarité, du travail avec les alliés, beaucoup d'intelligence de situation avec des partenaires locaux, l'effet démultiplicateur en travaillant avec les autres, en confidentialité…

02 Lire le récit d'un de ses opérateurs dans la troisième partie.

GÉNÉRAL DIDIER CASTRES

ANCIEN SOUS-CHEF OPÉRATIONS DE L'EMA

À leurs débuts, les FS tournaient dans leur cage, mais elles ont pris une autre dimension avec l'Afghanistan, et cela aurait pu être le cas plus tôt avec l'Irak si nous y étions allés. Nous avons continué à accumuler du retard. La combinaison FS, avions, drones, a fait un bond en avant en Irak, nous avons donc raté cette évolution. Les États-Unis nous ont blacklistés. Nous nous sommes rattrapés avec l'engagement en Arès (Afghanistan). Les FS ont alors changé de braquet. Mais il y a eu des morts, des difficultés et de la douleur.

Le CEMA (le général Georgelin) a demandé aux FS des choses auxquelles elles n'étaient pas préparées. Déjà, en 2001, le général Poncet avait expliqué qu'elles n'étaient pas prêtes pour le début de l'Afghanistan[01].

Lors d'une mission de tentative de récupération d'otages, il y a eu une séance assez sévère avec le général Georgelin. Au début, les FS nous disaient qu'elles n'étaient pas loin des otages, et que nous pourrions les observer à partir de telle ligne de crête. Finalement, les FS ont dit que ce ne serait pas possible, et le général Georgelin s'est déchaîné en expliquant que, depuis des années, on lui disait que de telles missions étaient du ressort des FS.

Du coup, les FS sont sorties de leur zone de confort. À l'époque, c'était essentiellement béret rouge sur véhicule non blindé. L'Afghanistan a été un révélateur. À travers l'Afghanistan, mais surtout au Sahel, sont apparues les FS que nous connaissons maintenant. Initialement, le langage des FS se réduisait à « nous sommes les forces de l'urgence ». Mais cela n'avait pas beaucoup d'intérêt, tout militaire français peut faire cela, partir en quelques heures pour les opérations, sans préavis, en bateau, à cheval, en nageant.

Les FS sont devenues polycompétentes et polymissions. Elles ont monté un système de commandement rapide : l'opérateur rend compte au général Saint-Quentin ou à son état-major. Elles ont été capables de montrer qu'elles étaient aptes à se reconfigurer pour des missions extrêmement différentes. Pour la TF Hydra, elles ont fourni de l'accompagnement des peshmergas, et pour la TF Sabre, de l'interception de mobiles et des missions flash. C'est la grande capacité des FS de pouvoir se structurer sur des missions extrêmement différentes.

Quand le général Christophe Gomart était GCOS, il m'a demandé de dire un mot lors de la JPO (journée portes ouvertes) qu'il avait organisée pour le 20e anniversaire du COS. Mon discours était enregistré, car je n'avais pas pu me rendre à cette journée. Ce texte était un recadrage pour les FS, sur le registre « ne m'emmerdez pas avec "les forces de l'urgence", mais vous êtes capable d'actes chirurgicaux parfaits ».

Les forces spéciales ont explosé à partir de l'Afghanistan, sous l'impulsion du général Gomart. Il a créé une alchimie à laquelle un autre officier issu du 13e RDP, qui était chef opérations du COS, a beaucoup contribué. Ce dernier possède une véritable puissance intellectuelle ; c'est un chef, je l'ai vu décider sur des opérations. Une grande partie de l'évolution des FS s'est faite sous l'impulsion de cet officier. Il a fait beaucoup pour elles. C'est un bon employeur et il a une vraie vision, c'est un prophète. C'est lui qui a fait rentrer les FS dans la lutte antiterroriste.

Il m'a présenté des *briefings* quand ses chefs successifs, les généraux Gomart et Saint-Quentin, n'étaient pas présents. Il arrive à s'affranchir de toute forme d'empathie vis-à-vis des FS : il présente les choses chirurgicalement. C'est un type très fort, avec un parcours extrêmement complet.

Après le COS, le général Gomart a lui aussi transformé la DRM[02], augmenté les effectifs, recruté les civils en permanence sur les sujets, obtenu les budgets...

Les FS ont aussi été pertinentes en Libye, sur Harmattan, puis lors du post-Harmattan, quand des équipes de liaison et de reconnaissance tactique (ELRT) ont été envoyées sur place pour reprendre contact avec les gens connus en 2011. Les opérateurs ont été envoyés au milieu de nulle part : nous avions cinq gars à Benghazi, cinq à Mistrata, dix à Tripoli, de façon complètement autonome. Ces gens ont considérablement éclairci la situation. C'est vraiment cela, les forces spéciales.

Je considère que la partie cinétique n'est pas leur plus grande plus-value. Évidemment, Hubert en mer, c'est pro, mais ils font aussi très bien de l'interception de mobiles et des raids héliportés. Ils peuvent tout mobiliser dans une seule main, contrairement aux forces conventionnelles. La différence réside dans l'analyse de situation. Cette capacité nous a servi deux fois en Libye.

À Hydra, quand les gars des FS sont arrivés au Kurdistan, ils ne connaissaient personne. Ils se sont installés sur une ancienne tour de contrôle désaffectée, non loin de l'aéroport, à Erbil. Puis Saint-Quentin m'a demandé un budget pour qu'ils se construisent un camp moins précaire. Ils ont optimisé un poste de commandement avec tous les moyens intégrés à l'intérieur. Dès lors, un capitaine est devenu capable de parler avec des sources kurdes, de réaliser

01 D'autres témoins de l'époque expliquent que la décision de non-engagement a avant tout été d'ordre politique, car les élections présidentielles approchaient.

02 Direction du renseignement militaire.

des interceptions tactiques, de discuter avec les Américains ou le *joint terminal air controller* (JTAC). Il n'y a que nos forces spéciales qui peuvent faire cela. Elles sont fortes dans cette capacité à coordonner des «assets», des vecteurs, des sources, des moyens techniques, des moyens physiques.

Hydra et la Libye sont probablement les meilleures illustrations de ce que les FS peuvent faire.

Grâce à ce qui a été fait, les FS nous ont réconciliés avec les États-Unis. Ce sont elles qui ont été déployées en Syrie (dans des locaux américains) et en Irak (à côté des locaux américains). Il est clair que la façon dont nous travaillions a impressionné les Américains, et a montré que nous étions fiables. Cela a contribué à notre réconciliation.

L'une des choses que les Américains trouvent exceptionnelles chez nous, c'est que lorsque nous disons «on le fait», on le fait vraiment. Ils savent que les Français agissent, et que nous n'avons pas des milliards de *caveats*[03]. Ils sont aussi stupéfaits par le niveau de responsabilité qu'endossent nos chefs militaires. Un jour, j'ai parlé avec un homologue américain qui commandait Tampa, le siège du commandement central de l'armée américaine, mais aussi des forces spéciales. Il m'a dit: «Didier, tu crois que vous pourriez faire cela?» Je lui ai répondu: «Bien sûr!» Et il a ajouté: «À qui demandes-tu l'autorisation pour le faire?» Et j'ai conclu: «Je ne demande à personne, je fais.» Notre système décisionnel permet de déléguer beaucoup plus que celui des Américains.

Lors du retrait des FS d'Afghanistan, en 2007, j'étais à l'état-major particulier du président de la République. Les Américains avaient dit à nos FS de partir à Jalalabad, dans l'est du pays, et de quitter leur base du sud, à Spin Boldak. Nous nous préparions à y aller. Le général Georgelin ne disait rien de particulier. J'étais adjoint terre, et lui, chef d'état-major particulier de la présidence de la République.

Un matin, le président Chirac téléphone au général. Il explique qu'il vient de parler au président Moubarak, dont il était proche. Ce dernier venait de dire à Jacques Chirac qu'il ne comprend rien à la présidence de la France en Afghanistan. Nous avons alors enlevé les FS, comme le voulait le président Chirac[04].

Nous, au contraire, nous savions que cette mission comblerait le vide affectif créé par notre non-engagement d'Irak. Le général Puga, alors GCOS, savait que nous comblions un long retard avec les Américains.

03 Limitations d'emploi dans les opérations.
04 À l'époque, Michèle-Alliot Marie avait invoqué le nombre de morts et le général Georgelin, le fait que les missions alors tenues par les FS pouvaient être accomplies par de «l'infanterie légère».

Ci-dessous

Le général Castres échange avec des journalistes et des militaires, au forum de Dakar.

Les FS ont aussi été très bien employées en Centrafrique, dans le cadre de la TF Auriga, dans des missions pas trop cinétiques, mais en ELRT, pour la reconnaissance et l'influence. Elles ont obtenu des bilans remarquables, notamment en matière d'investissement dans le champ des perceptions, pour empêcher les trois composantes de la rébellion de se réunir, ce qui aurait submergé Bangui.

Mais le problème est que les FS, sous couvert de «faire autrement», refusent d'être placées sous une autre autorité. Cela a posé problème au Sahel, car elles ont tout fait dans leur coin, sans tenir compte de Serval, ou Barkhane après mi-2014.

La TF Sabre emploie 470 militaires, mais seulement la moitié d'entre eux sont des FS. Tout le monde est valorisé par le fait de valoriser les FS. La capacité d'intégration est très forte chez les FS, elles le font avec les Américains, la DGSE, les sources locales, le rens technique, tous les militaires français sur le *reachback* (soutien) et ceux qui contribuent aux opérations (les drones, etc.).

Les FS parviennent à intégrer grâce à des protocoles d'intégration légers. C'est une assez grande force. Là où vous avez 150 personnes dans le PC de Barkhane, la réactivité est bien moins forte. Les forces conventionnelles refusent de faire avec moins de monde, et de ne pas prendre le gars avec qui elles sont en France. Les FS sont efficaces car elles sont capables de planifier et d'enchaîner.

CHEFFERIE SANTÉ DES FORCES SPÉCIALES

Les équipes santé des forces spéciales doivent pouvoir prendre en charge le blessé de guerre en tout lieu et milieu, en toutes circonstances, par tous les types d'infiltration. Tout ce que nous faisons ne sert qu'à cela et repose sur trois piliers. Il faut savoir pratiquer la médecine de guerre à très haut niveau, avoir des qualifications militaires pour le faire (SOGH, transmission, topographie, contre-terrorisme…) et posséder les qualités personnelles et morales nécessaires.

Les milieux dans lesquels opèrent les forces spéciales nous obligent à nous améliorer en permanence. Nous cherchons toujours la solution idéale, qui n'existe pas. Cela nous oblige à réfléchir et à développer des solutions innovantes. C'est un petit peu comme quand on court le 100 m en moins de 10 secondes ; chaque dixième supplémentaire gagné est une marche énorme. Notre dispositif est déjà très bon, mais nous cherchons à être encore meilleurs.

Le MCV[01] a déjà plus de dix ans, et c'est une très belle évolution qui a permis de combler certains manques capacitaires. Depuis six ans, l'un de nos médecins a mis une énergie acharnée à développer une antenne chirurgicale encore plus réduite et souple qui permet d'aller encore plus à l'avant. Elle est plus petite, et permet de prendre en charge moins de blessés que le MCV. En janvier 2019, ce module aérochirurgical des opérations spéciales (MACOS) a été validé sur Twin Otter. Il peut également être déployé sur vecteurs plus gros, ou à terre. Il est aussi étudié pour être déployé à bord d'un hélicoptère de type Caracal de l'armée de l'air, mais le concept n'est pas encore validé. L'idée de base était d'amener la chirurgie au plus près.

Le MACOS nécessite un chirurgien, un anesthésiste, un infirmier de bloc opératoire (IBODE) et un infirmier anesthésiste (IADE). Ces personnels ne sont pas FS et viennent de l'hôpital, car ils doivent avoir un très haut niveau de chirurgie, être très réactifs et sûrs d'eux. Il leur faut accepter de ne pas travailler avec le confort du bloc. Ils font le geste qui va sauver le patient pour l'heure qui vient, avant d'intégrer un bloc opératoire qui est nécessaire, de toute façon, à la fin du vol. Ils se débrouillent pour que le blessé ne saigne plus durant le transport. Ce module n'a de sens que s'il est intégré dans la chaîne de prise en charge médicale. Le MCV, lui, nécessite les mêmes spécialistes, auxquels s'ajoutent un infirmier

et un auxsan. Tout le MCV est aérolargable, tout est tarponable. Depuis qu'il est opérationnel, le MCV a été utilisé par les FS et la conventionnelle, au début de Serval en 2013.

La télémédecine a été initiée il y a huit ans. C'est le fruit de l'énergie, du travail et de la vision du même médecin qui a lancé le MACOS et l'a portée. Il fallait trouver un format facilement transportable en opération, ce qui est important pour les FS, mais aussi un format résistant, qui permette la transmission de l'information, des données médicales et opérationnelles. Elle sert principalement à soutenir les petits détachements, car nous ne pouvons pas mettre un médecin sur toutes les missions. Cette télémédecine n'est pas employée dans le cadre des urgences car, de nuit, quand on se fait tirer dessus, ce n'est pas une solution. Celui qui répond est forcément un médecin des FS, et celui qui appelle est forcément un infirmier ou un auxsan formé à utiliser l'appareillage de télémédecine.

Les opérateurs de premiers secours au combat (OPSC) sont devenus fondamentaux. Eux aussi permettent de sauver des vies. Déjà, former l'ensemble des combattants de l'avant aux premiers secours sauve des vies, mais l'OPSC se situe un cran au-dessus. Plus le blessé est pris en charge rapidement, mieux c'est. Idéalement, il en faut deux par groupe.

Nous avons été amenés à nous intéresser à la transfusion de l'avant, en partant d'une problématique simple. Quand le blessé perd du sang, l'équipe doit faire en sorte qu'il arrête de saigner, c'est l'objet du MACOS grâce à l'action du chirurgien. Il faut aussi rajouter du sang. Or, le sang n'est pas un produit simple à manipuler, il est fragile et se périme vite. Il faut donc un flux de sang neuf assez important, il doit aussi être conservé au frais, ce qui n'est pas évident dans le désert. D'autre part, il faut prendre des précautions avec les groupes sanguins ;

01 Module de chirurgie vitale, capable de prendre en charge deux blessés graves. En France, cet hôpital de campagne a été conçu par les forces spéciales et le service de santé des armées.

Ci-contre et ci-dessous

Cet hôpital peut être aérolargué et devenir fonctionnel, permettant d'opérer au milieu de nulle part deux blessés graves.

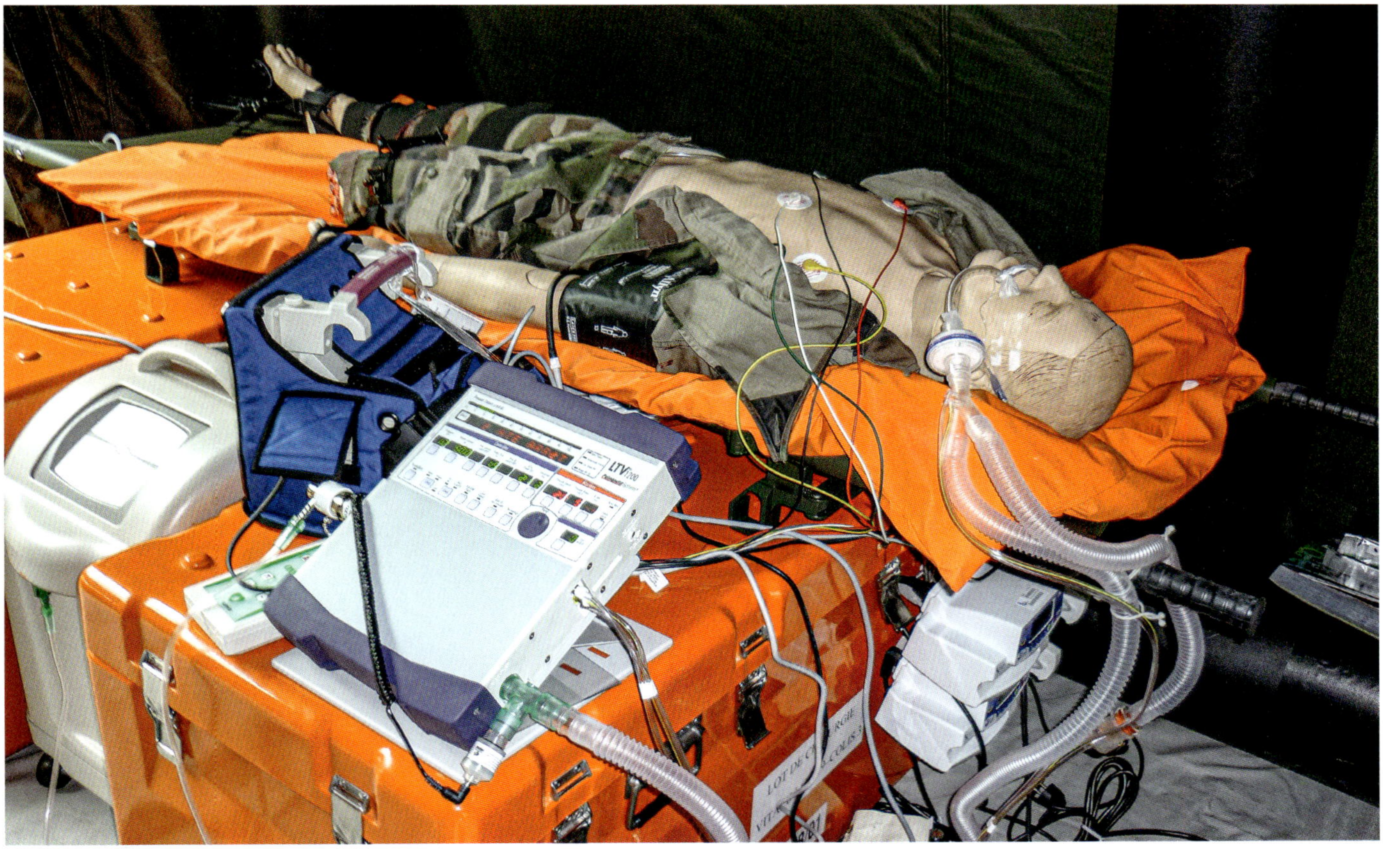

nous pouvons tuer le patient si nous nous trompons de groupe. La procédure est très lourde entre le don du sang et la transfusion du bon sang au bon blessé. Ces règles demandent des innovations pour conserver le sang dans un milieu désertique et des procédures strictes pour mettre en œuvre la transfusion. Nous disposons donc de deux modes opératoires : avoir sur soi des poches de sang toutes prêtes, que nous transfusons, ou prélever le sang d'un militaire en pleine forme et le transfuser à celui qui en a besoin. Mais jamais directement entre leurs deux corps. Nous prélevons, nous faisons la poche de sang, nous testons le donneur et le receveur. Nous avons identifié de super glacières, petites et supportant les situations extrêmes.

Nous essayons aussi de développer une nouvelle formation sur le PFC[02] afin de maintenir en vie un blessé, qui se trouve dans des conditions très isolées de façon durable. Cela ferait appel à des techniques de réanimation de l'avant un peu plus compliquées, réservées pour l'instant aux unités particulières. C'est un stage qui n'est pas encore validé.

Chaque année, nos besoins de recrutement varient de zéro à trois médecins, le double pour les infirmiers, et une dizaine d'auxiliaires sanitaires, que nous ne trouvons que dans l'armée de l'air et l'armée de terre. Le port des armes n'est pas une option, il n'est pas possible de faire autrement. En effet, le médecin et l'infirmier doivent être capables d'assurer leur autodéfense s'ils sont isolés ou pris dans le combat. Et pour être capable d'utiliser les armes, il faut faire toute la formation adéquate.

La blessure et la mort sont des sujets majeurs ; nous ne pouvons faire ce métier qu'en ayant bien en tête tous ses aspects. Lors de la sélection des personnels, je m'assure qu'ils ont bien compris qu'il s'agit d'un engagement total. Que pour sauver les autres, nous devrons peut-être engager notre propre sécurité. C'est un choix. Il faut avoir une sorte d'abnégation et un esprit d'équipe. Nous acceptons, comme les opérateurs, de mettre notre vie en danger. Nous avons perdu l'un de nos infirmiers en Afghanistan (Frédéric Paré, affecté dans la marine), et il est possible de recevoir des impacts en traitant le blessé.

02 *Prolonged field care*, soins de terrain qui dure dans le temps.

COLONEL NICOLAS

CHEF D'ÉTAT-MAJOR DU COS, 55 ANS

En 2009, j'ai rejoint les forces spéciales à la BFST (brigade des forces spéciales Terre), après une première moitié de carrière dans les troupes aéroportées, au 9e RCP, au 1er RCP, au CNEC. J'ai alors commandé les TF Licorne en Côte d'Ivoire, puis Auriga en Centrafrique, avant de partir au commandement des forces terrestres pour suivre le dossier de l'augmentation d'effectifs COS + 1 000, dont 600 rien que pour les forces terrestres. On m'a proposé le poste de chef d'état-major (CEM) de la BFST, j'ai commandé un mandat de Sabre en 2017.

Un jour, le vice-amiral Isnard est passé me voir et m'a proposé d'être le CEM du COS quand je commandais la TF Sabre.

Avant cela, le président de la République était venu visiter la TF Sabre. Il a fait le constat que, outre le fait que les gars sont fiables et qu'ils ont des résultats stratégiques avec des effets, c'est la manière dont nous conduisons les opérations qui importe. Nous lui avons présenté la maîtrise de la violence à travers des films et des témoignages. Il devait rester 45 minutes, il est finalement resté plusieurs heures. Il a posé des questions aux opérateurs, et s'est mêlé à eux. Il était très attentif à ce nous lui disions et posait des questions pertinentes.

L'amiral Isnard m'a fait confiance, j'ai passé une année avec lui, c'est un homme qui ne laisse pas indifférent.

La TF qui m'aura le plus stimulé intellectuellement au point d'en être fascinante est Auriga, en Centrafrique. C'était une toute petite TF, de 60 opérateurs. Elle a mené de nouvelles formes d'actions indirectes. Intellectuellement, ç'a été foisonnant et intéressant avec l'état-major du COS en *backseat* (en soutien). Mon prédécesseur avait déjà commencé dans ce domaine, et nous avions tous deux délivré des produits, non cinétiques, dans l'influence.

À Auriga, nous n'avions pas d'hélicoptères, mais nous pouvions faire appel à ceux de Sangaris. La TF était positionnée sur des postes isolés, à Ndélé et Bambari, et le gros de la force était à Bangui. La TF comportait un groupe action de marins, et le reste était formé d'équipes de recherche du 13e RDP qui permettait de faire du traitement de sources, la mission de liaison et de contact. Nous passions des messages vers les rebelles, nous réalisions des écoutes, nous renseignions sur leur dispositif, et nous avions réalisé une manœuvre d'influence pour désagréger la rébellion.

Mon mandat à Licorne, en 2011, n'était pas prévu. Le colonel A. m'avait préparé à être officier de liaison en Mauritanie. Il m'a annoncé que, finalement, le GFS de Côte d'Ivoire allait être dissous et que, du fait de mon expérience de chef de corps au centre d'entraînement commando de Givet, j'étais la bonne personne.

À ce moment, je prends mes consignes, il y en a très peu, car le COS est déjà très tourné vers la Libye. Le COS me reçoit et, dans le couloir, le GCOS me demande de démonter le dispositif avant Noël, tout « en restant vigilant, car c'est l'Afrique ». En fait, j'allais rentrer presque huit mois plus tard. Nous avons connu des rebondissements avec tout le panel des actions du spectre commando et non cinétiques.

Quand j'arrive sur place, Licorne est réduit à deux ou trois groupes action, nous devons être une soixantaine. Nous faisons un peu de préparation opérationnelle, nous ne perdons pas la main, au cas où. Puis, tout doucement, la situation locale se dégrade.

Je suis renforcé par Sabre, alors commandé par un actuel membre de l'EMCOS. Quatre groupes action et quatre hélicoptères de manœuvre arrivent, Licorne devient une énorme TF de 250 hommes. Les moyens se posent partout, sur un stade, dans les rues du camp de Port-Bouët. Je ne sais pas où les loger, nous campons donc comme nous pouvons pour gérer la crise finale qui court tout le long du mois d'avril.

Au début de la crise, j'ai deux Puma et deux Gazelle du 4e RHFS. Puis on me les retire à cause de la crise de Libye. J'obtiens finalement un compromis, avec un droit de tirage sur le dispositif local du DETALAT, avec deux Gazelle et deux Puma.

Puis on nous charge d'aller extraire les ressortissants français sur les toits. Au total, 4 000 seront ainsi mis en sécurité par la France, dont rien que 800 par notre GFS. Ceux pris en charge par Licorne sont déjà regroupés, il nous faut les chercher à la pince à épiler. Nous chargeons jusqu'à vingt pax dans le Cougar. Avant de se poser, éventuellement en appui sur une seule roue, nos gars sautent sur les toits et, à la hache, coupent les antennes de télévision pour que les hélicoptères puissent se poser. Il y a une tension supplémentaire liée au fait que la population filme sur son téléphone portable, tout en nous poussant à la faute.

Il faut donc faire attention. Toutes ces extractions commencent par un coup de téléphone reçu au camp, on nous le transfère, et, sur Google Earth, nous cherchons la position de l'appelant dans Abidjan. Nous demandons à la personne de monter sur les toits et d'agiter un drap de couleur. Nous mettons une Gazelle en vol qui essaye de la repérer et de chasser les manifestants qui se regroupent. Nous faisons des *shows of force*, puis les hélicoptères de manœuvre arrivent et se posent où ils peuvent.

Ci-dessous

Dans le centre opérationnel de la TF Sabre : un mur d'écrans qui en général fourmillent d'informations.

Nous avons donc eu des moments forts, nous sommes fiers d'avoir pu sortir des gens dans des conditions incroyables. Mais parfois, malheureusement, nous arrivions trop tard : la personne était déjà tuée.

J'ai commandé le 19e mandat de Sabre. La TF était lancée à pleine puissance. J'avais un mandat pour retourner dans les zones de l'Adrar. Le chef opérations était très *pushy*[01]. J'ai retrouvé dans les groupes du 1er des gars que j'avais connus à Licorne.

Ce mandat assez cinétique a généré un très bon bilan.

Au départ, nous n'avions pas de chance, car nous avions seulement trois hélicoptères de manœuvre sur la TF. Le mandat partait assez mal, d'autant plus que l'été, le front intertropical (FIT) gêne nos opérations. Nous avons été de sacrés teigneux ; nous avons secoué la météo. Si j'avais 30 minutes pour mener une opération, je le faisais. Mais nous avons parfois été obligés de nous poser à cause de ces fronts.

Lorsque nous avons été engagés à Tongo Tongo, suite à une embuscade sur nos camarades américains, nous sommes intervenus pour les renforcer puis rechercher les corps de leurs morts. Nous avons eu à agir dans une fenêtre réduite face à un de ces FIT.

Alors que nous sommes prévenus de cette embuscade, nous sommes en pleine opération au nord de Tombouctou, avec la moitié des moyens engagés. Sabre mène un grand raid dans le désert pour aller taper quelques cibles. J'arrête tout, je leur largue de l'eau, et je bascule tout ce qui est disponible sur Tongo Tongo : les groupes au repos, les avions et les hélicoptères.

Sabre a déployé un avion ISR, une paire d'hélicoptères de manœuvre, un Tigre, et Barkhane nous a laissé deux NH 90 pour nous en TACON[02]. Les opérations sur place ont duré quatre ou cinq jours.

01 *Pushy* : moteur.

02 TACON : contrôle tactique.

Ci-contre
Les hélicoptères français venus au secours des forces spéciales américaines piégées à Tongo Tongo, vus par un aéronef de renseignement, en infrarouge.

Ce qui fait notre force est notre capacité à faire avec ce que nous avons, en rentabilisant les moyens que nous possédons. Nous savons faire, nous sommes opportunistes quand nous arrivons à récupérer un moyen ou un autre. Nous savons produire du rens actionnable, et utilisable directement.

La France possède un outil exceptionnel dont nous faisons partie : ces FS très engagées et complètement équipées. Nous possédons tout le panel de capacités. Il est assez rare que des FS possèdent leurs propres hélicoptères et drones. Nous en voudrions un peu plus, mais nous sommes vraiment très bien dotés.

Il ne faut pas être trop gros, c'est essentiel. Plus nous faisons supporter de charges au même homme, plus il va vite, car il prend des raccourcis, subit une saine pression et fonctionne en transverse. Nos *briefings* incluent les opérateurs, c'est permis par le petit nombre. Nous avons une communication de bas en haut et du haut vers le bas qui va assez vite.

Pour foudroyer un adversaire furtif du Sahel, il faut une boucle décisionnelle courte. Plus elle est courte, mieux c'est. Nous venons d'identifier une cible, nous mettons en route les hélicoptères, nous rédigeons un ordre, puis Paris valide en quelques minutes, parfois sur un simple coup de fil. Entre la détection et la frappe, il ne s'écoule même pas deux heures. C'est possible grâce à la confiance entre le GCOS, le CPCOS, le J35. L'hélicoptère peut obtenir le vert action alors qu'il est à cinq minutes de l'objectif.

À Sabre, le soutien, assuré par les forces conventionnelles, représente le tiers de l'effectif, et provient de soixante formations différentes. Certains ont l'habitude ; ils vivent des expériences formidables. Les éléments de la proterre font aussi des missions de protection rapprochée, en plus de la protection de notre base. Ils partagent aussi avec les commandos, qui sont plutôt sympathiques. Nos opérateurs sont des gens très pragmatiques. Ils ne sont pas hautains. Ces échanges nous amènent aussi parfois des candidats pour les sélections des forces spéciales.

Le soleil ne se couche jamais sur notre central opérations. Ce dernier est veillé tout le temps, notamment au J2. Avec la convergence du rens, des moyens, nous arrivons à mettre la main sur la HVT après le *find* qui a duré plusieurs jours, grâce à des recoupements de cartes, de bandes. Nous avons la satisfaction du chasseur qui trouve.

Il y a toujours une effervescence au déclenchement d'une opération ; tout le monde est aux petits soins. Le CO doit être nourri, le soutien se met en branle avec l'adjudant d'unité qui se démène. Nous sommes complètement tournés vers les ops.

C'est assez paradoxal : le commando a une allure décontractée, mais c'est un obsédé du détail. En préparation de mission, il peut pousser le vice à l'extrême. Je le voyais parfois répéter un embarquement dans un hélicoptère avec des caisses lestées au poids qu'elles auraient en mission. Le commando sait qu'en cas de faute de procédure, la confiance est rompue.

Au CO, j'aimais bien être sur la gauche, avec le J35 derrière moi. Le J3 était à portée de main, pour pouvoir contacter les commandos sur le terrain en cas de besoin, puis à proximité, les J3RW, les *fixed wing*, les ALI[03]. Les chefs des domaines aboient en permanence et, une fois que l'action est lancée, ils demandent le *playtime* restant. Le commandant en second de la TF ne fait en général que de l'organique[04], mais il est expérimenté aussi. Il a la tête hors de l'eau et fait parfois une remarque qui interpelle les autres, qui peut sauver la mise. J2 et J9 s'étagent dans la profondeur[05].

Je voulais avoir mes écrans, j'aimais bien avoir une situation bien claire, bien visible. Le fonctionnement d'un CO est magnifique. L'ennemi en face n'a aucune chance, car le dispositif déroule. Tout est organisé. En cas de cas non conforme, nous avons tous les moyens qui ont été prévus pour le prendre en compte.

Quand la mission se termine par une victoire, le CO connaît une explosion de joie, puis nous allons la fêter, et nous refaisons bataille. Il est 5 h du matin, Paris demande les documents de l'opération.

Quand on commande une TF, il ne faut pas oublier tout le reste qui n'est pas directement opérationnel : la discipline à faire régner, les règles à tenir, les audits et visiteurs. Il faut que le COMTF

03 J3RW, en charge des hélicoptères. *Fixed wing*, en charge des avions. ALI, en charge de l'intégration aéroterrestre, de l'appui aérien.
04 *Playtime*, temps disponible sur la zone d'opération. Le commandant en second de la task force est le C2, le chef est le C1.
05 J2, en charge du renseignement et J9, en charge des actions non cinétiques.

s'investisse, tout ne doit pas être délégué, mais il ne doit pas non plus se charger de tout. Il peut introduire les réunions ou les conclure, mais pas être présent en permanence. Il vient seulement pour décider. S'il est là en permanence, il fausse le processus.

Il doit aussi s'investir dans le bien-être du personnel. Pendant mon mandat, nous avons organisé une Saint-Michel (le saint patron des parachutistes, fêté fin septembre). Cela ne nous bloquait pas sur le plan opérationnel. Nous étions prêts à agir. Mon major de site, un marin, un gars formidable, faisait toujours attention à tous les détails de la vie du camp : des salles de sport en bon état, un bon couchage, pas trop de bruit… J'ai moi-même fait la guerre au bruit, car nous avons des personnels qui font les 3 x 8, comme dans les transmissions, par exemple, et qui doivent donc se reposer. Nous avons aussi fait sortir de terre des bâtiments en dur, plus insonorisés que les tentes.

Comme CEM du COS, je travaille beaucoup avec les composantes. Car l'or des opérations spéciales est dans les composantes. Mon souci est d'harmoniser les procédures et les besoins.

En permanence, nous avons entre 600 et 700 opérateurs déployés, un niveau qui ne comprend donc pas le soutien apporté par les forces conventionnelles sur nos TF.

CAPITAINE ANAÏS

SPÉCIALISTE RENSEIGNEMENT, PLATEAU LEVANT, ÉTAT-MAJOR DU COS, 32 ANS

Je suis arrivée en juin 2009 au ministère des Armées comme stagiaire civile, *via* la commission armées-jeunesse. J'avais écrit deux mémoires sur le monde arabo-musulman et l'état-major des armées, division relations internationales (EMA-RI), m'a donné l'occasion de mettre à profit mes connaissances.

À l'issue du stage, il m'a été proposé de suppléer l'officier de zone pendant neuf mois de plus. Mon expérience comme civile aura donc duré une année entière. Puis l'EMA-relations internationales a proposé de me garder sous le statut d'officier sous contrat spécialiste (OSC-S). J'ai accepté. De septembre à novembre 2011, j'ai suivi l'instruction militaire à Saint-Cyr Coëtquidan. En janvier 2012, j'étais de retour à l'EMA-RI, sous l'uniforme. En 2015, la création de la direction générale des relations internationales et de la stratégie (DGRIS) a amené les éléments les plus politico-militaires de l'EMA-RI à lui être transférés. J'y ai servi un an, puis j'ai exprimé mon intérêt pour l'état-major du COS (EMCOS). J'ai été recrutée par le chef de la planification et de la conduite des opérations spéciales de l'époque (CPCOS).

J'avais connu le COS en étant à l'EMA-RI, car ce dernier avait la charge de la coopération bilatérale, qui comporte toujours un volet COS. J'avais rencontré des officiers du COS qui m'avaient parlé du rôle des opérations spéciales au Levant. Ma vision des FS était centrée sur une entité très opérationnelle et, pour moi, il n'y avait de place que pour les commandos au COS. Je venais de voir le film *Du sang et des larmes*, un film américain qui évoque l'échappée d'un navy SEAL en Afghanistan, après la mort de ses trois frères d'armes. J'étais attirée par une approche très opérationnelle qui n'était pas la caractéristique de la DGRIS, très tournée vers le haut.

J'ai rejoint le COS en 2015, à 27 ans. Le colonel qui m'a recrutée m'avait dit qu'il cherchait à professionnaliser le J2[01] en pôles géographiques, or je commençais à avoir un petit bagage sur le Levant. Déjà, à l'époque, je faisais partie des plus jeunes et des rares femmes de l'EMCOS, c'est toujours le cas.

L'avantage de cet état-major est qu'il est opérationnel, cela permet à ses membres d'être déployés en opération. J'ai pu servir deux mois et demi, de mars à mai 2017, comme officier synthèse de la TF Hydra. J'avais déjà fait des missions de courte durée (MCD) dans le cadre de réunions bilatérales, mais je n'avais jamais été déployée plus de quinze jours sur un théâtre.

J'en retiens une grande richesse en termes de manœuvre de renseignement multicapteur, avec du renseignement d'origine humaine (ROHUM), du renseignement d'origine électromagnétique (ROEM), du renseignement d'origine image (ROIM). Le COS est également un intégrateur de moyens conventionnels de la DRM et du service[02]. Les effectifs complètement intégrés dans la manœuvre renseignement offrent une grande richesse de parcours. J'ai été marquée par les *key leader engagements* (KLE), des réunions mêlant les parties en présence, parfois des leaders d'opinion civils, et la recherche humaine. J'ai également pu rencontrer les officiers kurdes, nos proxys[03] au Levant qui ont tenu les armes contre Daech. Mon meilleur souvenir est un KLE avec le COMTF et le général Masloum, chef des FDS.

Mon cursus n'est pas unique dans cette spécialité. Pour ceux qui voudraient l'intégrer, je conseille la devise du 1er RPIMa : « Qui ose gagne. » Il faut oser et ne rien s'interdire. À l'arrivée au COS, on ne vous déroule pas un tapis rouge, il faut faire vos preuves, ne pas être trop susceptible. Il y a aussi un volet physique. Le jour de mon recrutement, la première question que m'a posée le colonel qui me recrutait était : « Cela ne vous fait rien de sauter d'un avion ? Car je n'engage que des paras. » J'ai répondu que cela ne me faisait rien. Ensuite, je me suis dit que j'avais peut-être répondu trop vite et, finalement, c'est une expérience unique d'être para. Je fais mes six sauts réglementaires par an, sans aucun refus.

Je m'étais acculturée à ces aspects pendant mes classes à Saint-Cyr, les instructeurs essaient de faire de civils des officiers en quatre mois. Ensuite, dans le cadre de la préparation à ma mission, j'ai continué à manipuler des armes, ce que j'avais fait à Saint-Cyr. Seuls les modèles différaient. Pour les règles hiérarchiques, les OSC-S sont d'abord officiers avant d'être spécialistes. Nous arrivons en général vers 23 ans. Apprendre la hiérarchie peut piquer les yeux.

Ma progression dans le domaine du renseignement s'est faite de façon empirique, sans formation à proprement parler. J'ai suivi quelques stages au centre de formation interarmées au renseignement (CFIAR), puis en PC de CJSOTF pour la rédaction des cadres d'ordres.

Je n'ai jamais vécu le fait d'être une femme comme un avantage ou inconvénient. Certes, à l'EMCOS, ils n'avaient pas l'habitude d'avoir une « petite minette ». À mon arrivée, en août 2015, j'ai tout de suite été envoyée dans le grand bain. Mon référent RH m'a demandé avant toute chose si j'avais fait mes tests TAP.

Quand je suis à l'EMCOS, je supervise tous les jours la cohérence de la manœuvre multicapteur dans ma zone. Nous orientons les moyens de la task force en recherche du renseignement pendant leurs

01 J2, le domaine du renseignement au sein d'un état-major.

02 Service, entendre DGSE.

03 Proxy, force partenaire en jargon militaire.

Ci-dessous

Un Rafale des forces aériennes stratégiques basé en Jordanie. Cet appareil est l'allié du commando dont ce dernier coordonne le tir.

quatre mois de mandat. Sur le long terme, nous dressons des plans de campagne pour nos TF. Nous fournissons aussi à l'état-major des armées des éléments d'appréciation de situation et, au COS, nous développons des manœuvres de ciblage.

Avant le départ en opération, nous briefons pendant une semaine tout le centre opération de la TF, notamment le J2. Nous les briefons sur les attendus de la zone où ils vont être déployés.

Le COS évolue avec un environnement dans lequel figure aussi la DGSE et la DRM. Il faut contrôler la diffusion du renseignement. J'y veille dans le domaine CT et rens (interallié, interservices).

J'ai la chance d'exercer un métier-passion. Je suis tombée dedans assez petite; j'avais commencé à étudier l'arabe à 18 ans. C'est une zone qui m'a toujours passionnée. Je ne décroche pas beaucoup, mais j'arrive à prendre mes permissions, car il faut aussi quelques bouffées d'air. Je ne fais plus ce que je faisais étant jeune, quand je baignais en permanence dans le sujet, y compris sur place. Les données sur lesquelles je travaille sont classifiées, il est impossible de les travailler à domicile, je n'ai donc pas beaucoup été confinée pendant le covid. Je suis très souvent venue travailler, mais une fois chez moi, j'arrivais à décrocher.

Je me qualifie souvent d'ovni. Quand je vais dans les régiments de forces spéciales pour sauter, les gens viennent me voir pour savoir qui je suis. Une fois que nous avons montré ce que nous pouvons apporter au système, et que nous sommes humbles, tout se passe bien. Certes, je ne porte pas un sac de 60 kg, mais je pense avoir une intelligence de situation, être force de proposition, rester discrète, ne pas la ramener en permanence. Mais si l'on marche sur mes plates-bandes, attention, je suis une main de fer dans un gant de velours! Il faut trouver l'équilibre entre savoir s'affirmer et respecter les compétences de chacun.

Mon souvenir le plus marquant est celui que j'ai évoqué plus tôt: ces deux mois et demi en zone d'opération et ce KLE avec le général Masloum. Il sera plus tard une figure historique. Lors de cet entretien, nous étions en train de terminer les opérations à Mossoul et nous commencions la bataille de Raqqa. J'ai vu un vrai chef militaire et un homme politique. Cerise sur le gâteau, nous y sommes allés à bord d'un V-22 américain, et ils nous ont gardés à déjeuner dans une choura (réunion de chefs).

SERGENT LUCAS

Ci-dessous

L'Anafi du français Parrot est très apprécié pour sa rusticité depuis ses premiers emplois en 2019.

SPÉCIALISTE DRONE À LA DIVISION CAPACITAIRE, ÉTAT-MAJOR DU COS

Je suis entré dans l'armée de l'air en 2001, comme MTA au sein de l'escadron de protection d'Orléans pendant cinq ans, puis j'ai basculé au centre air de saut en vol (CASV) pendant trois ans. Je voulais participer à des missions spécifiques, faire du travail de commando, ce qui est assez passionnant. Cela m'a donné l'envie d'intégrer le CPA 10 en 2009. Mon Belouga a été excellent. Les instructeurs nous apprennent à aller jusqu'au bout, à avoir le coup d'avance. Cela fonctionne encore aujourd'hui.

J'ai intégré la 11 Charlie comme transmetteur en 2010. En 2015, je me suis porté volontaire pour rejoindre la cellule drone de l'unité qui se créait tout juste avec deux personnels. Depuis, la cellule a bien grandi. La capacité drone s'est bien développée dès 2015.

Mon idée de créer un drone, le Corvus, est née alors que j'opérais au sein de cette cellule, mais il fallait du temps pour la concrétiser. Deux problèmes se posaient: nous étions de plus en plus engagés avec des drones, et avec un taux d'attrition associé; nous devions aussi réduire la chaîne logistique quand nous étions déployés sur le terrain. Mon idée comprenait la possibilité de réparer ce nouveau drone sur le terrain. Il a fallu un an et demi avant que le Corvus, le nom latin du corbeau, existe. Comme l'ont fait les premiers innovateurs de l'unité, j'ai poussé un projet à la mission innovation participative (MIP). J'ai monté un dossier lors d'un week-end et ils m'ont convoqué le lundi suivant, le 20 décembre 2017. Je n'allais pas réinventer l'aéronautique; j'ai adapté des solutions civiles en termes de conception, de numérisation, de fabrication additive, à l'usage de nos opérateurs. Mes camarades ont pu voir l'opportunité de faire autrement, d'améliorer la chaîne logistique. Le premier vol est intervenu en septembre 2018. Depuis, l'aéronef a réalisé une dizaine de vols et il subit toujours des mises à jour. Nous approchons de la fin du projet, l'objectif étant aussi de lui associer une procédure de maintenance par les opérateurs sur le terrain. Lors du Sofins 2019[01], une société française a proposé de prendre la suite pour industrialiser le Corvus.

Il peut porter une charge utile de 3 kg et vole 80 minutes. En le professionnalisant, nous irons au-delà. Mon travail désormais consiste à faire la transition entre la phase innovation et le projet opérationnel. Il reste encore beaucoup de travail à réaliser, car nous devons aller plus loin qu'un prototype.

L'EMCOS où je travaille depuis la rentrée 2019 se porte garant de ce projet innovation. Au sein de l'état-major, ma mission est de pouvoir répondre aux besoins des personnels dans les composantes, et de transposer les décisions prises ici au niveau des opérateurs. Les sujets évoluent très vite, beaucoup de projets voient le jour et nous ne nous arrêtons jamais.

01 Sofins, séminaire des forces spéciales qui se tient tous les deux ans.

Haut
Les dronistes doivent savoir manier aussi bien les modèles civils, comme l'Anafi, que le petit hélicoptère profilé, le Black Hornet, volant une vingtaine de minutes.

Bas
Le Corvus, au salon du Bourget en 2019. Lucas l'a conçu à partir des enseignements des emplois des drones en opérations.

GÉNÉRAL ÉRIC VIDAUD

Ci-contre

Le général Vidaud est issu du 1er RPIMa où il a réalisé toute sa carrière en unité. Il est GCOS depuis l'été 2019.

GÉNÉRAL COMMANDANT LE COS DEPUIS L'ÉTÉ 2019

COMMENT LE COS A-T-IL MARQUÉ LE DÉBUT DE VOTRE CARRIÈRE ?

Je suis arrivé au 1er RPIMa en 1990, lorsque le COS n'existait pas encore. J'ai vu mes camarades partir à Daguet, j'étais fou furieux de ne pas partir avec eux. Mais, jeune lieutenant en régiment, j'étais encore en formation. C'est le retex de Daguet qui a fait créer le COS et la DRM. Les unités du futur COS avaient été employées comme section d'éclairage et de reconnaissance, car personne ne savait comment les engager. Il n'y avait pas d'état-major tactique capable de les employer au bon niveau.

Depuis 1992, le COS a connu de nombreuses étapes. Il est devenu incontournable dans la chaîne de planification au CPCO. Le COS est la partie visible de l'échelon diplomatique, politique et militaire, au plus haut niveau. Tous les lundis soir se tient à l'hôtel de Brienne une réunion d'opération rassemblant le directeur de cabinet, les directeurs de la DRSD[01], de la DRM et un représentant de la DGSE, afin de faire le point sur les opérations. Je participe à la préparation du conseil restreint de défense, auquel participe le CEMA, et à son *debriefing*.

En 2000, j'étais à l'école de guerre et le COS était encore un outil qu'on ne savait pas employer, sauf pour résoudre un problème impossible à dénouer. C'était un couteau suisse, un *game changer* des exercices de l'école de guerre. Avec une conjoncture favorable, la qualité des unités et des hommes, le COS a su s'adapter et remplir avec succès les missions proposées pour créer une certaine confiance envers les employeurs. Cette confiance a été longue à acquérir, et elle peut tomber. Il faut donc rester humble et éviter les excès de confiance.

QUELLES GRANDES ÉTAPES AVEZ-VOUS CONNUES ?

Quatre étapes successives. D'abord, un COS pompier, dans la main du CEMA, qui est en alerte et intervient sur des RESEVAC[02] (en Centrafrique, au Congo-Kinshasa, à Bamako lors de la tuerie de masse au Radisson Blu[03]), ou qui traque des criminels de guerre en Bosnie. C'est la force d'action rapide spéciale du CEMA. C'est un COS en réaction et qui agit seul.

Puis le COS a évolué sur l'anticipation. L'illustration est la création de Sabre 1 à 3 dans différents pays du Sahel, puis Sabre W[04]. Cela a préfiguré la TF Sabre d'aujourd'hui. Pendant des années, en 2009 pour Sabre 1 en Mauritanie, nous avons anticipé la possible descente de groupes djihadistes et nous avons formé des unités spéciales locales. Nous voulions contenir la menace dans cette zone. Avec cette évolution, nous passions dans le « faire avec ».

C'est Sabre W qui a arrêté les djihadistes au Mali en 2013. Cette QRF était deux fois plus petite que la TF Sabre d'aujourd'hui.

Nous sommes passés à l'ère de l'intégration, plus verticale qu'horizontale. C'est l'ère du contre-terrorisme (CT) qui a démarré avec la TF Jehol, en Afghanistan. L'objectif de Jehol était de libérer les deux otages Stéphane Taponier et Hervé Ghesquière, en étant insérée dans la brigade La Fayette (TFLF). L'opération de libération des otages n'a pas eu lieu, car elle était trop compliquée et réservée au service qui était chargé de la négociation.

Nous sommes ensuite passés dans une autre task force, la TF 32. Nous dépendions alors des forces spéciales américaines dans la mission de CT.

C'est en étant en appui de la TFLF que nous avons découvert l'appui du drone. Nous avons intégré plus largement les capacités 3D (aériennes) et le ROEM, au profit d'une action extrêmement ciblée contre les chefs terroristes de l'époque. Nous avons été capables de mener des actions dans la rapidité. Nous étions sous les ordres des Américains, donc le plan devait être validé deux à trois jours avant l'action. Grâce aux forces spéciales américaines, nous avions une chaîne courte de validation. Cela a permis de démarrer une manœuvre de ciblage et de CT. Le CT reposait sur une boucle décisionnelle très courte, nous étions en lien avec tous les services de renseignement, dont les Américains. Cela a été possible grâce à la confiance qui existait entre eux depuis la TF Arès (2003-2009, déjà en Afghanistan), complétée par Jehol. Cette TF mobilisait environ 150 hommes.

Ce contre-terrorisme en Afghanistan a basculé sur un autre CT avec Sabre, qui est l'accomplissement de dix ans de connaissance du théâtre au Sahel. Il s'affranchit des élongations avec FARP[05] et l'utilisation du SOGH[06]. C'est notamment ce qui explique que Sabre n'est pas intégrée à Barkhane, qui est venue après.

01 DRSD, direction du renseignement et de la sécurité de la défense.
02 RESEVAC, évacuations de ressortissants.
03 Radison Blu, chaîne d'hôtel célèbre dont un établissement a été attaqué à Bamako, le 20 novembre 2015.
04 Sabre W, W pour whisky, une force de réaction rapide (ou QRF) implantée à Ouagadougou au profit de Sabre 1, 2, et 3.
05 FARP, *fuel and ammunitions replenishment point*, plot de ravitaillement en munitions et carburant.
06 SOGH, saut opérationnel à grande hauteur.

E. VIDAUD

Le prépositionnement et l'engagement de Sabre W a permis à Barkhane de dérouler sa progression jusqu'à Tombouctou sans voir d'ennemis.

La dernière étape dans laquelle nous entrons est le combat dans la zone grise et dans l'hybridité. L'hybridité est l'association de différents champs de confrontation, conventionnelle et non conventionnelle, cyber, informationnelle, comportant de la guerre électronique, des proxys au profit de grandes puissances, des acteurs non étatiques et étatiques. C'est un peu la situation existante en Libye ou au Levant.

Dans ce contexte, le COS doit devenir une sorte de hub, un incubateur tactique, interservices, voire interallié. C'est par l'approche globale de cette zone grise que nous pouvons réussir. L'hybridité revient à jouer au ping-pong avec une raquette différente à chaque renvoi de balle : raquette politique, diplomatique, informationnelle… Il faut détenir un rubik's cub à plusieurs facettes et opposer à chaque fois une facette différente. Ces zones grises militarisées vont s'étendre de plus en plus, c'est une façon de contourner les dispositifs classiques.

QUELS SONT POUR VOUS LES RETEX DES ENGAGEMENTS DES TF SABRE ET HYDRA ?

On ne peut pas parler de retex tant que les opérations ne sont pas finies. En tout cas, ces retex ne sont pas définitifs. Concernant Sabre, je retiendrai notre capacité face à un ennemi très furtif, très faiblement armé, qui nécessite de l'action fulgurante ; notre supériorité technologique, nos avions et hélicos permettant d'arriver vite, et dans une boucle décisionnelle courte. Ils nous permettent d'être efficaces, contrairement aux forces conventionnelles qui sont lourdes. Aujourd'hui, ma réussite sur Sabre est d'avoir amené jusqu'au plus petit échelon toutes les capacités technologiques et tous les renseignements qui lui permettent d'aborder la cible en toute connaissance de cause. C'est le succès de mai 2019 dans la libération de quatre otages. En quelques heures, nous prenons une décision sur un objectif mouvant, nous arrivons à proximité et nous traitons avec deux groupes action et une cellule de mise en œuvre (CELMO) aux ordres du Commando Hubert. Comme à chaque fois, nous avons engagé toute la palette des aéronefs, avions, hélicoptères de manœuvre et d'attaque. Toutes nos opérations sont conçues de cette façon.

LES DISPOSITIFS VONT-ILS ÉVOLUER ?

Le COS mourra s'il n'évolue pas. On apporte des capacités complémentaires et supplémentaires. De ce fait, le format de nos TF évolue en fonction des besoins opérationnels, de 200 à 400 hommes.

QUELLES SONT VOS RELATIONS AVEC LES AMÉRICAINS ?

Ils nous aident beaucoup au Sahel. Ils sont émerveillés du travail que nous arrivons à faire là-bas et sont heureux de nous offrir des capacités. La lutte contre le terrorisme dépasse les frontières et, depuis Arès, nous avons montré que nous sommes un partenaire fiable. C'est vraiment un partenariat de longue date. Ils nous prennent pour des gens capables : on dit ce qu'on fait, on fait ce qu'on dit.

QUELLES SONT VOS ANECDOTES PERSONNELLES ?

Quand j'étais lieutenant, j'ai participé à l'opération Balbuzard dans les années 90. J'étais sur la Foudre en Adriatique pour aller libérer des Français. Nous avons fait quarante jours de mer sans que l'opération soit déclenchée. C'est aussi cela les forces spéciales : être capable d'attendre au pied du mur à ne rien faire, car ce n'est pas le bon tempo. Nous sommes revenus déçus, mais nous avions vécu une aventure humaine.

Puis, comme jeune capitaine, au milieu de la même décennie, j'ai été envoyé faire une RESEVAC avec mes groupes prépositionnés au Gabon. Au bout de quelques semaines, alors que nous partions sur Libreville pour rentrer en France, nous avons été engagés sur l'opération Almandin en Centrafrique. Deux Français ont été tués : un lieutenant du 6e RPIMa et un adjudant. Le lieutenant venait de quitter une négociation avec des rebelles et s'était fait tirer dans le dos. La France a décidé d'intervenir et nous avons été chargés de la mission. Mon terrain de jeu engerbait un dispensaire dans lequel les rebelles s'étaient réfugiés. Mes hommes ont dû rentrer et, pièce par pièce, fouiller les malades pour s'assurer qu'ils n'étaient pas des rebelles armés. À un moment, nous sommes tombés nez à nez avec une dame qui montrait son ventre en nous faisant comprendre qu'elle allait accoucher. Mes équipiers sont allés fouiller les autres pièces, j'ai rassuré la femme, et je lui ai donné mon pseudonyme. Nous avons finalement trouvé les rebelles.

Nous sommes revenus plus tard : le bébé était né, et il porte depuis mon pseudo en prénom.

Ci-dessous

Un VPS2 déployé au Sahel. L'engin est un Toyota profondément modifié par le Français Technamm.

armée de TERRE
DANGER

02

LES FORCES SPÉCIALES TERRE

LES ORIGINES DE L'ARMÉE DE TERRE

Composante la plus ancienne et la plus volumineuse, les forces spéciales de l'armée de terre contribuent à plus de 70 % des effectifs du COS déployés en opérations. La quasi-totalité de ses personnels déployés en opérations spéciales agissent pour le compte du COS.

À l'origine, les forces spéciales de l'armée de terre étaient réunies dans un groupement spécial autonome (GSA), intégrant à partir de 1997 le 1er régiment de parachutistes d'infanterie de marine et le détachement de l'aviation légère des opérations spéciales (DAOS), qui avait alors deux escadrilles d'opérations spéciales (EOS), soit 1500 militaires des 2300 du COS de l'époque.

Le GSA s'est transformé en brigade des forces spéciales terre (BFST) en 2003, après l'intégration du 13e régiment de dragons parachutistes. Puis, adoptant le modèle «au contact», l'armée de terre a créé un pilier dédié, incarné dans le commandement des forces spéciales terre. Le DAOS s'est transformé entre-temps en 4e régiment d'hélicoptères des forces spéciales, avec ajout de la compagnie de commandement et de transmission des forces spéciales (CCT-FS).

À Pau, le commandement des forces spéciales Terre (CFST) dispose aussi d'un complexe de tir adapté qui permet, sur 7000 m², le tir à balles réelles, scruté par une myriade de caméras. On y trouve aussi le «frigo», un centre de préparation de mission (CPM). Autant d'atouts qui, ajoutés à un effectif supérieur à ceux des deux autres composantes, conduisent le CFST à réclamer régulièrement une sorte de leadership au sein des forces spéciales. Entre 70 et 80% des effectifs déployés en opérations spéciales appartiennent à l'armée de terre, soit environ 400 hommes et quelques femmes. La CCT-FS fournit 85% des effectifs du domaine au COS.

À 90% le CFST y travaille au profit du COS, 10% étant assurés au profit de la direction du renseignement militaire, une mission nécessitant peu d'effectifs, et quelques postes en détachement de protection rapprochée (DPR) assurés par le 1er RPIMa.

MATÉRIELS COMMUNS ET INNOVATIONS

Le CFST dispose d'une gamme de véhicules très étendue. Certains datent, comme les P4, VLRA et VPS, d'autres viennent d'être livrés aux trois composantes comme les VPS2, fondés sur une évolution d'un 4×4 Toyota. «Technamm a réalisé cet engin spécialement pour les forces spéciales, c'est un très beau véhicule, très efficace, qui rend beaucoup de services», assure le général Thierry Ducret, COMFST.

L'armée de terre a aussi reçu les premiers poids lourds des forces spéciales (PLFS, également livrés aux deux autres composantes), mais ils font toujours l'objet d'insatisfactions, notamment en matière de charge offerte, de consommation de carburant, et donc d'autonomie.

Une revue de programme a été réalisée en mars 2020, pour pouvoir progresser sur ce standard 1, puis enchaîner sur le standard 2. Pour autant, le COMFST assure que ce véhicule «est bien adapté en zone de menace IED. Quand on n'évolue pas dans ce type de zone, il faut disposer d'un véhicule plus rapide, doté de plus d'autonomie, le poids lourd de patrouille profonde (PLPP)».

La solution pourrait être de mettre au point une version dérivée du VPS2 et rallongée sous la forme d'un 6×6. Des essais avaient d'ailleurs eu lieu à la même époque avec le CFST. Face au vieillissement du VLRA, vingt-cinq exemplaires sont nécessaires à très court terme, rien que pour le CFST.

Le CFST a aussi lancé plusieurs programmes tous azimuts pour des buggys. Le MRZR de l'américain Polaris a été évalué avec succès, et a été source de «grande satisfaction». Des tests sont prévus pour son aérotransport. «Il est rapide, léger, dans la fulgurance, c'est un atout majeur», affirme le général Ducret. Des achats sont aussi prévus pour d'autres moyens alternatifs, comme des motoneiges et des motos pour le 13e RDP.

Avec la relance des travaux sur la haute intensité décidée par le chef d'état-major de l'armée de terre, le général Thierry Burkhard, le CFST doit aussi s'équiper en blindés lourds issus du programme Scorpion, comme le Griffon. Ces engins devraient être déployés à Pau et à Souge, près de Bordeaux, dans des espaces de manœuvre suffisants.

L'innovation est un des ressorts des forces spéciales de l'armée de terre. «Mon camarade Alfusco Christophe Lucas dit que l'innovation vient de la frustration, c'est très juste, souvent nos opérateurs sont confrontés en opération à des situations qui déclenchent des idées de solutions», analyse le général Ducret.

Pour les drones, cela se traduit aussi par des modèles originaux conçus par la cellule dédiée du CFST. «Ils sont beaucoup moins chers que les modèles militaires, tout en étant performants, applaudit le général Ducret. Mais il n'est pas possible d'en fabriquer des dizaines. Le problème de l'innovation est le passage à l'échelle à partir d'un prototype, car les idées, elles, ne manquent pas.»

Ancien chef de stick actions spéciales au 1er RPIMa, le commandant Brice a désormais la charge de traiter l'innovation au sein du CFST.

Haut
Un buggy MRZR de Polaris et un VPS2 de Technamm présentés lors du séminaire Sofins, au camp de Souge.

Bas
Les forces spéciales terre fournissent la grande majorité des effectifs déployés en opérations.

Ci-dessous

Ce Caracal du 4e RHFS embarque une équipe de recherche du 13e RDP, lors d'un exercice dans les Pyrénées.

Il est à la tête d'un réseau d'une trentaine de personnes non marquées à l'oreille dans leurs régiments pour animer ce domaine. « L'innovation est ancienne dans les forces spéciales ; nous la cultivons et nous avons tous droit à la parole. L'opérateur est écouté lors de la conception d'une opération, car chaque maillon de la chaîne est important. Cette culture de l'écoute se retrouve naturellement dans l'innovation en particulier, dans les capacités en général. Qui mieux que l'opérateur pour nous aiguiller sur ce dont il a besoin dans les missions actuelles, et sur ce qu'il entrevoit dans les opérations futures ?

Nous travaillons avec des entreprises de toutes tailles, mais nous avons une appétence pour les PME car, structurellement, elles possèdent les outils nécessaires pour répondre à nos besoins.

Dans la fonction agression, nous travaillons actuellement à l'optimisation extrême de ce qu'il est possible de faire en matière de balistique pour neutraliser plus loin que l'adversaire. C'est le cas aussi des munitions téléopérées de petite taille, qui seront développées demain. Le cœur du système d'armes du sniper reste le sniper lui-même. Un système bien réglé permet à un tireur moyen de faire un tir correct. La plus-value réside dans la formation de l'opérateur, qui permet de conserver la supériorité par rapport à un adversaire qui n'a pas de cycle de formation d'expert.

Ainsi, le développement par le 1er RPIMa du calibre .408 est une opération réussie par les FS terre, grâce à la co-conception d'un nouveau couple fusil-munitions avec un industriel.

Ci-dessous

Les forces spéciales terre sont également à l'aise sur l'eau, pour du combat contact ou des infiltrations et exfiltration de personnel.

Nous ne nous sommes pas contentés de choisir le meilleur fusil, nous sommes allés plus loin pour adapter une munition et constituer un ensemble cohérent. Le 1er RPIMa l'a aussi fait avec l'embarcation fluviale de combat (EFC), comme le 13e RDP avec son vecteur nautique d'infiltration. Chaque régiment a dû développer une embarcation spécifique parce que leurs besoins sont différents.

Le VPS2 est une preuve de ce qu'il est possible de faire pour répondre à un besoin urgent. En moins de deux ans, il a été possible d'obtenir une capacité complète, cohérente, projetée en opération, avec les pilotes et maintenanciens formés. C'est le résultat d'un travail en co-conception. Le véhicule répond à 95 % du cahier des charges, puis nous avons amélioré les 5 % restants avec l'industriel. Jusqu'alors, il était rare de procéder ainsi. Les FS terre, 1er RPIMa et 13e RDP, ont envoyé leurs techniciens ; le COS nous a aidés ; l'état-major de l'armée de terre aussi, avec un officier de programme ; et la SIMMT s'est chargée des aspects liés au soutien. C'est un gros travail d'équipe en interarmées avec Alfusco et le CPA 10.

Depuis 2018, le CFST a aussi développé l'impression 3D, et des pièces de communication ont été conçues et produites de cette façon, permettant ainsi d'épargner des semaines d'indisponibilités de matériels. »

L'officier constate aussi l'importance d'innovations d'usage, à partir de matériels existants. Le cas emblématique est fourni par Daech qui a transformé des drones civils pour en faire des éléments de reconnaissance ou des munitions.

Ci-contre
Un dragon du 13e RDP, parfaitement visible en espace ouvert, deviendrait invisible dans une forêt grâce à cet astucieux camouflage-maison.

« C'est notre métier d'être plus intelligent et plus réactif que l'adversaire. Il ne connaît pas les règles du code des marchés publics... Pour nous, les matériels présents dans le domaine civil offrent des perspectives très intéressantes, notamment pour décupler une capacité. Notre smartphone a nécessité des milliards d'euros en développement technologique, pourquoi s'en passer ?

Mais nos besoins propres nous obligent à bien en cerner l'emploi, pour en sécuriser les données, et éviter le piratage.

Nos meilleures armes de *sniping* sont à l'origine des armes de chasse ; nous nous servons des tireurs civils pour accumuler une expérience qui sert notre usage militaire. Le fabricant nord-Américain Polaris a une grosse R&D pour ses activités civiles, dans les quads forestiers. Cela nous sert aussi dans le militaire. Par exemple, les VTT électriques et les trottinettes tout terrain nous intéressent, car ces dernières offrent une mobilité du combattant avec un moteur électrique silencieux et des batteries permettant une autonomie correcte. »

Autre exemple : cet afficheur tête haute pour pilote de véhicule ou pour chuteur opérationnel, qui permet à l'opérateur de disposer des informations désirées face à son œil, plutôt que d'avoir à les chercher sur ses équipements de bord, de poitrine ou de poignet. « Cette innovation identifiée par un sous-officier de l'état-major du CFST provient du monde de la moto. Pour nous, il faut fixer l'afficheur sur un casque balistique, pouvoir garder la vision de nuit... », affirme le commandant Brice.

L'ACADÉMIE DES FST

Installée à Pau, elle a géré 3000 stagiaires en 2019, soit 36000 journées de formations. Ses principaux domaines sont le pilotage de 4 × 4 de six à treize tonnes, mais aussi les drones aériens, et l'apprentissage des langues étrangères (anglais et arabe principalement).

L'académie a également créé en son sein une cellule de régénération du potentiel humain, baptisée Archos. C'est le général Brethous[01] qui en a été l'initiateur. « Nous sommes partis du constat que nous perdions trente à quarante opérateurs par an pour des raisons psychologiques de burn-out et de stress post-traumatiques », explique le lieutenant-colonel à sa tête. « C'est un volume difficile et long à remplacer, nous perdions beaucoup d'expérience. Nous nous sommes donc organisés pour faire en sorte que nos personnels ne soient pas concernés par ces problèmes ; on leur apprend à lâcher prise. Nous avons aussi travaillé sur la fatigue avec l'institut de recherche biomédicale des armées (IRBA). Nous pouvons désormais évaluer la fatigue par un simple test salivaire et, dans trois ans, nous espérons que chaque opérateur disposera de sa propre carte de fatigue. Même si un opérateur ne ressent pas la fatigue, le test lui dira s'il l'est, et il pourra faire une micro-sieste, une sieste sous hypnose... En revanche, si un opérateur se sent fatigué et que le test dit le contraire, cela est plus du ressort du domaine psychologique, et il faut y apporter une solution. Nous travaillons aussi sur l'amélioration des capacités humaines avec des applications, par exemple dans le tir avec la main faible. Aujourd'hui notre ambition est que les modules d'Archos commencent dès les formations initiales de spécialité. »
Plus surprenant encore, Archos a mis en place en 2017 des séminaires de couples pour mieux informer les épouses et permettre aux maris de gérer leur frustration et leur stress professionnel. « Ces séminaires de 72 h menés en secteur civil quelques semaines avant le départ en opération ont essentiellement profité au 1er RPIMa, mais le 4e RHFS y est aussi désormais abonné, et les conjoints — essentiellement des femmes — se voient aussi offrir une thalassothérapie pendant le déploiement en opération du militaire. »

L'académie contribue aussi à identifier des nouveaux matériels pour permettre la régénération du potentiel humain, comme des matelas et oreillers compressibles à mémoire de forme. Quatre-vingt-seize exemplaires ont été achetés en mars 2019 pour la TF Sabre.

PMP-FS

Depuis 2013, le CFST organise également quatre préparations militaires parachutistes forces spéciales (PMP-FS) par an, à Pau, ouvertes aux plus de 17 ans. Chacune offre quarante-huit places, et ce passage est désormais quasi-obligatoire pour les jeunes candidats qui souhaitent intégrer directement le 1er RPIMa. Le 13e RDP y a recours, mais avec moins de régularité. Au programme des quinze jours : vol en hélicoptère, quelques sauts en parachute, et du tir. Les inscriptions se font en centre d'information et de recrutement des forces armées. 70 % des jeunes qui suivent ces formations disposent en sortie d'un agrément pour s'engager dans les forces spéciales.

01 Lire son interview plus loin.

Stationnement

BAYONNE

Devise

« QUI OSE GAGNE »
(TRADUCTION DU *WHO DARES WINS*
DES SAS BRITANNIQUES)

Création

1960
(SOUS CETTE APPELLATION)

Effectif

ENVIRON 900,
SOIT 27 STICKS ACTIONS SPÉCIALES,
HORS STICKS TRANSMISSION

Déploiements opérationnels

CINQ MOIS PAR AN

Formation initiale

TREIZE MOIS

Matériels majeurs

ENVIRON 200 VÉHICULES TERRESTRES,
VPS, VPS 2, VLRA, PLFS, VSPR.
EMBARCATIONS FLUVIALES DE COMBAT.
BUGGYS MRZR ET QUADS POLARIS 850.
4 500 ARMES DE TOUS CALIBRES

Théâtres majeurs

SAHEL, LEVANT

Missions hors COS

DÉTACHEMENTS
DE PROTECTION RAPPROCHÉE (DPR)

Innovations

EFC, GPS BARAKUDA

Le régiment est installé dans une ancienne citadelle de Vauban qui surplombe la ville de Bayonne. Maison-mère des parachutistes coloniaux en 1960, le 1er RPIMa est devenu progressivement une unité d'intervention reconnue. Dans les années 1970, c'est lui qui forme le groupement opérationnel (GO) qui vient compléter les commandos de choc de la DGSE. Progressivement, à cette époque, il se réapproprie l'héritage des parachutistes SAS de la Seconde Guerre mondiale.

Il forme le cœur du groupement commando français lors de la guerre du Golfe, amalgamant des équipes provenant de la 11e division parachutiste. Le 1er RPIMa est donc naturellement le régiment de pointe du nouveau COS, formé un an plus tard.

Il comprend aujourd'hui une trentaine de sticks actions spéciales (SAS) d'une dizaine de commandos chacun, dont certains sont qualifiés, comme SOGH et SOTGH. Le 1er RPIMa aligne le plus grand nombre de chuteurs oxy. au COS: l'équipe initiale de la 1re compagne, les fameux « Aquila », a été complétée par d'autres à la 2e, puis à la 4e. La quatrième équipe sera formée à la 3e.

« Le régiment est déployé en auto-relève dans dix pays, avec des détachements de dix à cinquante-cinq personnels, pour un total de cent cinquante à cent soixante », assure Kssien, le chef de corps, qui a fait la quasi-totalité de sa carrière à Bayonne. « Ce rythme, tenable, constitue notre rythme de croisière. Au-delà de cent soixante-dix ou cent quatre-vingts, il faut faire des choix et prioriser. Le régiment a toujours progressé par paliers, avec le Golfe, l'Afghanistan... Le Sahel a apporté une désinhibition de notre commandement stratégique sur le savoir-faire. L'ISV, qui ne se faisait pas avant ou était difficile à "vendre", est devenue normale, comme la patrouilles type *Special Air Service* (PATSAS). Ces dernières ont changé, avec de fortes élongations, et c'est un savoir-faire du régiment. »

Chacune des compagnies a développé une dominante de milieu ou d'action. La 1re compagnie SAS est spécialisée dans le domaine fluvial et les eaux intérieures, avec plongeurs et quatre embarcations rapides armées (sur un format final escompté à six). Elle détient aussi un groupe de chuteurs oxy.

La 2e compagnie concentre l'expertise montagne et jungle, mais aussi le franchissement vertical et en milieu urbain.

La 3e compagnie est spécialiste du milieu désertique, de la mobilité terrestre et des appuis lourds que sont les mortiers et les missiles. C'est la compagnie des PATSAS.

La 4e compagnie, plus jeune, est spécialisée dans le milieu urbain et notamment l'action sous camouflage civil. Mais cela n'empiète pas sur les compétences totalement différentes du service action de la DGSE qui, lui, mène des actions clandestines et non revendiquées.

Ces quatre compagnies n'ont pas de mandat exclusif dans les milieux, mais constituent des pôles d'excellence.

Une compagnie entière est dédiée à l'instruction SAS. Une autre a la charge du commandement et de la logistique et, enfin, une compagnie d'appui au commandement détient certaines structures spécialisées: le retex et les procédures, la 3e dimension, les cynos. Cette structure est en cours de réorganisation, avec une dizaine de spécialistes issus aussi bien du 132e régiment d'infanterie cynophile que du 1er RPIMa.

La compétence des DPR est intégrée dans toutes les compagnies SAS. Initialement, les ressources étaient prises dans les sticks actions spéciales. Mais depuis 2018, le régiment privilégie l'envoi de sticks entiers formés au DPR. « Nous avons besoin de guerriers structurés pour réagir à une action lourde », garantit le colonel Kssien.

Haut
Le 1er RPIMa a été moteur sur les vecteurs rapides : ce buggy MRZR de Polaris est expérimenté depuis la mi-2019.

Bas
Une équipe de contre-terrorisme et libération d'otages (CTLO) du 1er RPIMa est comme une chaîne : tous les maillons comptent, et sont ajustés.

Ci-dessous
Le tir à longue distance est depuis très longtemps une des spécialités du 1er RPIMa.

L'une des compagnies SAS fournit en permanence des équipes CT en alerte, par roulement, tous les deux mois. Cela permet une réactivité forte, que ce soit à l'étranger ou sur le territoire national. Cette capacité est montée en puissance depuis les attentats de 2015, même s'il n'y a eu aucun cas de déclenchement. En tout état de cause, ce sont les forces spéciales du ministère de l'Intérieur qui seraient d'abord utilisées, mais en cas de saturation de leurs capacités, les SAS pourraient prendre le relais. Ce serait particulièrement le cas dans la région sud-ouest, en proximité géographique.

Les opérateurs du régiment accueillent régulièrement leurs frères du RAID et du GIGN dans le centre de tir adapté de Pau, et eux-mêmes se projettent en région parisienne, pour des entraînements en espaces tubulaires (bus, métro, trains, avions, tunnels, etc.) en milieu urbain ou non.

Le 1er RPIMa concentre aussi des spécialistes du tir, ce qui a contribué à améliorer, pour l'ensemble des forces spéciales, un grand nombre d'armes existantes, que ce soit les fusils d'assaut HK 416 et HK 417 adoptés depuis par l'ensemble des militaires français, le fusil de sniper d'origine finlandaise Sako TRG 42, et le fusil canadien Cadex. « Les armes sont notre ADN au 1er RPIMa », lance un capitaine de la section d'études prospectives (SEP) du régiment, un ancien opérateur arrivé en 2004 comme sous-officier. « Le régiment a toujours été très affûté dans le domaine du tir. Nous avons mis en service le HK 416 en 2007. Nous sommes particulièrement satisfaits de cette arme qui est fiable et rustique, même si elle est lourde. L'armée de terre l'a adoptée, elle a fait un excellent choix. C'est aussi le cas pour le pistolet Glock qu'elle vient de retenir.
Les équipements individuels que nous avions adoptés il y a une dizaine d'années, les protections balistiques et oculaires, se sont aussi généralisés dans le reste de l'armée de terre. Nous ne travaillons pas pour nous dans ces études, mais pour faire progresser nos capacités opérationnelles et, si elles trouvent des applications pour d'autres unités du COS et de l'armée de terre, nous les partageons. »

Le régiment a développé le concept de systèmes d'armes de TELD, ne se limitant pas à un fusil, mais s'intéressant aussi aux munitions qui l'accompagnent (une dimension essentielle) — les lunettes de tir, les aides à la visée et le calculateur de tir. Des études sont même lancées pour déterminer une mesure de vent, en utilisant un LIDAR (*Light detection and ranging*) ! Le tout agencé pour produire une montre suisse de l'action balistique. Les efforts des experts de Bayonne ont porté sur le .408, un calibre ancien dans le milieu de la chasse et du tir sportif, qui a été adapté au tir de précision. Ce concept a débouché sur une arme employée avec succès dans les actions de *sniping* au sein de la TF Hydra, avec « des objectifs atteignables, de nuit, à 2 500 m », révèle le colonel Kssien. « Le régiment a travaillé à l'envers, en fonction de l'effet recherché, et a développé un système complet sur mesure avec un fabricant de fusils canadiens et un munitionnaire britannique », complète le chef de la SEP.

Le régiment poursuit son travail de quête des meilleurs compromis sur de nouveaux calibres, comme le *Seekins Precision* SP10M en calibre .260 Remington, qui devrait permettre de réunir en un seul fusil les domaines de deux armes actuelles. Désormais, les tireurs n'auront plus que deux fusils en .408 et .260, remplaçant le .308 (HK 417), le .338 (TRG 42) et le .50 (PGM, Barett) avec « d'importants gains de masse et de performance » garantit-on à Bayonne.

Dans le domaine des fusils d'assaut, il a aussi ouvert la voie au calibre .300 AAC, incarné dans le SIG MCX qui devrait faire tache d'huile dans les unités spécialisées françaises, après avoir conquis, à l'origine, les SEAL américains. Cette arme multicalibres peut tirer aussi bien des munitions subsoniques que des munitions classiques qu'il est possible de panacher dans un chargeur ou entre plusieurs opérateurs d'un même stick actions spéciales. Elle a été adoptée dans d'autres unités du COS ainsi qu'au RAID.

En outre, le régiment est moteur sur l'optronique quadritubes, permettant d'offrir un meilleur champ de vision. Les quadritubes sont dotés de *clip-on* thermiques permettant la fusion de deux technologies essentiellement : l'intensification de lumière qui rend possible la vision nocturne, et l'infrarouge qui détecte les traces de chaleur, y compris anciennes.

Des protections pelviennes et d'autres pour les membres inférieurs (notamment les fémurs) ont été pensées suite aux nombreuses blessures rencontrées par les opérateurs. Plusieurs solutions existent, avec des protections dont le contenu durcit à l'impact, ou des « peaux de dragons » (*dragoon skin*) qui s'assouplissent les protections.

Le régiment a aussi été en pointe sur les vecteurs d'infiltration : il a développé avec la startup Pirenn une embarcation fluviale de combat surarmée. Le VPS2 développé sur un budget du COS est aussi un « véhicule très solide, c'est un véritable succès », assure le chef de corps. Le 1er RPIMa s'intéresse également au segment lourd, avec des véhicules qui devraient être adaptés de ceux de l'armée de terre, comme le Griffon. Il expérimente quatre buggys MRZR, deux biplaces et deux monoplaces, et deux

Ci-dessous

Ce Caracal du 4e RHFS infiltre des commandos sur cette embarcation de la 1re compagnie du 1er RPIMa.

quads Polaris MV 850. « Nous souhaitons disposer d'un véhicule qui possède une fulgurance, et qui puisse aussi répondre au besoin de pénétrer les défenses ennemies », déclare le chef de la SEP. « Nous pourrions ainsi en larguer d'un avion à très haute altitude avec des chuteurs oxy. »

Il a aussi enclenché un travail sur l'allègement de l'opérateur avec une école d'ingénieur. En réalité, toutes les occasions sont bonnes. « Avec des munitions à douille en polymère, vous gagnez 30 % de masse sur des calibres 12,7 mm », constate le capitaine de la SEP. « Cela peut représenter 20 minutes d'endurance de vol supplémentaires, sur un hélicoptère léger. En gagnant quelques dizaines de grammes sur des composants d'un système ici ou là, vous gagnez bien plus sur la totalité. »

Éprouvé par les guerres au terrorisme des vingt dernières années, le régiment a connu un grand nombre de blessés[01]. Une trentaine d'entre eux restent employés actuellement à Bayonne. Une vingtaine d'autres, qui ne sont plus employés au sein du régiment, sont toutefois suivis par lui. Plusieurs veuves d'opérateurs sont également employées au sein de la citadelle, comme personnel civil.

01 L'un d'entre eux témoigne plus loin.

13e RDP

Stationnement

CAMP DE MARTIGNAS (GIRONDE)

Création

1963 (COMME RÉGIMENT PARACHUTISTE)

Devise

« AU-DELÀ DU POSSIBLE »

Effectif

980 (PLUS 150 RÉSERVISTES)

Matériels majeurs

VPS, VPS2, MOTOS, KAYAKS, PROPULSEURS SOUS-MARINS, UN SEMI-RIGIDE UFAST SQUALE

Théâtres majeurs

SAHEL, LEVANT

Missions hors COS

RENSEIGNEMENT STRATÉGIQUE, AU PROFIT DE LA DRM (1/3 DE L'ACTIVITÉ)

Innovations

STATION MÉTÉO POUR CHUTEURS OPÉRATIONNELS, KIT DE COMMUNICATION SUR CHEST, SYSTÈME D'OBSERVATION À BAS COÛT RAKOON, SYSTÈME DE RESPIRATION EN MILIEU FERMÉ CODE, GAINE CHARGE LOURDE

À l'origine régiment de cavalerie, le 13e régiment de dragons parachutistes a pris un marqueur parachutiste et renseignement après la guerre d'Algérie. Il devient la référence de l'armée de terre dans le renseignement humain, avec une portée stratégique. Ses équipes de recherche de six hommes sont formées pour disparaître dans l'environnement, observer les mouvements adverses et s'infiltrer derrière les lignes ennemies.

Son organisation prend en compte les différents milieux possibles et spécialise les escadrons. Le 2e est par exemple référent dans le milieu aquatique (plongeurs, kayakistes, palmeurs) et jungle. Le 3e est spécialisé en montagne. Le 4e escadron occupe les espaces désertiques avec les patrouilles motorisées. Le 5e prend en charge les chuteurs opérationnels à très grande hauteur (au-delà de 4 000 m, sous oxygène), les pilotes tandem et les charges lourdes. Tous les escadrons disposent d'équipes de recherche de chuteurs opérationnels à grande hauteur, tout simplement pour disposer d'une expertise de milieu. Au total, le régiment dispose d'une centaine de chuteurs opérationnels. Le 6e escadron est l'entité historique des systèmes d'information et de communication (SIC). Il y a ajouté la mise en œuvre des minidrones Skylark et l'appui électronique au contact, là où ne peuvent pas aller les spécialistes du GAOS.

Créé au début des années 2010 seulement, le 7e escadron est spécialisé dans le traitement de l'information. Le 1er escadron assure quant à lui toutes les formations — 150 de ses personnels sont déployés en permanence en mission.

En 2002, après analyse des carences liées à un projet de déploiement en Afghanistan, l'état-major prend la décision d'intégrer le régiment aux forces spéciales, avec lesquelles les interactions étaient de toute façon très nombreuses depuis les opérations en Bosnie. Les deux entités avaient notamment participé ensemble à la traque des criminels de guerre. C'est d'ailleurs le régiment qui avait mis le Commando Hubert sur la trace du criminel Kra, remis à la cour pénale internationale après une arrestation qui demeure un modèle du genre.

Le régiment conserve néanmoins sa mission historique dans le renseignement stratégique. Il a donc une spécificité majeure en ayant deux donneurs d'ordres : la direction du renseignement militaire pour le canal historique (elle aussi créée après la guerre du Golfe), et le commandement des opérations spéciales pour la nouvelle compétence. Ces dernières sont désormais prédominantes, et représentent deux tiers de l'activité.

Le régiment est aussi agile dans la forme de ses déploiements. Il peut travailler en uniforme ou en civil, en renfort dans des ambassades ou au cœur des poudrières, comme en Libye en 2011, quand des opérateurs ont été insérés au sein de l'insurrection libyenne. En 2018, l'ambassade de Ouagadougou a dû son salut à la présence de personnels du régiment à l'intérieur, permettant de repousser un assaut en règle de terroristes.

De l'aveu général, ces diversités d'environnement font du dragon un des commandos les plus rustiques, agiles et reconfigurables des forces spéciales. Pour cette raison, l'attrition dans la sélection est une des plus élevées de la communauté des forces spéciales, mais elle s'est néanmoins réduite, notamment grâce à l'apport des préparations militaires parachutistes forces spéciales. Le régiment a ainsi mis en place son propre centre de recrutement qui travaille directement avec les centres d'information et de recrutement des forces armées. 80 % des personnels sont des volontaires initiaux arrivés du civil, et 20 % des ultérieurs provenant de toute l'armée de terre. 100 places sont offertes en moyenne chaque année par le régiment.

Le régiment n'emploie qu'une vingtaine de femmes, ce qui est extrêmement peu, mais elles « montent en puissance sur l'analyse et l'exploitation

Haut

Une Gazelle du 4e RHFS peut infiltrer un binôme de plongeurs du 2e escadron du 13e RDP.

Bas

S'infiltrer, observer, s'exfiltrer : les plongeurs du 2e escadron le font comme des fantômes.

Ci-dessous

Dans la soute d'un avion tactique : concentration avant le début de la prochaine séquence.

du renseignement», note le second du régiment, un ancien sous-officier qui a suivi toute son évolution depuis les années 1990, traquant les criminels de guerre en Bosnie puis combattant les talibans en Afghanistan à deux reprises avant d'opérer au profit de la TF Sabre.

« La formation est longue, poursuit-il, mais quand ils la terminent, au bout de 20 mois, ils sont directement opérationnels. » L'attrition s'élève à 40 % pour les initiaux et 20 % pour les ultérieurs.

Les dragons ont une capacité d'innovation continue dans toutes sortes de domaines. « Quand je commandais le 2e escadron, un ancien nageur de combat devenu officier a développé le CODE, un appareil de plongée en circuit fermé qui arme maintenant toutes les forces spéciales », se souvient le C2 du régiment. « La recherche du renseignement humain est atypique, nos équipiers ont tous le profil humble et rustique, avec une vraie capacité d'adaptation et d'intelligence de situation. Ils basculent d'une mission très engagée en GFS vers des missions au contact en zone urbaine ou désertique, puis vers des missions en renfort d'attaché de défense, dans une ambassade. En Bosnie, nous avions un sous-officier renseignement avec nous, et les cellules d'exploitation étaient situées à Paris. Maintenant, nous avons une vraie capacité d'analyse dans les PC de GFS. Cette capacité de boucle courte permet de mener des opérations sur très court préavis. Nous avons les outils pour le faire. Nous avions commencé avec les bandeaux temporels à l'époque de la guerre froide (des rideaux d'équipes

Ci-dessous

Trinôme du 13e RDP en entraînement à l'infiltration.

de recherche analysaient sur les axes, et les analystes dressaient les bandeaux temporels[01]). Ces tâches se sont informatisées dans les années 90 avec le système Granite qui est monté en puissance avec la traque des criminels de guerre. Ces dernières années, cette dimension de ciblage a été très utilisée, mais on l'utilisait déjà dans la traque des criminels de guerre. Elle s'est développée et a été adaptée

4e RHFS

Ci-dessous

Un Tigre, une Gazelle et un Caracal, portant une grappe humaine du 13e RDP.

Stationnement

PAU

Devise

« NULLE PART SANS NOUS »

Création

1993

Effectif

480 RÉALISÉS – 520 THÉORIQUES.
780 SOUS 10 ANS.

Matériels majeurs

UNE QUARANTAINE D'HÉLICOPTÈRES GAZELLE (12),
TIGRE (8, À TERME 12),
PUMA (5 ET 2),
COUGAR (8), CARACAL (8)

Opex majeure

AFGHANISTAN, SAHEL

Déploiements annuels

DEUX FOIS DEUX MOIS

Missions hors COS

APPUI AU RAID ET AU GIGN

Innovations

BRAS STRIKE CODÉVELOPPÉ AVEC LE 1er RPIMa ET LA SOCIÉTÉ COSE,
VLRA 6×6 AVITAILLEUR

En 1993, l'armée de terre réserve quatre hélicoptères de transport Puma au COS et les base à Pau, à côté du 5e régiment d'hélicoptères de combat.
En 1997, cette escadrille des opérations spéciales (EOS) devient le détachement de l'aviation légère de l'armée de terre des opérations spéciales (DAOS). Ce dernier intègre alors un nouveau modèle d'hélicoptère de transport, le Cougar, un élément de commandement renforcé, et aligne désormais deux EOS formées de Gazelle, une de transport et une d'attaque équipée de Gazelle. Entre 2005 et 2007, il aligne quatre nouvelles EOS pour accueillir de nouveaux types d'hélicoptères : le Caracal (EOS 3), les Puma destinés à soutenir le GIGN puis le RAID (EOS 4 et EOS 5), et le Tigre (EOS 6). Il gagne des postes, mais reste dépendant du 5e RHC voisin pour le soutien mécanique de ses appareils. Il forme donc une EOS 8 pour la maintenance des Cougar et des Caracal, et une neuvième doit être créée vers 2026 pour assurer l'autonomie du régiment dans ce domaine.

Aujourd'hui, le 4e RHFS regroupe un peu moins de 480 militaires et devrait atteindre d'ici 2030 le format d'un petit régiment (700 à 800).

En fin de décennie, le régiment n'exploitera plus que trois types de machines (Caïman, Tigre, Guépard), tous en service dans le reste de l'armée de terre. Cela devrait simplifier considérablement la maintenance et le recrutement du personnel, mais également ses éventuelles respirations entre deux affectations au régiment[01]. Cette évolution permettra aussi de mieux diffuser dans l'armée de terre les savoir-faire et les évolutions de configuration, tirées vers le haut par les forces spéciales.

L'unité est l'une des plus prolifiques en matière d'innovation ; son bras articulé est Strike, codéveloppé avec les snipers du 1er RPIMa et la PME francilienne Cose. Elle a aussi développé en interne un VLRA 6×6 pour l'avitaillement de ses hélicoptères dans les zones les plus reculées. Les personnels navigants ont aussi planché sur des petits équipements, comme des treillis dotés de garrot interne, des casques allégés porteurs d'une optronique française à fusion infrarouge et intensification de lumière (avec la PME varoise Wilco), un laser-marqueur pour hélicoptère, un pointeur de doigt, une échelle légère d'extraction rapide de personnel...

L'une des idées les plus récentes (pas encore aboutie) est un dispositif de détection automatique de mouvement relié au système optronique embarqué. Ce concept pourrait aussi s'appliquer

01 Les respirations permettent aux militaires de faire des allers-retours entre forces conventionnelles et spéciales, car le tempo est plus élevé et les risques plus importants dans les secondes.

Ci-dessous

Cette embarcation du 1er RPIMa développée par Pirenn est appuyée par une Gazelle de l'EOS2.

aux optroniques terrestres et navales, démultipliant l'efficacité des opérateurs. Son concepteur, un pilote de Gazelle, en a eu l'idée lors de ses missions en Afghanistan.

Le précédent chef de corps a intégré le régiment en 2014, comme chef du bureau opération instruction. « Le Sahel est l'ADN du régiment ; nous mettons en œuvre des savoir-faire exceptionnels qui proviennent de ce déploiement, explique-t-il, mais j'essaie aussi de lutter pour que les jeunes qui n'ont connu que ce théâtre ne se limitent pas à lui. »

Le régiment y a envoyé entre deux et quatre hélicoptères de manœuvre, et autant d'hélicoptères de reconnaissance et d'attaque. En moyenne, une quarantaine de personnels sont déployés sur ce théâtre et une vingtaine d'autres ailleurs. La TF Sabre s'occupe de la maintenance des hélicoptères Cougar (y compris ceux de Barkhane) et Caracal, tandis qu'à Gao, Barkhane se charge de celle des Tigre et des Gazelle de Sabre. « Sur deux mois, nos personnels vont voler 80 à 90 h, essentiellement de nuit. » Soit un peu plus d'un tiers de leur dotation annuelle. Au total, les navigants assurent trois mandats de deux mois sur un an et demi.

« Avec son tireur d'élite embarqué (AFTE) qui peut être issu des trois composantes, la Gazelle fait des tirs très précis, ce que le Tigre ne peut pas faire. Sa mission est de délivrer de la puissance de feu à distance. On crée des cercles concentriques, avec des effets allant de 100 m de distance à 1,2 km. Grâce à cette combinaison d'effets, nous pouvons nous approcher de l'ennemi et maintenir un feu constant. On délivre d'abord le feu du Tigre, on fait rentrer les Gazelle dans le cercle pour la capture de l'ennemi, puis les HM déposent les commandos. Les appareils sont aussi complémentaires dans la durée. Le Tigre vole 4 h, les HM 2 h 30 et les Gazelle 2 h 30. La Gazelle nous rend encore de fiers services, nos équipages sont courageux, peu protégés, très près des ennemis. Son tir de précision est redoutable en AFTE et en minigun, c'est la machine qui permet d'enlever la décision à la fin. »

GRANDS TÉMOINS

SERGENT PIERRICK

Ci-dessous

Tout, dans l'entraînement du 1er RPIMa, mène à l'excellence : avant, il faut accumuler les entraînements spécialisés.

INSTRUCTION SPÉCIALISÉE, 1er RPIMa, 32 ANS

Je viens d'un milieu social modeste, dans les Vosges. Après mon bac ES en 2006, je voulais intégrer les paras en faisant l'ENSOA. Par une PMP, j'ai découvert Bayonne en discutant avec l'encadrement. J'étais un gros challenger, car j'étais sportif de haut niveau. Je courais depuis mes 4 ans. J'avais construit ma stratégie pour aller à Bayonne, mais c'était compliqué comme sous-officier.

J'ai changé ma candidature pour m'engager comme homme du rang et je me suis engagé au 8e RPIMa de Castres, en janvier 2007. J'ai été projeté en Afghanistan, d'où je suis rentré le 1er décembre 2008. En février 2009, j'étais à Bayonne. J'ai mis le couteau sous la gorge de ma hiérarchie, en leur expliquant dès le départ que je voulais aller au 1er RPIMa. Je leur ai dit que s'ils ne me laissaient pas partir, je quitterais l'armée et je poursuivrais mes études.

Mon processus de sélection a commencé alors que j'étais encore en Afghanistan, à Nijrab.

J'ai participé à huit missions depuis mon arrivée à Bayonne. Le rythme était très soutenu. À la 3e compagnie, j'étais en groupe PATSAS, comme gunner, avec une double qualification de tireur d'élite et de SC2. J'avais déjà commencé le cursus santé au 8e RPIMa où j'avais été formé comme auxsan section. J'ai rejoint le groupe CTLO de ma compagnie en 2013.

J'ai été gravement blessé en novembre 2016, lors d'une mission risquée au Sahel, sur un HVT. J'ai reçu une balle de Kalach, 7,62 × 39 mm. J'ai eu énormément de chance et de malchance, car j'ai pris la balle à travers le gilet dans le flanc. Elle est passée dans mon chargeur Magpull, a fait un gros point d'entrée, a généré un polycriblage de laiton, puis a explosé 10 cm plus bas.

Je me souviens de 70 % des événements avant de tomber inconscient. Je suis moi-même SC2, donc j'ai su tout de suite que j'étais grièvement blessé. J'ai commencé à paniquer en le comprenant. J'étais à découvert et je n'arrivais pas à me mettre à l'abri. L'instinct de survie mélangé à notre formation solide m'a permis de reprendre le dessus. J'ai commencé à me *checker* : j'ai enlevé mes gants pour essayer de voir où étaient situés les trous d'entrée et de sortie de la balle. J'ai mis un pansement compressif, sans trouver les trous. Je sentais juste une petite éviscération. Ne voyant pas d'hémorragie externe côté gauche, je me suis mis en position latérale de sécurité. J'avais consommé la moitié de mes munitions et j'avais peur que le type qui m'avait tiré dessus vienne m'achever. J'ai eu ces flashs d'Uzbin, cette vallée afghane où mon ancien régiment, le 8e RPIMa, avait perdu neuf hommes le 18 août 2008. J'ai pointé mon arme vers la position dangereuse et j'ai déclipsé mon arme de poing. En Afghanistan, un tireur d'élite longue distance (TELD) avait ainsi tué à très courte portée deux gars qui venaient pour l'achever.

Les copains manœuvraient pour réduire la résistance très lourde en face. Je suis resté sous le feu ennemi pendant cinq minutes, je savais que je devais tenir. J'ai eu comme un dialogue interne avec moi-même, comme un deal : « Pépère, tu t'accroches et tu tiens, sois en mesure de tirer s'ils viennent vers toi. »

Puis les copains sont venus m'extraire et me mettre à l'abri. Nous étions trois blessés en tout. Les deux autres SC2 ont fait un super travail, comme tout le reste de la chaîne médicale par la suite.

Ils avaient trois blessés par balles à prendre en compte. Ils ont conditionné les deux autres avec moi. Notre toubib urgentiste et son infirmier m'ont injecté de l'antibiothérapie, car je devenais inconscient. Ils ont monté une voie avec de la noradrénaline et de l'épinéphrine.

Ci-dessous

Un Caracal du 4e RHFS infiltre une équipe du 1er RPIMa dans la reconstitution d'une zone urbaine.

Mon pronostic vital était engagé. Extrait en hélicoptère, j'ai d'abord été accueilli dans un MCV qui peut prendre en charge un à deux blessés graves. Il est entièrement aérolargable et armé par des troupes alliées qui sont très compétentes en médecine de guerre. C'est bizarre d'ouvrir les yeux et de voir un toubib inconnu. J'avais eu l'opportunité de faire des interventions au bloc, mais cette fois, c'était moi le blessé. Le personnel du bloc m'a demandé comment j'allais. Ils ont fait une échographie de campagne, ils ont vu le merdier à l'intérieur, m'ont mis sur la table d'opération, et l'anesthésiste m'a endormi. Cette première équipe a fait la moitié du boulot, le deuxième MCV, français, a poursuivi. Il m'a stabilisé pour la projection vers la France. À Percy, le chirurgien, un spécialiste de renommée internationale, a nettoyé l'intérieur et les plaies. Je suis resté cinq jours dans le coma. Même l'urgentiste dans le Falcon qui m'a ramené en France n'avait jamais vu un tel cas. Tout mon bas-ventre était ouvert, et une mousse osmo-compressive a été placée pour fermer le pansement de façon temporaire. À la fin de la deuxième opération, j'étais hors de danger.

Ma prise en charge médicale est devenue un cas d'école, à la fois par les actes chirurgicaux et les élongations. Le premier trajet a été réalisé en hélicoptère, le deuxième dans un Casa nurse qui m'a ensuite amené sur une autre piste où le Falcon a atterri.

Tous les maillons de cette chaîne du SC2 à Percy ont été ultra-performants. Tous les éléments mis bout à bout ont augmenté mes chances de survie. Les personnels de Percy sont très compétents et à l'écoute. Si je m'en sors aussi bien, c'est grâce à la compétence du service de santé des armées.

Mais j'ai perdu le rein gauche, la rate, une partie du diaphragme gauche, l'abdo gauche, et j'ai eu une plaie à l'intestin. Et la balle est toujours

Ci-contre
À l'instar des mousquetaires, les commandos du 1er RPIMa font corps autour de l'équipe et du régiment, mythique dans les armées.

à l'intérieur, plus du polycriblage que les médecins n'ont pas pu retirer. Je suis un miraculé. Ma rééducation sera à vie (avec deux séances quotidiennes).

Si la balle est bloquée et si je suis assez handicapé, je suis tout de même chanceux, car j'ai mes deux jambes. J'arrive à courir, à faire du ski, à aller à la piscine…

Les toubibs disent que les efforts musculaires nous préparent à survivre à des choses extrêmes. J'ai subi trois opérations en 24 h, deux sur le théâtre, une à Percy. Ils m'ont ouvert à chaque fois. Je n'ai pas eu de septicémie. J'ai une forte capacité de récupération, et je suis sorti de Percy en fauteuil roulant au bout d'un mois seulement. Même les toubibs étaient très surpris de la rapidité avec laquelle je me suis remis debout. Grâce à ma formation et à mon état d'esprit, grâce à ma forme physique, le corps est allé puiser très loin dans les réserves.

Le soutien familial du premier cercle est essentiel. Ils ont été ultra-présents, comme mes camarades militaires. La nouvelle de ma blessure s'est répandue comme une traînée de poudre. Ma famille avait voulu me préserver, mais le bouche-à-oreille a amené une énorme mobilisation de l'unité : des amis d'enfance sont venus à Percy, et m'ont aidé à garder le moral. La cellule d'aide aux blessés de l'armée de terre (CABAT), les états-majors du COS et des troupes de marine sont venus me visiter. Des camarades de Saint-Maixent ont fait le mur pour venir me rendre visite. La CABAT a fait un travail formidable, ma compagne a pu rester à mon chevet grâce à la maison des familles. Ma chambre voyait passer beaucoup de camarades, d'anciens officiers du régiment mutés sur Paris. Certains anciens que je ne connaissais que de nom, ou pour avoir vu leurs photos dans nos couloirs, sont aussi venus. Certains d'entre eux sont des légendes vivantes. J'ai eu pendant plusieurs heures un échange de qualité avec le GCOS, le général Saint-Quentin.

J'ai passé un mois à Percy, trois mois de convalescence à l'hôpital militaire Robert Piqué à Bordeaux, puis près de chez moi dans un centre de rééducation. Depuis un an et demi, j'ai repris le travail à la citadelle. Je me suis porté volontaire pour être employé à l'instruction spécialisée, en CTLO. J'ai perdu toutes mes aptitudes d'opérateur, car j'ai beaucoup de séquelles. C'est très dur d'avaler la pilule, je voulais passer OAEA, officier tardif, avoir mon TU et le commander en opération.

Le soutien m'a fait beaucoup de bien, tout comme reprendre le travail, et continuer à contribuer à mon petit niveau à l'effort de guerre. Mais je ne suis plus opérateur CTLO. J'ai dû tourner la page…

Je me prépare en vue des tests TAP (troupes aéroportées) afin de pouvoir sauter à nouveau d'un avion. C'est un travail acharné mais, indéniablement, le sport m'a fortifié tout jeune. Dès mes 4 ans, je courais, qu'il pleuve ou qu'il vente, car cela forge le corps et l'esprit. Cela m'a permis de me construire comme jeune homme puis comme homme. Cela m'a servi dans la résilience : ne pas lâcher, aller de l'avant. Dans le sport, j'ai participé aux *Trial Marines corps* à deux reprises, en 2018 et 2019. La CABAT prend une équipe de dix blessés physiques et/ou moraux. Là aussi, la devise est de ne jamais rien lâcher. J'ai évidemment participé dans mon sport d'origine, en tir à la carabine à plomb, et en athlétisme (100 m, 400 m, relais 4 × 100 m) où nous avons eu pas mal de médailles. Nous sommes là pour la reconstruction. Les blessés conservent les médailles qui sont un souvenir indélébile et qui redonnent confiance. Ça signifie : « Tu n'es pas foutu, tu peux avoir d'autres expériences. » Cela permet de se relancer, de donner un coup de boost. Pour ma part, cela m'a permis aussi de relativiser mon propre sort. Du côté allié ou français, on trouve beaucoup d'amputés, d'autres ont un handicap mille fois pire que le mien.

SERGENT-CHEF MALCOLM

SC2 AU CTLO DE LA 3e COMPAGNIE, 1er RPIMa, 32 ANS

J'ai intégré le 126e RI de Brive en 2015, à 17 ans, avant de rejoindre le 1er RPIMa en 2010. J'avais toujours voulu être militaire; cela m'avait toujours attiré. J'ai participé à une opex presque chaque année, notamment en Afghanistan. J'étais tireur Éryx au 126 et j'ai gardé la qualification, y ajoutant celle du nouveau MMP. Affecté à la 3e compagnie PATSAS, j'ai commencé comme pilote de véhicule puis gunner. Au bout d'un an et demi, j'ai intégré le groupe CTLO de la compagnie.

Le stage dure six semaines, mais à tout moment nous pouvons être arrêtés. Nous travaillons principalement les sports de combat et le milieu clos. Six semaines, c'est peu pour tout ce qu'il y a à assimiler. Le temps passe vite, et il faut s'accrocher au bateau. Le groupe demande de savoir s'adapter et emmagasiner rapidement. Ce n'est pas du tout comparable à ce que nous avons vécu avant, nous sommes sur autre niveau, et un travail complètement différent. Au CTLO, nous vivons une remise en question permanente, rien n'est acquis, tout évolue. L'entraînement est sans fin.

Je suis en CTLO depuis 2012, toujours avec le même groupe. Dès le début, j'ai été orienté SC2 et j'y ai ajouté la recherche d'indices tactiques (le SSE).

Le matériel spécifique au SC2 prend beaucoup de place, surtout quand nous sommes isolés, sans médecin et/ou infirmier. Le sac est un 40 litres, j'utilise des sacs pas trop gros, car je suis d'abord équipier dans le groupe, donc il faut savoir jongler. Il faut rester mobile. On cherche à avoir le maximum de matériel tout en limitant le poids, car ce poids est l'ennemi du régiment.

Mon sac est compartimenté en plusieurs poches, selon le MARCHE[01]. Les SC2 d'un même groupe compartimentent leur sac de la même façon, si bien que nous savons où trouver le matériel dans le sac de l'autre, notamment de nuit. Chaque opérateur a sa TIC de SC1[02]. Ils ont le strict nécessaire: le garrot, le pansement compressif, les syrettes de morphine... Si nous devons intervenir sur un blessé, nous piochons d'abord dans cette TIC pour garder en réserve ce que nous avons dans le sac.

Quand nous ne sommes pas déployés en mission, nous pouvons aider à soigner dans des rôles 1 et 2. Sur une opération de libération d'otages, nous pouvons également prendre en compte des civils avant que le médecin et l'infirmier ne soient disponibles.

Nous utilisons tout ce que nous avons dans notre sac. Nous nous servons beaucoup du garrot, des pansements compressifs, des quiklot[03], de la perfusion, de la ceinture pelvienne, et des couvertures de survie (car les blessés perdent très vite leur température interne). Il faut également leur recouvrir les extrémités et la tête. Le brancard est adapté selon la mission: filet, perche... Nous testons beaucoup dans ce domaine.

Si la mission est en véhicule, nous prenons un gros sac. Si elle est courte (moins de 24 h), nous prenons le strict minimum, c'est-à-dire juste de quoi intervenir sur deux ou trois blessés. Sur une mission courte, je porte environ 30 kg de matériel: arme, protections balistiques, sac SC2.

J'ai été déployé plus d'une dizaine de fois, sur les deux principales opérations dans lesquelles le régiment a été mobilisé. Chaque théâtre est différent, mais l'important est le délai d'évacuation. S'il est rapide, nous prendrons moins de matériel avec nous. Dans le cas contraire, il faut envisager plus de matériel. Il faut aussi prendre en compte le climat (plutôt sec au Sahel).

Je suis intervenu avec le deuxième SC2 du groupe, K., alors que nous avions plusieurs blessés dans le groupe (dont Pierrick, non nommé). Nous nous sommes réparti le travail, puis l'infirmier et le médecin nous ont rejoints quelques minutes plus tard.

Avec l'augmentation du nombre de blessés ces dernières années, le rôle du SC2 a pris de l'importance. Les missions et l'ennemi ont changé. Un groupe CTLO ne peut pas partir sans au moins un SC2, c'est un motif de *no-go*.

Aujourd'hui, j'ai 32 ans. Je vais probablement prendre une place d'adjoint-chef de groupe puis, sans doute, celle de chef de groupe. Je n'aurai plus ma place en SC2.

Le CTLO est une famille, c'est pour cela que c'est un groupe et que nous essayons de ne pas changer ses membres. Nos deux blessés ont fait évoluer le groupe. Nous vivons ensemble, depuis des années. Nous faisons énormément de choses ensemble dans le privé, avec ou sans la famille. Nos femmes se connaissent également: nous organisons des repas en famille, et elles s'entraident aussi quand nous sommes déployés.

Cette fraternité est primordiale, surtout sur les missions délicates. En arrivant au 1er, nous repartons à zéro, et nous devons faire nos preuves sans cesse. En entraînement, il faut s'accrocher du début jusqu'à la fin. Celui qui n'est pas passionné ne rentre pas au régiment, ou ne reste pas. Il faut être passionné.

01 Principe de secourisme de combat, chaque lettre renvoyant à des actes élémentaires, il est couplé au RYAN.

02 Trousse individuelle du combattant de SC1, secourisme de combat de premier niveau.

03 Pansement hémostatique permettant de combler une plaie.

Haut

Un binôme s'est posté en appui, près de la zone d'atterrissage, au Sahel.

Bas

C'est une scène assez proche du soutien médical immédiat que Pierrick a trouvé sur le terrain, sous le feu.

LIEUTENANT CLARK

Ci-dessous
Le HK 416 s'est imposé comme arme de référence grâce au 1er RPIMa qui l'a fait modifier.

CHEF DE LA CELLULE CTLO À L'INSTRUCTION SPÉCIALISÉE, 1er RPIMa, 47 ANS

Je me suis engagé au 1er RPIMa, en 1992, comme engagé volontaire de l'armée de terre (EVAT). J'y pensais depuis tout petit, comme beaucoup de militaires. La série *L'Enfer du devoir*, sur la guerre du Vietnam vécue par un groupe de GI, diffusée à l'époque sur M6, a tout déclenché. Je suis allé me renseigner à Arras, un ancien du 13e RDP m'a expliqué ce qu'il avait vécu, et quand je lui ai parlé de mes envies, il m'a dit que si je voulais m'éclater dans mes missions, il valait mieux que j'aille au 1er RPIMa. Mon père était gendarme, j'avais aussi imaginé aller au GIGN. J'avais donc pensé faire quelques années à Bayonne puis aller en gendarmerie, mais quand le train est parti, il est parti (*rires*).

C'est un choix particulier; ce régiment est très prenant. Sur 28 ans, j'ai passé la moitié de ma vie à l'étranger avec près d'une trentaine d'opex. Quand je suis arrivé au régiment, j'ai fait mes classes pendant deux mois et demi. On dormait trois heures par nuit, c'était très difficile. Nous avons commencé à quarante-deux, nous avons fini à huit. C'était très intense, mais je suis resté. En quittant la maison, je m'étais donné pour objectif de réussir, je n'avais pas le choix. Nous étions tous venus avec nos histoires, ceux qui voulaient rester sont restés. Nous avions beaucoup d'excuses pour partir, car ne pas dormir sur une période aussi longue est vraiment très dur. Nous passions pour des gamins, car nous ne retenions rien de ce qu'on nous apprenait du fait du manque de sommeil. Nous étions vraiment sur une autre planète.

Ci-dessous

Exfiltration d'un groupe action du 1er RPIMa par un Cougar de l'EOS1, au Sahel.

J'ai ensuite été affecté à la 3e compagnie. Elle était déjà PATSAS, mais avec un fonctionnement différent et de grandes sections. Les groupes actuels n'avaient pas été constitués (ils ne sont apparus que dans les années 1995-1996-1997). La compagnie était spécialisée dans l'appui mortier et antichar. Moi, je suis devenu tireur Milan. Ma première opex est intervenue en 1995 en Bosnie. C'était un gros avantage qu'elle arrive aussi tard car, en trois ans, j'ai pu faire toute la formation. Maintenant, elle s'étale sur sept ans et, au bout de deux ans, vous partez en opération.

Cette première mission est intervenue avant la création de la SFOR, *stabilization force*, la force de l'OTAN déployée en Bosnie. La situation était très tendue à Sarajevo, où nous nous faisions tirer dessus, comme la conventionnelle. Nous faisions surtout du renseignement: observer, écouter. C'était l'ancêtre de ce qui est devenu les actions spéciales en milieu urbain (ASMU), ou périurbain. C'était ce que j'attendais. Nous avons commencé les premières missions en civil, mais sans en avoir vraiment le mode d'emploi. Nous avons recommencé un an plus tard, au même endroit. Nous étions en contact avec les opérateurs du 22[01]. Nous ouvrions grand les yeux en les voyant, car le 22, c'est l'unité phare par excellence. Ils étaient très pragmatiques, utilisant les outils au bon moment; d'entrée de jeu, ils en tiraient les conclusions et les retex.

Quand je suis retourné en Bosnie en 1996, la SFOR avait été créée et nous étions employés en élément de liaison et de contact (ELC),

01 Le 22 SAS. Ces hommes sont les héritiers des SAS de la Seconde Guerre mondiale qui ont formé les premiers parachutistes SAS français, dont a hérité le 1er RPIMa.

Ci-dessous

Présentation d'un scénario CTLO : le Sahel reconstitué pour la présentation annuelle de l'armée de terre.

une mission de renseignement qui se faisait en militaire ou en civil. Au total, je suis allé six fois à Sarajevo. Pour des missions de traque de criminels de guerre, nous ne restions parfois que 24 h sur place.

Je me suis rendu plusieurs fois en Afrique sur les opérations Almandin en Centrafrique et Pélican sur Brazzaville. C'étaient de belles missions. Nous étions partis de Biarritz sur Brazzaville, avant de retourner au Gabon, puis de repartir sur un autre pays. Nous faisions des sauts de puces avec trois fois rien sur nous. En 1996, je suis allé au chutops puis j'ai enchaîné le stage CTLO, dans l'équipe chuteurs (RCO) de la 3e compagnie. Sur mes 800 sauts, j'ai eu la chance d'en faire une demi-douzaine en CTLO. Le premier a eu lieu à Birao, j'étais en RCO, avec les oxy de la 1re compagnie, une équipe du Commando Hubert et le CPA 10. J'étais au Tchad en 2008, je suis allé trois fois en Afghanistan, six fois au Sahel et deux fois sur un autre théâtre. Entre 2008 et 2010, j'étais dans un pays étranger en coopération. À mon retour, je suis passé à la 1re compagnie. Je suis à l'IS depuis trois ans.

Sur un de mes derniers Sabre (en 2015-2016), j'ai pris la responsabilité d'une opération de chuteurs de Bayonne. Les hélicoptères ont aussi leur rôle à jouer lors d'une action de nuit. J'ai préparé la mission, nous avions le vert pour la déclencher, mais étant donné que j'avais passé du temps à la peaufiner, je n'avais pas pu préparer mon équipement de saut et mon matériel. J'ai entendu l'avion se poser et les gars qui montaient dedans. Ils avaient préparé tout mon matériel comme si c'était moi qui l'avais fait. L'un s'était occupé de la voile, les autres du reste. Tout s'est passé de nuit, nous avons fini au petit jour.

D'énormes progrès ont été faits en termes de matériel (en qualité et en quantité). À Pélican, nous n'avions pas de gilets, pas de plaques, pas de casques, juste un *chest* israélienne (et une chasuble porte-équipement). Nous sommes passés de 10 kg de matériel à 40 kg. L'opérateur qui était plutôt svelte et dynamique est devenu un gars de 90 à 100 kg pour pouvoir porter tout ce matériel. Nous avons de moins en moins de chats maigres.

Le CTLO a progressé grâce à la remise en question. En 1997-2000, nous n'avions pas de technicité, nous regardions ce qui se faisait ailleurs, chez les ODA[02], les SAS. Ce sont eux qui nous ont donné des pistes puis, en interne, nous avons fait notre propre brainstorming pour faire évoluer tout doucement le CTLO. Avec l'évolution du matériel, comme les boucliers, nous avons pu faire des ouvertures d'angles. Tout doucement, les méthodes d'investigation ont changé. Ce qui a fait notre force, c'est le discernement. Quand je dirige un stage CTLO, j'ai mon carton jaune et mon carton rouge, on ne tire pas sur quelqu'un qui n'a pas d'arme.

Tout évolue en permanence. Nous avons eu tout le matériel dont nous avions besoin, des casques performants, des plaques de protection deux fois moins lourdes qu'il y a quinze ans, du laser, des Surefire sur fusil[03], et des HK 416. Cette arme est très bien. Nous avons tout ce qu'il faut et le matériel s'améliore à chaque fois. Nous travaillons actuellement les JVN. Les quadritubes sont l'avenir. L'axe de progression se situe dans les postes de transmission.

J'ai été en groupe CTLO pendant seize ans, quasiment tout le temps dans la même équipe. Il n'y avait pas besoin de donner d'ordres, c'est assez facile à commander. Si vous aimez vos gars, ils vous aiment. J'ai été successivement équipier, en brêchage, en techniques d'investigation, chef de groupe au RCO de la 3, puis équiper et adjoint à la 1.

Nos anciens ont accompli des actions glorieuses et stratégiques, alors que la situation était dramatique. Quand nous leur disons notre admiration, ils nous rétorquent que si nous avions eu 18 ans à l'époque, nous aurions été avec eux. Je lis beaucoup de récits sur leurs combats pendant la guerre, des coups de main en équipe très réduite, des assauts en jeep Willys…

Mon rôle de CTLO est d'éviter à mon pays d'avoir des terroristes dans les rues. Nous devons les détecter, les freiner, les neutraliser à l'étranger, même si c'est une menace qui peut sembler diffuse. Il ne faut pas baisser la garde, c'est important de le comprendre. À 47 ans, je continue les déploiements en opération et sur le terrain comme officier opérations. Je conçois l'opération et j'accompagne le TU sur le terrain. Nous pouvons avoir un ou deux groupes, une cellule de mise en œuvre (CELMO) comprenant un transmetteur et à laquelle nous pouvons agréger des spécialistes (EOD, maîtres chien, traducteurs)…

Mais forcément, à 47 ans, physiquement, c'est plus dur qu'avant (*rires*). Il faut s'entretenir encore plus et ne pas devenir un poids mort. Tous nos déploiements commencent par un FIT[04] puis nous pouvons commencer assez rapidement les opérations. Leur nombre est très variable d'un mandat à l'autre, et d'un théâtre à l'autre.

En 2016, j'étais avec Pierrick quand il a été blessé. J'étais sous-officier opérations, après avoir quitté les RCO. Il était très grièvement touché, mais nous avons eu une série de coups de chance. Le Cougar non médicalisé qui l'a amené dans un premier hôpital de campagne avait à bord notre médecin et notre infirmier. Sur le premier site, l'hôpital était en relève à ce moment-là et avait donc le double d'effectifs de chirurgiens et d'anesthésistes. Il s'est battu contre la blessure, et je suis très content de l'avoir récupéré à son retour à l'instruction spécialisée.

02 *Operational Detchment Alpha*, mieux connus sous le nom de *Delta Force*, le nom correct de l'unité est 1st SFOD.

03 Marque américaine fabricant des lampes, des chargeurs et des réducteurs de son pour fusil.

04 Période brève d'appropriation des procédures d'un théâtre, au début du mandat.

ADJUDANT VINCENT

CHEF DE STICK THP À LA 1re COMPAGNIE, 1er RPIMa

J'ai rejoint le régiment le 1er avril 2003. J'entame ma 18e année à la 1re compagnie, depuis mes débuts après mes treize mois de formation initiale. J'ai été affecté à la section nautique puis, à l'issue de mon stage TE, j'ai été recruté par le chef de stage qui était chef des tireurs de la 1re compagnie. À l'époque, nous tirions en FRF2 pendant le stage. En compagnie, nous disposions du FAMAS et nous venions de basculer du PAMAS G1 au HK USP. Nous étions en triple dotation, avec notre fusil FRF2.

Une fois en groupe spécialisé THP, nous avions accès au FRF2, au MSG 90 de HK en calibre .308, au PGM Commando Ultima Ratio pour le tir en .308 subsonique. Nous avions déjà du PGM Hecate pour le tir en calibre 12,7 mm, mes anciens avaient du Mc Millan.

En 2006, nous avons reçu les Sako TRG 42. Le HK 417 en 7,62 mm est arrivé en 2007, et les évolutions suivantes sont intervenues bien plus tard, courant 2018, avec le .408, le .300 *Black out*, encore en évaluation en opération, et, d'ici un an, nous aurons le .260.

Le régiment dispose d'un expert au sein de la cellule THP de l'IS. Cet homme, un de nos blessés de guerre, est en poste depuis plus de dix ans. Il travaille jour et nuit à l'évolution de notre domaine. Il est indétrônable.

Tous les sticks ne se ressemblent pas forcément d'une compagnie à l'autre. Le chef de stick fait « sa propre mayonnaise » à partir des instructions du commandant d'unité. J'ai la chance d'avoir douze opérateurs. Même si cela semble important sur le papier, pour les projections, les stages, les carrières, c'est exactement ce qu'il faut.

J'ai fait mes classes avec mon adjoint, qui a les mêmes qualifications que moi. J'organise deux à six équipes, en copie conforme. Dans chaque équipe se trouvent des SC2, des radios, du JTAC[01], des explos, des dépiégeurs, des dronistes. En plus, ils sont tous THP.

Je récupère les stagiaires dans un stick SAS fraîchement sorti du stage TE et, parfois, je sélectionne un jeune que je forme intégralement à sa sortie de stage initial d'entrée au régiment. C'est extrêmement rare, en général il y a un cas tous les cinq ans. Deux critères guident mon choix : un état d'esprit irréprochable et un besoin de travailler en autonomie plus qu'en groupe.

On laisse mûrir une année un jeune qui sort du mois de stage TE, il maîtrise alors le HK 417. Puis il fait son stage THP de 10 semaines, en général d'avril à novembre. En sortie du THP, il sait encore mieux se servir de son 417 et, en outre, il a récupéré un .408, un .338 et, bientôt, son .300 Blackout.

Le 12,7 mm est en fin de vie chez nous, mais nous le conservons pour certaines opérations, comme à Sabre. Nous nous étions penchés sur le Barett il y a quelques années, mais il a connu certains problèmes de fabrication, donc le dossier est en sommeil. Nous gardons les Hecate II encore un an.

Notre .408 offre une facilité de tir déconcertante par rapport au 12,7. Il est déployé en opération depuis novembre 2018 et termine son évaluation technique. Chaque stick THP en possède neuf.

Aujourd'hui, notre THP est en triple dotation : pistolet Glock, fusil d'assaut HK 416 avec canon de 11 pouces et fusil à lunette dans le dos, calibre .408, .338 ou .308 avec le 417. Le calibre 300 BO est actuellement toujours en EVTO (évaluation technico-opérationnelle) en opération. C'est le fusil de demain, avec un canon de 9 pouces. Il offre la capacité subsonique à courte distance — pour moins de 200 mètres de portée, pour neutraliser une sentinelle, par exemple. C'est une autre capacité qui a été travaillée par le spécialiste THP de l'IS.

Nous ne recherchons pas des fous de la gâchette. Lors du dernier test en opération, des personnels sont sortis des groupes spécialisés, car nous nous étions trompés sur leur profil.

Certains THP sont identifiés comme tireurs, et d'autres, plus experts et anciens, sont plus « désignateurs » (ou *spotters*), comme nous les nommons. L'emploi en autonomie est réalisé avec des équipes de six THP. Notre vrai pion d'emploi en autonomie est à six THP. Plus ce volume est réduit, plus nous devons opérer à proximité d'un stick ou d'une CELMO. Nous sommes sécables jusqu'au plus petit élément. Tout stick SAS possède des TE formés, mais avec des capacités bien moindres que les nôtres. L'appui CTLO dispose de HK 417 avec des lunettes moins performantes ; ils n'ont pas non plus le calculateur de tir RAPTAR-S. Leur 417 tire à environ 600 mètres. Seul un THP peut aussi amener une capacité subsonique.

Notre .408 est précis, et va bien au-delà des 2 000 mètres. Il faut cependant avoir une identification absolue de la cible. Nos ROE (*rules of engagement*) propres à chaque théâtre, sont clarifiées avant notre départ.

La grande évolution de notre spécialité est intervenue en 2010 ; l'Afghanistan nous a redonné ce souffle. Aujourd'hui, pas un groupe SAS ne part sans THP. En 2014, les sticks THP ont accédé aux stages chutops permettant de former des binômes pour accompagner les CTLO (car des objectifs n'étaient accessibles que par insertion sous voile). Certes, nous pouvions le faire en tandem, mais il était plus simple d'être qualifié chutops.

01 *Joint terminal attack controller*, spécialiste du guidage des aéronefs.

Ci-dessous

Entraînement nocturne du 1er RPIMa.

Avec le régiment, j'ai participé à une quinzaine d'opex (en Côte d'Ivoire, en Afghanistan), et avec quelques missions d'instruction THP, je suis allé en Tunisie, au Liban, et à Bahreïn. Et évidemment à Sabre, dès 2011, puis en 2014, et plusieurs fois depuis. Nous y exécutons beaucoup de missions d'opportunité depuis une base opérationnelle avancée, d'où nous partons pour faire le coup de feu, souvent sans préavis.

Sabre privilégie la moyenne distance (500 mètres, voire moins), ce qui est le cas pour l'appui feu tireur embarqué (AFTE) qui représente 70 % de la mission THP sur place. Les pilotes des Gazelle sont capables de nous faire faire des choses incroyables. Nous faisons cela les uns pour les autres, et d'abord pour les copains au sol. Tous nos THP sont qualifiés AFTE. Au sol, des missions peuvent se faire en autonomie ou en équipes constituées.

D'autres théâtres sont plus propices au tir longue distance, et emploient des équipements très modernes, qui côtoient des périscopes de tir anciens, mais qui répondent à nos besoins. Cela peut rappeler ce que nous faisions en Afghanistan en revenant aux fondamentaux du *sniping*, ce que nos anciens avaient pratiqué en Bosnie dans les années 90.

Plus que jamais, le THP doit être autonome. Il doit être chasseur. Il doit sans arrêt se mettre à la place du type en face.

CAPITAINE HERVÉ

BUREAU OPÉRATION INSTRUCTION, 13e RDP, 56 ANS

Je suis entré au 13e RDP en 1984 comme engagé volontaire du rang. Puis je suis passé sous-officier en 1989, et officier en 2000. Je travaille à la cellule formation spéciale (CFS) qui gère l'ensemble des stages, avec un axe sur la recherche aéroportée.

J'ai participé à quatre préparations militaires parachutistes (PMP) avant d'intégrer le régiment, ce qui m'avait permis d'accumuler quatorze sauts avant de m'engager. Cela me plaisait. Avec un grand-père qui recueillait des livraisons d'armes et des agents dans les Vosges pendant la guerre, et un père au 17e BGAP[01] dans les années 50, j'avais toujours voulu m'engager. J'étais moi-même des Vosges et je voulais un régiment parachutiste. Le 13e RDP était atypique, même s'il était peu connu à l'époque. Je n'en savais pas plus en y rentrant, mais ce métier était intrigant. De plus, un cadre de la PMP, un adjudant-chef ancien du 13, passé ensuite officier rang, m'avait donné envie d'y entrer.

Je suis arrivé en 1984. Au 4e escadron nous étions formés comme radio équipier de recherche (RER), puis nous allions au 1er escadron. La formation durait un an avant la bascule en escadron de recherche. Je souhaitais aller en Allemagne, mais le 3e escadron avait des vues sur moi parce que j'étais athlète. Il n'y avait que deux escadrons de recherche à l'époque.

J'ai participé à plusieurs stages: auxsan, 2e niveau CRAP, puis chutops, en 1987.

Je suis devenu sous-officier opérations, puis j'ai progressé en para au sein du 5e escadron qui venait de se créer (en 1995). J'ai fait partie du premier trinôme qui recevait le kit oxy livré par la section technique de l'armée de terre (STAT). Elle venait de livrer le concept, entre 1995 et 1996.

Ma première mission est intervenue en juin 1989, à Berlin, sur alerte, non pas au sein de la MMFL — nous avions un sergent en son sein —, mais en équipe de recherche constituée, à six, en renfort du B2[02] de Berlin. J'étais encore militaire du rang. Notre mission consistait à nous assurer du retrait du 1er bataillon de la garde. Des Russes qui devaient quitter la ville. La mission a duré un mois, nous partions jour et nuit, passant le check point Charlie. Nous avons été braqués par les Russes.

En 1989, je suis aussi parti sur une relève à Bangui (Centrafrique). À l'époque, le régiment avait deux équipes (à Bouar et à Bangui). C'était un travail d'influence, c'est-à-dire l'équivalent de ce qui est ensuite devenu les équipes de liaison et de contact. Nous faisions des tournées de provinces, sur le nord de Birao, pour voir comment évoluait la situation avec le Tchad et le Soudan. Ma troisième mission m'a amené en Bosnie; j'étais au sein d'un peloton de chuteurs ops. Nous étions au-dessus de Bihac. C'était mon premier contact avec les Balkans. Ensuite sont intervenues des missions de plusieurs mois, notamment celles qui se sont déroulées après 1995 (pour la recherche de criminels de guerre), qui ont changé l'orientation des missions. Le régiment a su continuer à évoluer en même temps que de nouvelles menaces apparaissaient. C'est sa force, car il est autodidacte. Nous logions dans des villas isolées d'où nous réalisions nos missions. J'ai participé à une demi-douzaine de missions de ce type à l'époque.

Je suis aussi allé une demi-douzaine de fois en Côte d'Ivoire. C'est sur ce théâtre que nous faisions de plus en plus de missions en civil, lors de renforts en ambassade, dans les années 2000. C'était au tout début des événements, à la demande de la DRM. Les toutes premières avaient commencé à Bangui.

J'ai aussi été déployé cinq fois à Sabre, en officier opérations et en action d'influence. Le 13 en a toujours fait dans son histoire, même si elles n'étaient pas nommées de cette façon. Un de nos officiers, ancien commandant du 4e escadron, est d'ailleurs le référent des actions spéciales d'environnement et d'influence, ou chef J9, à l'état-major du COS.

Au total, j'ai participé à une trentaine de missions au régiment. Certaines ne duraient que deux mois, comme à Berlin en 1989, pour aller jusqu'à sept mois au sien de la FORPRONU, en Bosnie.

À force de partir aussi souvent et aussi longtemps, ma vie familiale en a pâti. C'était inévitable. J'ai divorcé alors que mes filles étaient assez jeunes. J'ai vécu ma passion, notamment comme para: 2 500 sauts environ, militaires pour l'essentiel, avec des campagnes de sauts à Valladolid en Espagne, ou à Fort Bragg aux États-Unis. Je suis devenu moniteur para puis pilote tandem. Lors d'un de mes mandats Sabre, j'ai proposé à mon COMTF, qui était issu du régiment, s'il avait besoin de moi pour sauter. Mais, finalement, ce sont des renforts du 5e escadron qui ont réalisé ce saut historique, alors que j'étais déployé quelque part au Mali. Nous avons félicité l'équipe qui a réalisé ce saut de nuit en oxy.

Nous ne nous sommes pas entraînés pour rien toutes ces années. Nous avons montré de quoi nous étions capables; notre génération a servi à montrer que c'était possible. Un tel saut avait été envisagé en Bosnie dès les années 90: les équipiers chutops du 13 étaient prêts à sauter derrière la Drina, depuis un avion parti de Sarajevo.

01 Bataillon de génie aéroporté, l'ancêtre du 17e RGP actuel.

02 2e bureau, en charge du renseignement.

Ci-dessous

Ce Caracal du 4e RHFS dépose les occupants de sa soute en rappel, permettant ainsi une descente de plusieurs dizaines de mètres.

Au dernier moment, le commandement avait préféré une insertion par la terre, au milieu d'une manœuvre d'une compagnie française. Il s'agissait de confirmer un objectif qui transitait d'une frontière à l'autre. La zone de saut était reconnue.

Je n'ai jamais fait de saut ops, c'est une petite frustration, mais ma génération a amené sa pierre à l'édifice. Le 5e escadron m'a donné le badge 001 du club oxy du régiment.

J'ai de bons souvenirs au régiment, mais j'en aussi avec d'autres opérateurs comme les CTLO du CPA 10 menés par un jeune lieutenant qui a fait du chemin depuis. Avec eux, j'ai participé à la reprise de Bria en 2015. J'ai vu des professionnels. Les guerres de chapelles sont historiques, mais n'ont pas lieu d'être.

MÉDECIN PRINCIPAL ALIX

CHEF DE LA 3ᵉ ANTENNE MÉDICALE SPÉCIALISÉE DE PAU, 34 ANS

Toute jeune, j'ai voulu intégrer les pompiers de Paris (BSPP). Mes parents voulaient que je fasse des études. C'est ce qui m'a orientée vers la médecine militaire. Pour postuler aux FS, il faut avoir un passé en unité et avoir fait des opex. J'avais servi en isolé avec des démineurs de la sécurité civile en Guinée-Conakry en 2016.

Notre communauté de médecins FS est très réduite : nous sommes une vingtaine, plus les trois du GIGN. Une fois que nous sommes dans cette filière, la logique est plutôt d'y rester, puisque la formation est longue. J'aimerais alterner les postes entre les FS et les pompiers. Les pompiers rencontrent des cas très différents mais, sur le théâtre national, ils doivent s'adapter à la situation.

À la BSPP, j'étais au 1er groupement d'incendie et de secours, au centre de secours de Ménilmontant. Le 13 novembre 2015, j'étais le premier médecin de la brigade à intervenir au stade de France puis au Bataclan. J'ai été libérée assez rapidement du poste médical avancé au stade de France, donc j'ai pu intervenir au Bataclan suite à la diffusion des messages radio. Mon engin a été le dernier désengagé cette nuit-là, à 4 h du matin. J'avais commencé ma garde à 9 h, un jour plus tôt. J'avais eu l'appel de la vocation vers les FS avant cette nuit-là mais, évidemment, de tels événements renforcent le sentiment d'engagement envers les frères d'armes.

Au moment de la sélection, mon cas s'est avéré particulier. Les FS terre n'avaient jamais eu de filles sur le poste de médecin aux tests, qui ne leur étaient pas ouverts auparavant. Je suis très contente d'avoir pu intégrer les FS et d'être au plus près du terrain avec mes frères d'armes. Être à Pau est intéressant du fait de cette spécificité des hélicoptères.

J'étais déjà brevetée OA (saut à ouverture automatique), ce qui peut suffire car être chutops n'est pas obligatoire, même si beaucoup de médecins et infirmiers le sont. Hommes et femmes passent tous les mêmes tests d'entrée et les mêmes concours. Nous avons des tests de sélection sportifs, de topographie, de connaissances générales et des tests de médecine d'urgence en état de fatigue.

Je l'avais déjà fait à la BSPP, mais prendre en charge un blessé avec gilet et casque est différent.

Dans notre sac-vie de 20 kg, nous avons notre pharmacie sur le dos. Heureusement que chaque commando a sa propre trousse sur lui, cela permet d'alléger ce sac. J'étais déjà sportive, mais je le suis encore plus depuis que je suis dans les forces spéciales. Je mesure 1,65 m pour 57 kg, c'est ce que nous appelons un « chat maigre » chez nous, mais, avec mon sac médical, je peux ressembler à une tortue (*rires*). Le plus gros du contenu de mon sac concerne la prise en charge de l'hémorragie, de quoi mettre un patient en coma artificiel en cas de trauma crânien, de quoi stabiliser la tension, de quoi traiter les fractures et les brûlures. Nous avons des petits médicaments pour la vie de tous les jours, les maux de tête, la « bobologie » simple — qui est en fait la plus fréquente.

Cette nouvelle vie n'a rien à voir avec ce que j'ai connu avant. C'est très intéressant car j'ai dû réapprendre un métier différent, et m'adapter au terrain avec peu de moyens (l'aérocordage, l'infiltration...). L'école du service de santé des armées nous dispense une formation militaire de base avec du tir, mais ici le niveau de tir est bien plus haut. Les forces spéciales offrent aussi une autre vision des choses.

Les opérateurs de premiers secours au combat (OPSC) sont plus suivis par les infirmiers ; mais je suis responsable de la cellule secourisme à Pau. Ce système fonctionne bien, mais il ne faut pas faire des OPSC des mini-infirmiers. S'intéresser à la psychologie et au moral est un des rôles essentiels du médecin en opex ou à l'unité. Nous devons veiller à la santé physique des frères d'armes, certes, mais aussi à la santé morale et mentale. Nous devons être proches d'eux. Si on perçoit de l'inquiétude ou du stress, nous devons alerter le commandement ou mettre en place une procédure adaptée à la situation. Plus un PTSD (*post-traumatic stress disorder*, syndrome post-traumatique) est repéré et pris en charge tôt, moins il est ancré. Nous arriverons donc à le guérir plus facilement.

On nous en demande beaucoup, c'est normal, c'est le métier, mais il faut tenir. Entre nous, à l'antenne, on s'auto-observe. Si on voit que l'un commence à faiblir, nous le prenons en charge. Nous avons une très bonne cohésion entre nous. L'antenne emploie trois médecins, trois infirmiers (dont une femme), et quatre auxiliaires sanitaires. Nous rayonnons sur le 4e RHFS, la CCT-FS et l'état-major du CFST. Bayonne a sa propre antenne et Souge, la base du 13e RDP, aussi.

C'est différent de ce que j'ai connu avant la 3e AMS ; nous sommes plus proches de l'action avec les commandos, nous les accompagnons sur toute la mission et nous sommes capables de délivrer des soins dans les situations extrêmes. Il faut s'adapter sur le terrain, car nous n'avons pas toujours des hôpitaux de campagne très accessibles.

En arrivant dans les forces spéciales, nous apprenons beaucoup de savoir-faire militaires purs (infiltration, topographie, tir...). Le but est de ne pas être un élément pesant, négatif, et de pouvoir prendre en charge les blessés, quelles que soient les conditions. Nous avons des stages communs avec les commandos, et d'autres entre médecins et infirmiers du COS. La formation médicale s'entretient en permanence en utilisant un simulateur (ou mannequin) dont nous disposons à l'antenne. Je suis formatrice sur ce mannequin. Nous participons aussi à des stages de prise en charge des blessés de guerre (MSCBG) : échographie à l'avant, transfusion à l'avant, médichos (nom d'un stage de médicalisation des blessés en zone hostile) spécial FS, médichos hélicoptère… Nous participons également à des gardes avec le SAMU.

En phase de préparation opérationnelle, nous devons participer à des entraînements au tir, à des sauts parachutistes.

Au quotidien, l'antenne médicale spécialisée (AMS) assure les visites d'aptitudes des personnels des FS terre. Nous voyons les pilotes tous les six mois, les parachutistes tous les ans, les autres catégories tous les deux ans. Avant les départs en opex, nous vérifions aussi les dents pour éviter des rapatriements sanitaires liés à une simple carie.

Je suis revenue en décembre 2019 de ma première mission qui a duré cinq mois, au Levant. J'y ai servi des groupes du 1er RPIMa et j'étais dans une équipe médicale avec deux infirmiers de Lorient. C'est la force du système de pouvoir opérer avec une autre unité que la sienne, car nous sommes interchangeables.

À Pau, nous travaillons plus souvent avec les hélicoptères du 4e RHFS, avec une spécificité medevac, à Bayonne, elle réside plus dans le CTLO.

Pendant les cinq mois de cette mission, je n'ai pas eu de blessés graves à prendre en compte.

C'est là que j'ai eu l'un de mes meilleurs souvenirs en opération. Il ne s'agit pas d'un instant en particulier, mais des moments de cohésion avec le 1er RPIMa, à l'issue d'une opération. Ce sont des moments magiques. Au début, quand nous arrivons dans un groupe, il est déjà constitué. Il faut faire connaissance avec tout le monde, mais, à un moment, les barrières tombent et on se parle plus facilement. Nous sommes intégrés, et nous ne pensons plus au reste.

J'ai la chance que mon compagnon soit dans le même milieu professionnel que moi, cela facilite les choses. Mais je reste discrète vis-à-vis de ma famille.

Nous sommes poussés vers l'innovation par nos chefs, poussés à avoir des idées pour améliorer les prises en charge. Nous sommes plus proches de l'avant, donc nous sommes les mieux placés pour innover. Nous pouvons innover dans le matériel pour l'alléger en vue de la medevac, par exemple. Des protocoles sur certains médicaments et des brancards ont été développés par mon prédécesseur. Dans le premier cas, il s'agit d'un produit intranasal qui améliore la rapidité du produit, sans avoir à perfuser, ce qui peut être difficile pour certains patients que nous prenons en charge. Lorsqu'ils sont en choc hémorragique, ils n'ont plus de tension, nous ne sentons plus les veines et, dans un hélicoptère, il peut être difficile de perfuser. Nous passons donc par le nez, avec un spray. Après deux années de travail consacrées à ce projet, le produit est actuellement en test. Il faut le valider. Nous pourrions le trouver rapidement sur les théâtres. L'antenne a aussi travaillé sur des brancards hélicoptères avec la DGA, car dès qu'on met quelque chose dans un aéronef, cela accentue la complexité. Mon prédécesseur avait beaucoup travaillé avec brancard flottant, compressible. Nous faisons très peu de télémédecine mais, en opex, nous pouvons demander des avis par télémédecine, c'est une voie de recherche.

Si j'avais un jeune médecin en face de moi, je lui dirais, pour commencer, de revenir à la réalité. Dans les FS, nous ne sommes pas dans un film, nous sommes des médecins comme les autres, même si nous travaillons en situation d'exception et dans un rapport particulier avec des frères d'armes que nous côtoyons en permanence. Je lui dirais qu'il faut qu'il tente cette belle aventure qui demande énormément de polyvalence. Il faut être bon médecin d'urgence, de guerre, d'unité, il faut savoir manier la radio, connaître parfaitement les procédures FS, être à l'écoute des frères d'armes. Le contexte change tout le temps, les missions sont différentes. Quand nous montrons que nous avons les mêmes capacités qu'un homme, une femme n'a aucune difficulté à s'intégrer. Mes missions se sont d'ailleurs très bien déroulées.

ADJUDANT KENJI

ADMINISTRATEUR RÉSEAU À LA CCT-FS

J'ai rejoint la CCT-FS après dix ans d'armée de terre. J'ai bataillé pour être dans les FS. Nous sommes six administrateurs à la compagnie, dont quatre en permanence en opération. C'est une spécialité assez rare, donc nous sommes très employés en opération (une fois par an en moyenne, mais cela peut être plus au besoin). Je suis administrateur radio auprès des autorités, mais aussi des transmissions satellites. On touche à tout en mission. Nous avons un rythme soutenu, on ne peut être spécialisé en rien, car sinon une partie des systèmes ne seront plus suivis. Il faut être polyvalent, autonome, débrouillard.

Contrairement à un administrateur de la conventionnelle, j'occupe en moyenne trois postes différents en opex. En outre, je suis parachutable, je vole en hélicoptère, je suis armé comme un commando, je suis largueur aéro et je peux tester du matériel. Enfin, je suis adjoint de la PC Tac motorisée. Ces qualifications permettent aussi d'abonder la solde.

Mon épouse, infirmière, me soutient (sans elle, je n'aurais même pas monté mon dossier pour postuler) et mes filles aussi. Elles sont habituées au départ, et suivent.

Le travail est différent d'un théâtre à l'autre. Sur l'un, j'ai participé au montage complet du PC. Sur l'autre, le même PC a été monté de bric et de broc, au fil de l'eau. Sur l'un, nous sommes plus sur des opérations d'opportunité, nous montons un dispositif, nous désactivons, nous changeons de zone. Sur l'autre, la même mission peut durer sur le mandat.

Mon travail est d'anticiper, donc je suis au PC dès qu'une opération est lancée, pour pouvoir être réactif en cas de problème, et pour pouvoir proposer des solutions. Quand vous enchaînez trois ou quatre opérations de ce type par semaine, vous êtes plus blanc que le reste de la task force (*rires*). Sur une opération, j'ai été employé hors du PC principal pour offrir le plus de moyens SIC au plus proche de l'action.

Dans une autre situation, j'étais déployé dans un MCV pour transmettre les comptes-rendus quotidiens. J'ai aussi prêté main-forte au personnel médical quand il avait besoin de moi. Quelle que soit la tâche, chacun fait ce qu'il peut faire.

Comme je l'explique à ceux de ma spécialité qui veulent nous rejoindre, nous faisons plus d'opérations à la CCT-FS qu'en étant affectés dans un régiment du CFST. Il n'y a pas d'unité plus opérationnelle que la compagnie en France.

Ci-dessous

Les opérateurs de la CCT doivent
à la fois être des geeks et
des combattants à part entière.

LES ATYPIQUES DE LA CCT-FS

Ci-dessous

Pas de communications, pas d'opérations modernes. La CCT-FS fournit la majorité des capacités du COS dans ce domaine.

L'ADJUDANT PIERRICK, 35 ANS (DONT QUINZE D'ARMÉE DE TERRE), ÉTAIT UN PUR TRANSMETTEUR À L'ORIGINE, AVANT DE BASCULER À LA CCT-FS COMME ADMINISTRATEUR RÉSEAU SATELLITE.

C'est ma spécialité d'origine, mais nous faisons de tout. J'ai appris sur le tas la technologie de satcom civile que je ne connaissais pas auparavant. Depuis que je suis arrivé à la compagnie, je suis aussi devenu moniteur parachutiste.

En sept ans de présence, j'ai participé à sept opex de quatre mois chacune. Au début, nous étions en sous-effectifs et nous nous auto-relevions : quatre mois en mission, quatre mois en France, quatre mois en mission, etc. Dès que notre système fonctionne, peu de modifications sont nécessaires, nous pouvons donc réaliser des liaisons logistiques, réparer ou entretenir des transmissions sur d'autres sites, ou faire le travail lambda du soldat, nous offrons un fusil de plus sur des convois.

Il faut savoir être autonome et s'intéresser à tout. Il faut démarcher les industriels pour avoir des prêts de matériel à essayer.

LE CAPORAL-CHEF HANK EST UN OPÉRATEUR RADIO DE 27 ANS. APRÈS UN BAC SCIENTIFIQUE, UN BTS ET UN AN DANS LE PRIVÉ, IL S'EST ENGAGÉ DIRECTEMENT À LA CCT-FS COMME OPÉRATEUR RADIO (EN MARS 2015). IL A DÉJÀ QUATRE OPEX À SON ACTIF.

Mes qualités de bricoleur m'ont fait sortir du lot. Je ne suis pas MacGyver, mais je sais être débrouillard, réparer et m'adapter avec ce que nous avons sur le terrain. Nos missions nous offrent l'aventure et la découverte de régions hostiles et naturelles. C'est un bon épanouissement et, quand nous prenons du recul lorsque nous rentrons en France, nous sommes plus « posés ». Nous relativisons par rapport à ce que nous avons la chance d'avoir en France.

Chaque opex a ses temps morts et forts ; certaines sont plus vives que d'autres. Nous nous engageons pour cela. Le grand public voit souvent le commando avec un fusil qui casse une porte. Beaucoup ont un niveau d'études élevé, des bacs +, des masters en ingénierie, en psy...

Ci-dessous

Un « bureau » en altitude : les opérateurs de la CCT-FS sont multi-milieux, et multi-compétents.

Le panel est vraiment large et il fait la force du milieu FS. Chaque personne apporte son expérience et fait grandir la boutique.

LE LIEUTENANT CLÉMENT, 28 ANS, EST L'UN DE CES CAS. SORTI D'UNE ÉCOLE D'INFORMATIQUE À BAC +5, IL A TRAVAILLÉ DANS L'INFORMATIQUE EN CRÉATION DE STARTUPS ET DANS UN CABINET DE CONSEIL, PUIS IL A PRÉSENTÉ SAINT-CYR COMME OFFICIER SUR TITRE. SON NIVEAU LUI PERMETTAIT DE NE FAIRE QU'UN AN DE SCOLARITÉ AU LIEU DE TROIS. IL EST SORTI DE SAINT-CYR EN 2016.

Après l'école d'application des transmissions à Rennes, j'ai été affecté à la CCT-FS à l'été 2017. Je connaissais la qualité des opérateurs. Depuis l'âge de 15 ans, je voulais les rejoindre après avoir vu un reportage sur les opérations spéciales à la télévision.

Les officiers de la compagnie partent comme J6 (responsable transmissions dans un PC) — ç'a été ma première opex il y a un an et demi —, ou comme officier de liaison dans un PC interallié — ce que j'ai aussi fait sur le tour suivant, sur le même théâtre. Ce premier mandat comme J6, alors que j'étais jeune, m'a appris énormément sur le commandement, vers le haut et le bas. Souvent, nous rencontrons des problèmes avec les transmissions, car elles dépendent d'énormément de contraintes. Il faut anticiper. Si le réseau tombe, il faut garder son sang-froid. Le commandement humain est riche dans les armées ; avoir autant de responsabilités est extraordinaire.

Ci-dessous

Les équipages Tigre disposent de ce pistolet-mitrailleur compact MP7 tirant des cartouches de 4,6 mm.

PILOTE DE TIGRE À L'EOS 6 DU 4e RHFS

Ado, j'ai assisté à un meeting aérien et j'ai vu plusieurs Gazelle décoller simultanément. Sur le meeting, je suis allé prendre des informations sur les carrières et j'ai passé mes tests de sélection avant le bac. Je voulais déjà faire partie d'une escadrille de Tigre en m'engageant dans l'armée de terre en 2010, comme officier sous contrat pilote (OSCP). Je suis arrivé en 2012 au 1er RHC, volant d'abord sur Gazelle puis sur Tigre HAD. Après quatre ans, j'ai intégré le 4e RHFS.

Nous avons un équipage en autorelève à Sabre, avec un hélicoptère Tigre HAP que nous préférons au HAD car il consomme moins de carburant. Si nous avons besoin d'un Tigre HAD, nous pouvons en emprunter un à Barkhane. Le détachement ne comprend que les deux pilotes et trois mécaniciens.

J'ai participé à quatre opex au sein de la TF Sabre, à deux mois chacune. Sur cette période, nous volons entre 80 et 120-130 h. C'est entre le tiers et la moitié de notre volume annuel. L'entraînement représente entre 5 et 10 % de ce volume, tout le reste est consacré à des opérations, l'essentiel de nuit.

La préparation de la mission dure une journée (ou une journée et demie) pour les missions planifiées, mais nous pouvons également décoller sur alerte. La nuit nous offre un gros avantage. Le Tigre est clairement fait pour le vol de nuit, avec affichage des jumelles de vision nocturne dans la visière, ainsi que les images de la caméra. Notre Tigre vole en tête de module mixte, sécurise la trajectoire pour les autres hélicoptères et, une fois sur la zone d'intervention, il est souvent le premier à tirer. Tigre et Gazelle assurent l'appui-feu pour permettre le débarquement des commandos des HM.

Au Sahel, la roquette air-sol sert assez peu, un HAP avec deux bidons de kérosène offre 4 à 5 h d'autonomie. Selon la longueur du transit, un Tigre peut donc survoler une zone d'intervention entre 2 et 4 h. Pour nous, il est plus pertinent d'avoir de l'autonomie sur zone et 450 obus, plutôt que de remplacer un réservoir par un pod de roquettes.

La polyvalence est l'esprit FS. Par ailleurs, au sein des FS, la simplicité est parfois ce qui fonctionne le mieux, et nous sommes marqués par une grande humilité. Quand je suis arrivé à l'EOS 6[01], j'étais le plus jeune avec 800 h de vol, face à des pilotes qui avaient fait des missions qui me faisaient rêver. Ils avaient passé dix ans dans les FS. Ils m'ont accueilli en me disant ceci : « Tu n'as pas à prendre ta place, tu l'as, à nous de te faire progresser. » Cela illustre bien l'humilité des personnels. Mais la claque peut arriver à tout moment. Il faut tout prendre au sérieux. Cette bienveillance témoigne de l'envie d'un cercle vertueux plutôt que d'un cercle vicieux. Il y a la volonté de transmettre. Nous faisons tous des erreurs, que nous soyons à 500 ou 5 000 h de vol, mais personne n'est au-dessus de l'autre, il n'y a pas de filtres entre nous.

L'escadrille a un vrai recul sur ce que nous pouvons faire ou ne pas faire. Le Tigre est une pièce non négligeable sur un échiquier. Nous ouvrons le feu à chaque mandat. Quand j'étais au 1er RHC, j'avais ouvert le feu une seule fois, pour un tir de sommation. À Sabre, j'ai tiré dès ma première mission. C'est notamment lié aux moyens de ciblage plus nombreux dont dispose Sabre. Notre renseignement est sûr à 90 %. Nous sommes donc assurés de trouver l'objectif.

01 EOS : escadrille des opérations spéciales.

Ci-dessous

Le Tigre est une bête
de guerre de 6 tonnes.
Dans cette configuration,
il vole plus de quatre heures.

CAPITAINE CORTEX

Ci-contre

Le bras articulé Strike a été développé avec la société Cose, afin d'assurer la meilleure stabilité possible aux tireurs de haute précision.

ADJOINT AU CHEF DE L'EOS2, 4e RHFS

Nos configurations Gatling[01] et tireur d'élite (TE) sont les plus utilisées en opération à Sabre où j'ai servi sept fois depuis 2017, un an après mon arrivée à l'EOS2. Nous nous connaissons bien entre TE, nous allons jusqu'à connaître le détail de la position idéale du tireur, selon qu'il est gaucher ou droitier. Avec les gunners, qui sont nos mécaniciens, nous avons une phraséologie de base, et la synergie s'installe. Nous nous reconnaissons à la voix, nous pouvons comprendre l'état d'esprit de l'autre rien qu'à son timbre. La quasi-totalité de nos actions se fait de nuit.

La Gazelle vole sans les portes, il faut donc être rigoureux car tout ce qui peut s'envoler s'envolera. Nos Gazelle tirent régulièrement en opération. Nous apprécions la nervosité et la maniabilité de la Gazelle, sa capacité à s'arrêter en l'air sur de très courtes distances, puis à repartir.

Quand une opération est réussie, nous sommes heureux de nous retrouver au sol entre les différents hélicoptères, contents de ce que nous avons accompli. En général, se poser est un moment précieux, et on se tape dans les mains. Mais la mission n'est pas finie, il faut se *debriefer* à chaud.

Monter dans les Gazelle est toujours un plaisir. Elles sont quasiment personnifiées. Nous entendons souvent à l'EOS2 « elle » fait un drôle de bruit, « elle » ronronne, ou encore « elle » a la patate. Nous avons un rapport très particulier à la machine, que nous connaissons sur le bout des ongles. Nous savons à quels moments elle est susceptible de nous trahir.

Les moteurs ne se comportent pas tous de la même façon, et les commandes non plus. Nous les appelons par leurs trigrammes (leurs numéros de série). La Gazelle est une sorte d'exosquelette placé sur nous, ce qui permet de générer des styles de pilotages très particuliers. Chaque équipage offre une façon spécifique de placer une configuration. C'est une patte, en quelque sorte.

Cette escadrille est vraiment la meilleure chose qui me soit arrivée. Je me régale dans ce que je fais !

01 Marque originelle de la minigun, mitrailleuse à tir rapide.

PILOTE À L'EOS 2 AU 4e RHFS

Je suis caldoche et j'ai quitté mon coin de paradis en 2001, pensant y revenir rapidement après avoir fait mon temps dans l'armée. Je me suis engagé comme sous-officier à Saint-Maixent, en mars 2001. Je pilotais déjà des avions depuis l'âge de 15 ans, payant mes heures de vol en livrant des pizzas.

Le 11 septembre 2001, pendant le stage commando dans la montagne, on nous a arrêtés pour nous annoncer l'attaque des *twin towers* et nos cadres nous ont expliqué que cela allait forcément marquer notre génération. Pour être sincère, je n'avais pas vraiment pensé à tout cela en m'engageant. Je n'étais pas parti pour faire la guerre.

J'ai demandé ma réorientation de spécialité et j'ai réussi les tests de pilote. J'ai été affecté au 3e RHC sur Gazelle canon. En sept ans, je n'avais participé qu'à trois renforts à Djibouti, et je m'ennuyais. Le boulot me semblait très répétitif. Nous entendions parler du DAOS mais sans trop savoir ce qui s'y faisait. C'était intrigant. J'avais quitté la Nouvelle-Calédonie pour faire quelque chose d'excitant, j'ai donc passé les tests du DAOS que j'ai rejoint en 2009, affecté à l'EOS 2 sur Gazelle.

Je suis arrivé lors d'une période assez charnière; les anciens commençaient à partir à la retraite. Un chef de bord m'a pris sous son aile pour me transmettre son expérience. Je suis arrivé en août, et il partait en octobre comme instructeur à Dax. Il ne restait plus qu'un ancien et moi, qualifiés Gazelle canon. J'ai accumulé sept mois d'opération dès ma première année, puis j'ai ouvert Sabre en janvier 2011. À l'époque, il y avait toujours deux Gazelle, une Viviane et une canon, configuration qui a été retirée du service fin 2013.

Aujourd'hui, je dois être à vingt-deux ou vingt-cinq opex; j'ai cessé de compter à partir de quinze. Sur ce total, j'en ai accompli seize à Sabre, soit deux par an.

Cette époque était assez favorable à nos Gazelle. Bruce[01] et moi avions travaillé sur les procédures d'interception de mobiles (IDM) qui sont devenues très utilisées en France. J'étais sur le même mandat que lui, mais j'ai dû rentrer en France car ma femme était gravement malade. Vu la tournure des événements, le commandement a demandé un renfort d'une Gazelle canon et d'une Viviane. Je suis reparti alors que mon épouse était en chimiothérapie. Le jour de mon départ pour Sabre est celui qui a vu mourir Bruce dans sa Gazelle canon. Son chef de bord était celui qui m'avait remplacé.

01 Pseudonyme du commandant Damien Boiteux, tué en janvier 2013.

J'ai alors connu la période la plus dense de ma carrière, pendant deux semaines de janvier 2013, au Mali. Les tirs étaient relativement rares, mais nous volions beaucoup. Nous dormions deux à trois heures sur une tranche de 24 h. Un des pilotes de Tigre a fait un burn-out quand il est rentré, car eux ont tourné deux mois à ce régime, tandis que moi, j'étais crevé au bout de seulement deux semaines! Nous dormions par terre, nous décollions à tout-va. Il y avait les vols, mais aussi les préparations de mission, la pression, les convois GAT à côté. Nous restions en éveil. J'ai débuté à Mopti, puis Konna, Gao, le barrage de Makala à l'ouest, et jusqu'à Tessalit.

Puis les Gazelle ont été relocalisées à Arlit, au nord Niger, où est installée une mine d'uranium d'Areva, pour intercepter les convois logistiques qui arrivaient de Libye. Nous étions déployés avec deux groupes action de commandos. En alternance, nous avions toujours une Gazelle déployée avec un des groupes action. Notre mission était d'interrompre le flux logistique des GAT. Nous avons eu de bons résultats sur leurs convois logistiques mais, en général, ils ne combattaient pas vraiment quand nous les interceptions. La quasi-totalité de leurs combattants était au Mali. On nous y a d'ailleurs repositionnés à la fin 2013. Cette période nous a permis d'acquérir beaucoup d'expertise avec les TE. Ce concept permettait de faire des prisonniers et de récupérer du renseignement. Le commandement l'a vite intégré.

Nos mécaniciens progressaient avec la PATSAS. Un camion tactique ravtac de 10 000 litres était intégré avec un mécano et un pétrolier.

Notre concept AFTE a fait du bien à l'escadrille: l'effet obtenu était maximal et le renseignement est revenu grâce à ce mode d'action. Nous étions en quelque sorte les commandos du ciel, entre 20 et 50 mètres de la cible. Nous sommes les plus vulnérables du dispositif héliporté, mais aussi les plus manœuvrables, ce qui constitue notre meilleure protection. Cela provoque un effet psychologique plus important qu'un Tigre qui peut tirer de très loin, car le djihadiste voit les yeux du tireur, cela le freine forcément. Certains jusqu'au-boutistes pointaient leurs armes et le TE passait à l'action.

Nous travaillons en synergie avec les TE; ils ont envie de faire évoluer les moyens à bord. Tout le monde apporte ses idées. Nous faisons les tests ensemble, pour différents modèles de bras, dont le Strike, qui s'est imposé en 2013.

L'idée d'intégrer une Gatling a commencé en 2005. Elle a été déployée début 2018 au Sahel. Au début, comme personne ne connaissait l'arme, elle n'était pas employée mais, au bout de six mois, elle avait montré ce qu'elle pouvait apporter. Sur le dernier mandat, nous avons fait un bilan annuel en deux mois. C'est une arme qui n'est pas vendue

Ci-dessous

La Gazelle de l'EOS2 est une jeep volante capable de porter un binôme cynotechnique. Intercepter un chef terroriste est plus important que de le tuer.

pour la précision, mais à 300 m elle est vraiment précise. Nous avons fait deux ou trois fois des tirs en appui de commandos au contact, à 10 mètres de l'ennemi, avec quelques centaines de cartouches. Psychologiquement, même pour des amis, l'effet de l'arme est saisissant. Auparavant, le Tigre était un facteur de *no-go* d'une mission, maintenant c'est la Gatling. Tous nos gunners sont des mécaniciens de l'escadrille.

À 39 ans, j'approche de la fin de ma carrière. Dans notre spécialité, nous devons avoir des épouses « en béton armé ». Sur ce point, j'ai eu beaucoup de chance car, malgré sa maladie, ma femme me disait de partir. Maintenant, c'est à moi de lui rendre la pareille et d'être disponible pour elle.

ADJUDANT MARCEL

Ci-dessous

Dernière évolution de la Gazelle. L'emport de la M134D est judicieux car elle est quasi-systématiquement engagée au Sahel.

Ci-contre

Plus de dix ans ont été nécessaires pour autoriser l'emport de la M134D sur Gazelle, alors que l'arme existe depuis la guerre du Vietnam.

CHEF DE PISTE EOS 2 ET GUNNER M134, 4e RHFS, 34 ANS

J'ai rejoint le 4e RHFS il y a trois ans, car je servais au 5e RHC, où j'entretenais leurs Gazelle en atelier. La piste, en charge de l'entretien courant, emploie vingt mécaniciens. Huit d'entre nous sont aussi tireurs minigun dans les Gazelle. Cette capacité nous permet d'être utilisés à l'arrière des Gazelle, mais aussi de réparer en cas de besoin. La formation peut durer un mois. Tous les mécanos-gunners sont très intéressés par ce poste qui devient valorisant. Nous sommes au plus proche, et nous vivons la finalité de ce que nous faisons toute l'année. Nous voyons sous tous les angles. Les commandos que nous appuyons par nos tirs, parfois très près d'eux, nous intègrent beaucoup plus. Le chef de bord de l'aéronef donne l'autorisation de tir, mais c'est le gunner qui oriente l'arme et qui tire. Cela nécessite une grande confiance de la part des équipages. La boule de feu générée par la M 134 tombe sur l'ennemi qui rompt le contact immédiatement. On réalise nos lovages de munitions en fonction du type de mission, de jour comme de nuit...

La simplicité d'entretien sur Gazelle, que nous connaissons parfaitement, permet de n'y affecter qu'un seul mécanicien qui, en outre, peut être gunner. La Gazelle est une Twingo, c'est en quelque sorte le couteau suisse de l'ALAT, mais c'est aussi une machine dont les pannes sont connues et la maintenance légère.

J'ai déjà participé à six Sabre, de deux mois à chaque fois. Chaque mandat commence par le FIT, puis nous faisons la même chose qu'en France. La différence est qu'il fait plus chaud et que nous avons plus de sable (*rires*). Nous sommes amenés à armer des FARP, ravitailler en carburant, aider lorsqu'on a besoin de nous sur le M 134, amener les munitions... Certaines de ces missions sont faites par voie routière. Nous sommes donc équipés en double dotation, comme un commando. Et le régiment veille à ce que nous soyons très bien équipés pour nos missions. Notre équipement individuel attire les personnels de la conventionnelle quand ils nous voient au Sahel. C'est à nous de leur expliquer pourquoi nous sommes équipés de cette façon, et aussi les autres aspects de notre mission. L'un des mécaniciens de Barkhane à qui j'ai expliqué mon métier a rejoint le régiment l'an dernier.

Des demandes de décorations ont été faites pour nos missions en convoi ou pour des tirs Gatling. Mais ce n'est pas ce qui nous motive. Nous cherchons à faire notre travail du mieux possible, et à ce que tout le monde rentre en fin de mission.

CHARGE MAXI
D'UTILISATION : 600 Kg
MAXUMUM OPERATING
LOAD : 1300 lbs

CAPITAINE CLAUDIO

CHEF OPS À L'EOS 3, CHEF DE PATROUILLE CARACAL

Je suis arrivé dans l'armée de terre en 2002, un peu par hasard. J'étais destiné à être médecin. J'étais expatrié avec mes parents, je suis venu préciser mes choix d'études en France, et dans un centre de recrutement à Pau, on m'a proposé de devenir pilote d'hélicoptère. Deux mois après, on m'appelait pour intégrer Saint-Maixent.

Je suis arrivé au 3e RHC en 2004, sur Puma. Mon premier commandant d'unité arrivait du DAOS, et je lui ai fait comprendre que je voulais y aller. Il m'a parlé des évaluations, j'ai croisé le DAOS en Côte d'Ivoire et au Tchad, avant de le rejoindre en 2010. On me voulait à l'EOS 3 et, finalement, j'ai été affecté à l'EOS 1, sur Cougar et Puma. En 2017, j'ai basculé à l'EOS 3. Quand nous nous sommes croisés en décembre 2017, vous et moi, c'était ma première opex avec l'EOS 3.

Arrivant au DAOS, j'ai commencé par l'instruction spécialisée (IS), et je suis parti à Sabre dans la foulée, à Arlit, pour quatre mois. On parlait alors de TF Carlit. Puis j'ai enchaîné les mandats.

L'opération Archange Foudroyant a été un des exemples de ce dont nous étions capables de façon réactive. La veille, nous faisions un barbecue. Une fois la nouvelle de l'enlèvement des deux Français connue, on nous avait dit d'aller nous coucher tôt, au cas où. Et nous avons été réveillés vers 2-3 h du matin. Nous avons fait un vol direct sur la zone d'intervention depuis le Burkina Faso. Nous nous sommes juste ravitaillés au sol, à Gorom, sur le fardier du Poitou.

Après l'opération, nous nous sommes posés pour voir les dégâts aux machines, le copain qui a pris les éclats et les copains du 1er blessé au sol. Dès le soir, mon équipage était réengagé pour continuer les norias, aller chercher du monde, transférer les corps. Il y a certaines choses qu'on ne réalise qu'ensuite, dans les *debriefings* ou en voyant la vidéo de l'opération diffusée sur TF1. Dans cette opération, j'ai accompli 14 h de vol en deux jours et demi. C'était dense. Mais c'est l'attrait de notre métier. J'avais envie de faire des opérations et c'est pour cela que j'avais rejoint le DAOS. Partir à l'aventure avec les copains et faire des missions à haut intérêt stratégique est le cœur de notre métier. Certaines doivent être préparées. C'est ce que nous apprenons à l'IS — aller chercher une HVI (cible à haute valeur), par exemple. Les autres, de type interception mobile (IDM), sont des missions en réaction. Nous nous entraînons toute l'année pour cela. Nous apprenons aux jeunes qui arrivent à l'IS à avoir en permanence le sac prêt, les armes réglées, et les chargeurs graillés quand ils arrivent sur le théâtre d'opération.

Nous sommes prêts à engager quelque chose au Sahel mais, finalement, ce sera peut-être tout autre chose ailleurs en Afrique.

Revenu de mon premier Sabre, je suis reparti en avril 2011 en Côte d'Ivoire. Entre 2010 et 2013, à l'EOS 1, nous tournions entre six et huit mois par an à l'étranger, avec des durées de mandat très variables. Pour mon premier Sabre, j'étais parti pour cinq semaines, et je suis resté quatre mois. À l'époque, nous essayions de nous caler sur les avions du Poitou pour les relèves, mais cela pouvait bouger.

Notre équipement a changé depuis que je suis à Pau. Dans le Cougar, plein de choses ont changé, d'abord sur nous-mêmes. Au début, nous étions armés de FAMAS d'infanterie standard. Les commandos étant tous passés en HK 416, nous avons fait des demandes pour être équipés comme eux (si nous devons faire Camerone[01] et que nous n'avons pas les mêmes chargeurs…). C'était aussi l'époque de l'arrivée des Tigre ; ils demandaient des MP7 compacts, il fallait faire un choix pour équiper les uns et les autres. Du gros gilet pare-balles CIAS, nous sommes passés au chest (chasuble porte-équipements) plus léger, puis aujourd'hui, au porte-plaques.

Nous avons aussi reçu des lance-grenades de 40 mm, des lance-roquettes AT4CS. Nous avions la mitrailleuse M3M, reçue dans les années 2000. Maintenant, nous disposons aussi du canon SH 20. Les personnels ont aussi reçu des casques balistiques Ops-Core, ils offrent la protection, et l'aisance dans le poste de pilotage. Nous avons aussi moins chaud.

Nous avons monté des antennes, un SATCOM, les membres d'équipage des opérations spéciales (MEOS) ont développé des solutions avec des scratchs pour les opérations de corde lisse sur Caracal. Nous montions la MAG-58 (mitrailleuse de 7,62 mm) à gauche et la M3M (mitrailleuse lourde de 12,7 mm) en fonction des affûts, à droite ou à gauche.

Les équipages préféraient la M3M au canon de 20 mm. La M3M permet de se rapprocher quand les combattants sont imbriqués au sol. Elle offre 800 à 1 000 m de portée pratique, avec une cadence exceptionnelle de 1 100 coups par minute. Cela offre une capacité de destruction d'un blindé, mais aussi un effet psychologique. Même de jour, nous voyons les traçantes descendre, tous les cinq-six coups.

De nuit, cela peut saturer les JVN, mais on s'y habitue. Le gros inconvénient était l'absence de désignations de tir à l'époque. Nous devions nous rapprocher. Aujourd'hui, la boule gyrostabilisée dans le nez du Cougar avec un couplage laser facilite le travail de cette arme très précise.

La modernisation du Cougar a apporté des plus, comme le pilote automatique quatre axes

01 Par analogie à la bataille célèbre des Légionnaires, célébrée tous les 30 avril.

qui permet de se poser en automatique. Avant, c'était le salaire de la peur, aucun poser poussière ne se ressemble et, de nuit, c'est l'enfer. Selon moi, c'est l'une des choses les plus difficiles que nous ayons à faire, et nous finissons par les faire au contact de l'ennemi. Celui qui n'est pas humble dans de tels moments finit par se faire mal. Dans ces années, je n'ai jamais eu peur en opération, malgré les situations que nous rencontrions. Mais, quand nous rentrions de nuit, fatigués, à Tessalit (qui n'avait pas encore les tapis de poussière d'aujourd'hui), se poser dans la poussière n'était pas le meilleur moment du vol.

Dans ces opérations au Sahel, j'ai vu à plusieurs reprises des tirs à côté de la machine, mais ils ne m'ont jamais touché. Je n'ai jamais eu de casse à déplorer.

Nous sommes cinq à bord du Caracal, et quatre sur le Cougar. Il y a un dialogue entre les deux parties de l'équipage, trois à l'avant, et un ou deux à l'arrière. Je me suis toujours astreint à ce qu'il n'y ait pas de barrière du grade. Quand quelqu'un à quelque chose à dire, il le dit. Chacun a le droit de donner son avis. Mais nous sommes dans l'intelligence de situation. Au ton de la voix, nous voyons si c'est le moment de discuter ou non.

J'en suis à quatorze ou quinze tours au Sahel, en dix ans. Je devais déjà être à douze lorsque nous nous sommes croisés en 2017.

Nous connaissons les commandos donc, dans les groupes, il y a toujours quelqu'un que nous avons déjà croisé. À force de partir en mission entre mecs qui se connaissent bien, le lien est créé entre nous. Les gars savent que nous irons toujours les chercher, comme nous savons qu'ils viendront nous chercher si nous avons un problème avec la machine. L'histoire récente le prouve : nous sommes allés plusieurs fois chercher nos camarades.

J'ai aussi participé à un renfort à Djibouti une fois, mais l'essentiel de nos actions est au Sahel depuis dix ans. Nous avons eu quelques alertes, y compris durant des permissions, mais elles n'ont pas déclenché d'opération. En parallèle du Sahel, le régiment continue à monter les alertes. Au moins un équipage par EOS est disponible au profit de l'alerte COS, en cas de prise d'otages ou de RESEVAC (évacuation de ressortissants). Mais cela fait des années qu'elles n'ont pas été déclenchées.

Aujourd'hui, j'ai atteint les 3000 h de vol : 1000 h de Puma dont un peu au régiment, 600 de Caracal, 250 h de Gazelle et Fennec, et 1200 h sur Cougar. J'ai vécu des situations difficiles, où je me suis fait peur, mais je n'ai jamais fait de cauchemars pour autant.

Quand nous sommes venus au régiment, nous savions bien que nous ne rentrerions pas tous. Depuis que je suis chef de patrouille, lorsque je pars au combat, je dois penser à tout pour ramener mon équipage. Nous avons perdu

Ci-dessous

Le Caracal est privilégié en opérations spéciales. Il sert depuis 15 ans en Afrique.

Damien pour une balle de l'équipage. Pourtant, le même jour, l'équipage d'une autre Gazelle s'en est sorti indemne alors que leur cellule était truffée de balles. J'étais rentré du Sahel une semaine avant cette attaque. Cela reste le moment le plus dur de ma carrière, car je n'étais pas là. Même si cela n'aurait sans doute rien changé.

Le mandat le plus dense auquel j'ai participé était en 2015 ; nous avons brisé une poutre de queue du Cougar. L'appareil est resté une semaine dans le désert et nous l'avons ramené. J'ai volé 110 h en deux mois. Nous avions des semaines où nous dormions quinze heures. Les opérations se déroulaient de nuit, et chacune apportait du renseignement qui pouvait vite se périmer. Ce rens permettait de relancer les opérations. Nous avions trois machines à l'époque, c'était infernal, mais c'est ce que j'étais venu chercher.

C'est une vie de passionné, pas un travail. C'est égoïste comme vie, notamment vis-à-vis de ma famille. Dans des semaines comme celle-là, il est impossible de donner des nouvelles. Nous sommes tellement à fond, un peu comme des geeks fanatiques, qu'on ne voit pas le rythme de vie s'écouler en France. Mon épouse est angoissée à l'idée de savoir si je vais appeler ou non.

C'est quand nous sortons de là, déphasés, que nous voyons que la vie réelle n'est pas celle que nous vivons en opération. Un jour, on se prend un rappel de la maison. La vie, ce sont les enfants, le chauffe-eau qui lâche quand nous ne sommes pas là… Quand nous sommes en France, nous prenons sur nous de dépanner la femme d'un copain qui a une galère, car cela fait partie des devoirs que nous avons entre nous.

ADJUDANT-CHEF RAYMOND

MÉCANICIEN NAVIGANT CARACAL, EOS 3, 4e RHFS

Je me suis engagé en 2001 comme sous-officier mécano sol. J'ai servi d'abord au 5e RHC de Pau puis j'ai demandé ma mutation au GIH en 2006, comme chef d'équipe mécano sur Puma.
En 2008, j'ai voulu devenir mecnav (mécanicien navigant) au GIH. J'ai volé deux ans (jusqu'en 2013), réalisant quelques missions — d'astreinte et d'entraînement surtout — avec le GIGN. En 2013, j'ai basculé sur Caracal, à l'EOS 3. Le GIH m'avait donné envie d'aller plus loin, d'aller à l'étranger et d'être au contact de l'élite de ce qui peut se faire en aérocombat.

Avec l'EOS 3, je suis allé huit ou neuf fois au Sahel et deux fois sur un autre théâtre. Rien qu'en 2019, j'ai terminé un mandat commencé en 2018, je suis revenu fin janvier, et j'ai enchaîné deux autres mandats, soit cinq mois et demi de mission, plus les entraînements en France.

Sur mon premier Sabre, en retour d'un prépositionnement, une alarme feu-moteur s'est allumée dans le cockpit, alors que nous étions proches de l'Adrar des Ifoghas, alors repère de GAT. Il a fallu gérer ce problème d'urgence de façon intelligente. Finalement, nous n'avons pas rencontré de panne franche ni de coupure moteur, mais nous nous sommes tout de même posés rapidement, car il fallait adapter la procédure. Nous avons juste rencontré un défaut électrique qui allumait les mauvais voyants. Alors que je montais voir les moteurs, les commandos quittaient la soute pour assurer l'autoprotection de l'aéronef, car nous n'étions pas dans une zone tranquille. Un Cougar est venu en renfort pour nous appuyer si nous étions pris à partie. Nous avons pu redécoller après avoir analysé la panne, mais nous avons rencontré le même problème en vol. Il a fallu contacter le Cougar pour qu'il nous prenne du fret et des passagers. Le centre d'opération nous a envoyé des Tchadiens en renfort, venus par la route. Une fois cela réglé, mes calculs terminés, nous avons délesté la machine, nous étions à 30 minutes de vol de Tessalit. Sur le retour, l'alarme s'est déclenchée à nouveau, nous n'avons pas pris de risque et nous avons coupé un moteur puis nous nous sommes posés dans l'enceinte de la base.

J'étais aussi sur le point de rentrer en France quand nous avons perdu notre camarade Sam, dont le Caracal s'est écrasé. Nous n'avons rien pu faire, car l'autre machine était en maintenance. Les Cougar en vol d'entraînement ont été rappelés pour récupérer rapidement médecins et infirmiers dans notre camp, et aller chercher les blessés. Nous étions sur place, sans pouvoir agir. Ensuite, j'ai accompagné les copains et le corps de Sam à N'Djamena, avant leur retour en France.

J'arrive à dix-neuf ans de carrière, j'ai 40 ans. J'aurais pu continuer ce métier passionnant encore des années, c'est une unité à part entière, une famille, mais hors de cette famille il y a aussi notre famille. J'ai une fille de 11 ans et un garçon de 6 ans qui ne m'ont pas beaucoup vu en 2019. Même si le cœur n'y est pas, j'ai entamé ma reconversion.

Ci-dessous

Un Caracal de l'EOS3 déployé au Sahel. Le mecnav est l'homme-orchestre de l'équipage de conduite.

SERGENT LÉO

Ci-dessous

À bord d'un Caracal de l'EOS3 au-dessus du Sahel. Les MEOS manient les mitrailleuses en soute, et gèrent aussi la sécurité aéronautique sur les aérocordages.

EOS7, 4e RHFS

J'ai commencé au 93e régiment d'artillerie de montagne (RAM) il y a quatorze ans — cinq ans sur mortier lourd puis comme commando montagne (GCM) —, avant de rejoindre le 4e RHFS à l'été 2015. J'avais déjà servi en Afghanistan et au Mali, une demi-douzaine de fois au total.

J'ai vu que le régiment recrutait des membres d'équipage des opérations spéciales (MEOS). J'ai été formé comme gunner Cougar et Caracal pour servir des mitrailleuses ou un canon de 20 mm, puis j'ai passé le module d'aérocordage.

Le fait d'être un ancien GCM est une plus-value; les équipages en sont conscients, car nous pouvons apporter notre expérience du combat au sol. Un deuxième GCM du 93e RAM vient d'arriver cet été.

Je garde un très bon souvenir de ma première opex au sein du 4. C'était complètement différent de ce que je faisais au sol avant. J'arrivais dans un environnement inconnu à bord de l'hélicoptère.

Au début, j'étais un petit peu frustré de rester à bord. Mais nous avons un beau métier. Nous passons plus de temps en vol que les pilotes et les équipages, car nous jouons sur plusieurs escadrilles (Cougar, Caracal, et Gazelle) puisque nous pouvons aussi être qualifiés sur M134.

Ç'a été un sacrifice de partir à 700 ou 800 km de la famille et de quitter le GCM. Mais servir dans les FS était plus important que le reste. C'était un coup de poker, un saut vers l'inconnu. Je connaissais le 1er RPIMa, mais je ne savais pas comment fonctionnait le 4e RHFS. J'ai été surpris par l'importance des responsabilités, comme caporal-chef, je n'en avais jamais eu autant.

Ci-dessous

Les MEOS gèrent aussi l'unique mitrailleuse déployée en portière sur les Cougar de l'EOS1.

La phase la plus critique en mission survient quand nous posons un groupe sur une action. Nous pouvons nous faire tirer dessus et il faut aussi, à ce moment-là, guider l'hélicoptère et rester calme. Le pilote a une énorme confiance en nous.

LIEUTENANT PEYO

Ci-contre

Une équipe de commandement réduite à sa plus simple expression, au Sahel. Une fois de plus, les communications avec l'état-major sont essentielles.

CHEF DE STICK À LA 4e COMPAGNIE DU 1er RPIMa, 37 ANS

Je suis entré au 1er RIPMa en 2002. J'étais fils d'un para du 3e RPIMa, j'avais fait toute ma scolarité au lycée militaire d'Aix-en-Provence. Je connaissais le 1er RPIMa par mes lectures et j'avais l'ambition d'intégrer une unité spéciale. À 18 ans, j'ai tenté les tests puis j'ai suivi la progression d'un an et demi avant de devenir opérateur. C'était assez linéaire. D'un civil, on faisait un militaire puis un homme rustique dont on tirait un opérateur RAPAS.

Il faut être patient, mettre les briques les unes après les autres, ne pas être trop pressé. Comme dans un marathon, il faut être bon dans le temps et dans tous les domaines.

À 18 ans, on ne sait pas faire grand-chose. La motivation est la base de tout, et la formation vous fournit les outils. Ce que les jeunes d'aujourd'hui doivent savoir, c'est que quelqu'un de motivé se donnera les moyens de réussir. Cela a toujours été vrai. La motivation de nos personnels fera toujours la différence. Plus nous sommes motivés, plus nous avancerons vite.

La recherche incessante de la perfection est dans l'ADN du 1er PIMa, c'est l'esprit SAS que nos anciens ont appris chez les Britanniques pendant la Seconde Guerre mondiale. Dans une saine émulation, l'opérateur SAS recherche toujours la perfection.

Une fois formé, j'ai été affecté en compagnie et en stick, puis je suis parti en opération tout de suite, en Afghanistan. J'en suis à seize opérations aujourd'hui. En sortie du stage RAPAS, j'ai été été formé TE. C'était ce que je voulais. J'avais un FRF2, avec une bonne lunette Scrome J8, un matériel alors standard dans toute l'armée de terre. Le régiment possédait déjà du matériel spécifique, mais pas en nombre. Avec un FRF2, nous ne touchions pas à plus de 600 m. Aujourd'hui, nous assurons la précision au double de la distance avec ce calibre, et bien plus avec d'autres.

J'ai été TE pendant quatre ans et je suis devenu chuteur ops CTLO en 2008. Les deux spécialités sont liées. Cette spécialité aura constitué l'essentiel de ma carrière jusqu'en 2016. Dans le stick CTLO, j'étais opérateur spécialisé en explosifs initialement, avant de devenir chef d'équipe puis adjoint. Le rôle de l'adjoint est d'avoir un œil sur la partie matériel, il peut prendre le relais sur la tactique et sert de lien entre le groupe et le chef de groupe. Contrairement à ce qui se voit au cinéma, un saut opérationnel se déroule de nuit, et il est individuel. Il est illusoire de penser que l'on suit nos camarades. Dès que nous sortons de l'avion, nous sommes seuls avec notre voile. Le 1er RPIMa a acquis une solide expérience dans l'ISV. Nous avons donné les outils et la formation aux opérateurs pour arriver sur les points recherchés. Chaque saut génère une dose d'adrénaline et de peur saine, ainsi qu'un bon stress.

Au grade d'adjudant et comme adjoint en stick, j'ai passé le concours OAEA. Il comprenait alors des épreuves écrites en mathématiques, français, anglais, et une épreuve orale à Paris, dans ma spécialité, le renseignement, et une épreuve sur une question contemporaine, « armer les vigiles de sécurité ». Les OAEA n'étaient pas très répandus à mon époque à Bayonne, même si d'autres l'avaient fait avant moi. Mon cas a contribué à donner plus d'allant. J'ai suivi une progression logique, engagé puis sous-officier, j'étais alors adjoint, j'avais vocation à être chef de groupe comme sous-officier ou officier.

Le chef de stick programme l'entraînement, les stages et suit l'évolution de carrière des opérateurs : en général, un stick regroupe douze à quinze opérateurs, quand c'est douze, il est décomposé en deux équipes de six. Il doit les amener à un niveau-seuil en vue des opérations. En opération, il conduit l'entraînement quotidien des opérateurs pour que chaque geste soit millimétré et maîtrisé, afin de réaliser parfaitement la mission.

Ma compagnie, la 4e, est surtout urbaine. Au départ, nous parlions d'action spéciale en milieu urbain, puis de stick delta (décision, reconnaissance, liaison, contact, action spéciale en milieu urbain, créé après 2011).

Nous participons à des missions à large spectre, à faible empreinte ou à haute intensité. Sans se comparer à ce que nos amis britanniques SAS ont développé, nous tendons à nous approcher de ce que font leurs *silent teams* (infiltration et opérations discrètes en milieu urbain). Nous nous appuyons aussi sur ce qu'ont fait nos anciens du groupement opérationnel entre 1976 et 1981. Nous regardons ce qui se passe à l'extérieur, les retex des autres unités, nous échangeons avec nos camarades des forces spéciales du ministère de l'Intérieur et du *Tier One*[01].

Mon stick a été soumis au confinement, comme le reste de la population, pour pouvoir être déployé à la demande de nos autorités. Cela comprend en revanche une activité-seuil pour ceux qui sont amenés à être déployés de façon planifiée. Mais il y a une règle : que les personnes qui s'entraînent adoptent les gestes-barrières.

01 Surnom des unités du *joint special operations command*, ou JSOC. Il s'agit du cœur des forces spéciales américaines en charge des missions les plus sensibles, à savoir les Delta Force qui ont neutralisé le chef de Daech, Al-Baghdadi, en octobre 2019 ; les SEAL de l'équipe 6, qui avaient fait de même avec Ben Laden ; et le 24th *Special Tactics Squadron*.

Ci-contre

Pour une mission coup de poing, les commandos s'allègent le plus possible pour rester mobiles.

La « sécabilité » fait partie de notre emploi au régiment, particulièrement à la 4e compagnie. Le besoin opérationnel implique une articulation opérationnelle. Un stick à douze offre deux équipes de six avec TE, SC2, DPCFS[02] (qui ont une vraie maturité comme nos TE et nos CTLO), un droniste utilisant un microdrone Mavic et des nanodrones Black Hornet, des transmetteurs et, bien souvent, des opérateurs qualifiés CTLO, même si ce n'est pas la spécialité de mon stick. Comme dans tout le régiment, les CTLO peuvent aussi diffuser leur expertise. Les drones sont utilisés par toutes les composantes, ce sont des outils à part entière. L'opérateur du 1er RPIMa part tous les ans, au gré des crises. C'est assez fluctuant.

La grande cohésion au sein du stick, voire l'amitié, est intrinsèque aux FS. Nous passons énormément de temps ensemble, il y a évidemment un ordre hiérarchique, mais il se tient, car chacun a droit à la parole. Nous écoutons le spécialiste dans la préparation de l'entraînement ou de l'opération. Le mode d'action est décidé en commun, et c'est un important. Chacun apporte sa pierre à l'édifice.

J'ai eu la chance de créer mon stick à la 4e compagnie, en récupérant des opérateurs de la 4e compagnie et des autres. Aujourd'hui, il est arrivé à maturité, avec une ossature de sous-officiers et des jeunes qui nous poussent. Ils ont la rage, la niaque. Le système déroule sans difficulté car, au quotidien, le régiment s'entraîne. Il est donc projetable sur court préavis.

Comme opérateur, j'ai été projeté deux fois sans préavis. La première occasion est ancienne, nous avions été déployés en 48 h, et la seconde a eu lieu dans le cadre de l'échelon national d'urgence[03] avec notre dispositif Durandal qui offre des CTLO d'astreintes permanentes.

Dès que l'opération pointe le bout de son nez, toutes les forces vives se mobilisent. Avec l'ENU, chacun sait à l'avance qu'il est susceptible de partir, car il est réservé pour cela. Hors déclenchements ENU, le chef décide du meilleur outil dont il a besoin *via* son chef du bureau opération instruction.

En tant que chef de stick, mes meilleurs moments sont précisément ceux-là : partir en opération, remplir la mission, ramener mes hommes. C'est ma plus grande satisfaction. J'ai franchi les portes de la citadelle il y a dix-huit ans. J'étais ravi d'intégrer cette grande unité, aujourd'hui mon allant n'a pas changé. Au quotidien, je côtoie des hommes d'exception, je les commande. C'est mon plus grand bonheur.

Il est compliqué de faire le parallèle avec du management de personnel dans le civil, étant donné que le commandement d'un stick est particulier. Nous avons une certaine proximité avec nos opérateurs, ce n'est pas vraiment difficile, car les opérateurs ont fait le choix d'une mission particulière qui peut impliquer le sacrifice suprême. Quand nous allons nous entraîner, les opérateurs sont impliqués et adhèrent d'emblée à cet état de fait. Cela fait partie de notre ADN. Je suis juste leur chef d'orchestre, à moi d'en tirer le meilleur. Un gestionnaire civil doit booster, motiver… C'est donc assez facile au quotidien, en revanche, il faut canaliser nos opérateurs.

L'innovation fait partie de l'ADN des FS, surtout avec l'outil technique dont nous disposons. La plupart des composantes ont créé des Fab Lab et ces derniers démultiplient l'innovation des opérateurs. Dans les années 2000, nous étions plutôt chatterton et couteau, maintenant, les Fab Lab permettent de créer des équipements grâce à l'impression 3D. Il nous faut beaucoup de plasticité et de réactivité, car les opérations le nécessitent. Nos expérimentations sont très larges : transmissions, munitions, optique, habillement, matériels de protection… Nous réfléchissons à l'emploi en banalisé, de façon peu signante, démarquée, avec de petits volumes.

02 DPCFS : dépiégeur de combat FS.
03 ENU, des forces mobilisées en permanence et prêtes à être déployées en opération, en France ou à l'étranger.

CAPITAINE ALBAN

Ci-dessous

Un opérateur du 1er RPIMa procède à une analyse de scène tactique, au Sahel.

Ci-contre

Une opération coup de poing réalisée en zone d'insécurité est un contre-la-montre, qui ne sacrifie rien au résultat.

COMMANDANT DE LA 4e COMPAGNIE DU 1er RPIMa

J'ai fait Saint-Cyr (2008-2011) après une prépa en lycée militaire. En quittant l'ESM, j'ai choisi l'infanterie. Je suis sorti vingtième de Saint-Cyr, quatrième de l'école d'infanterie, j'ai eu l'unique place proposée par le 1er RPIMa et je suis arrivé en 2012.

J'ai suivi trois stages de septembre à décembre, cinq semaines réservées aux officiers et sous-officiers, puis deux semaines dans le renseignement et huit semaines spécifiques au chef de stick SAS. À leur issue, j'ai été affecté à la 4e compagnie par le chef de corps, le colonel Laurentin. Le colonel Bos, futur chef de corps du 1er RPIMa (2016-2018), était chef de BOI. C'est lui qui a développé la compétence de la 4e compagnie, spécialisée en 2011 dans l'action en milieu urbain. À l'époque, on faisait un amalgame entre le stick ASMU — créé en 2006 et composé d'une dizaine d'hommes —, et les sticks PRS des compagnies SAS — en charge du renseignement à fin d'action[01]. Cette évolution m'a stimulé intellectuellement pendant de nombreuses années. Nous avons conservé l'ADN rens, impératif dans le milieu urbain.

J'ai été chef de stick de janvier 2013 à juin 2015, puis deux ans officier adjoint de la compagnie. J'ai ensuite servi un an à la cellule combat SAS qui organise les trois stages majeurs pour les cadres quand ils arrivent au régiment. J'ai pris le commandement de la 4e compagnie à l'été 2018. Depuis l'été 2020, je suis affecté à l'état-major opérationnel terre en même temps que je suis les enseignements de l'école de guerre terre.

Depuis 2013, j'ai été déployé cinq fois en opex, au Sahel et au Moyen-Orient, deux fois à la tête de mon stick et trois fois comme officier opérations en poste de commandement. Ma première opex, en 2013, a comporté des missions en hélicoptère, du combat pédestre dans le désert, des patrouilles motorisées... En opération, les compagnies répondent à la capacité opérationnelle demandée par-delà leur spécialité d'origine. Le jour où une opération se déclenche dans un milieu nouveau, il est important d'avoir assuré une veille sur ce sujet.

Nous parlons très peu de la mort entre nous. Sans doute parce que nous sommes tous convaincus que les choses seront bien faites pour les familles et le reste si cela tourne mal. Nous savons qu'à partir du moment où nous montons dans l'hélicoptère, il peut se passer toutes sortes de choses. Deux jours avant le crash de novembre dernier entre un Tigre et un Cougar qui a fait treize morts, nous étions au sas de fin de mission. Nous avons été reprojetés là-bas en une seconde. C'est le risque, et il fait partie du job. La seule fois où j'ai commencé à évoquer le danger, sur mon dernier mandat, mes chefs de stick m'ont dit « nous le savons tous » et nous en sommes restés là.

Cela peut être considéré comme un certain fatalisme, mais nous savons que la mort fait partie du job. Mais, surtout, c'est la notion d'engagement qui m'a vraiment marqué au régiment. Régulièrement, des gars reviennent de leur permission pour avancer sur un sujet. Ils ont vraiment une haute estime de leur métier.

Je redoutais cette période de commandement de compagnie, parce qu'elle pouvait me sembler trop administrative *a priori*, mais la RH est le job principal du commandant d'unité qui est garant de la carrière de ses opérateurs pendant deux ans — nous gérons 100 opérateurs — et de la notion de récompense et de sanction. Les capitaines s'occupent des notations, le premier filtre est fait par les chefs de stick qui sont les thermomètres et doivent garantir la capacité opérationnelle.

01 ASMU : action spéciale en milieu urbain (ASMU). PRS : patrouille de reconnaissance spécialisée, héritage des unités de reconnaissance de corps d'armée, compétence transmise dans les années 80 par le 13e RDP.

XH 11

CAPITAINE DEXTER

Ci-dessous

Le Cougar a pris du poids dans son opération de rénovation, mais il reste un formidable vecteur tactique.

CHEF DE PATROUILLE COUGAR, EOS 1, 37 ANS

Comme beaucoup, j'ai commencé sur Puma au 1er RHC puis sur Cougar, qui était mon objectif. Quand les Cougar ont été transférés à Pau, j'ai suivi et, deux ans plus tard, je suis arrivé au 4e RHFS, en 2011. Depuis, j'ai participé à quinze opex de deux mois, toutes au Sahel, à la cadence de deux par an. Mes plus belles missions ont eu lieu en 2013, au déclenchement de Serval, quand j'ai été envoyé en renfort, dix jours après la mort du commandant Boiteux. Nous sommes partis de Gao et nous sommes remontés jusqu'à Tessalit en deux semaines.

La nouvelle configuration du Cougar, avec la caméra et le pilote automatique, nous donne l'occasion d'aller plus loin que ce nous pouvions faire avant. Nous pouvons aider davantage encore les commandos au sol. Le quatrième homme fait 90 % du travail de l'équipage dans les phases cruciales. Je ne saurais plus faire autrement qu'à quatre.

Comme chef de patrouille, j'ai la responsabilité tactique. Le mecnav gère la caméra pendant que j'écoute les fréquences radio tout en suivant les images sur l'écran. Les astuces qui fonctionnent le mieux sont le tableau blanc en préparation de mission et, une fois dans l'hélicoptère, la feuille sur la cuisse pour noter tout ce qui peut arriver.

Ci-dessous

Début du *brown out*,
à plusieurs dizaines de mètres
au-dessus du sol.

SERGENT BUCK

EOS 7, 30 ANS

J'ai rejoint le régiment en août 2016 après avoir commencé au 503e RT. J'ai intégré le peloton ravitaillement et je suis devenu sous-officier. J'ai déjà participé à quatre opex de deux mois chacune.

Mon peloton est le seul en France à avitailler les hélicoptères dans la profondeur, en zone hostile. Nous pouvons être insérés par hélicoptères, parachutés avec notre matériel, progresser avec les PATSAS en convoi… Le peloton a créé un VLRA 6 × 6 capable de porter 4 000 litres de carburant, réalisé par un carrossier civil. Le projet a pris un peu moins d'un an, de la conception au produit fini.

Presque toutes nos missions sont réalisées sous JVN. Ces plots avancés de ravitaillement en carburant et munitions (FARP) sont un mode opératoire très courant. J'ai déjà été aérolargué pour en monter. Le rythme est très soutenu, les personnels du peloton doivent donc être très autonomes, et capables de réflexion. Nous sommes censés gérer tout un module de ravitaillement comportant des équipements très différents. Il faut aussi des connaissances et du caractère car, comme spécialiste, même un première classe va devoir imposer des situations à des officiers.

Il est possible de postuler sans connaissance particulière préalable ; le peloton va évaluer le candidat. Sur le papier, rien ne s'oppose à ce que les femmes candidatent, mais il faut être conscient que nous évoluons au milieu des commandos et qu'il faut une certaine force physique. Une motopompe pèse 75 kg et nous pouvons être amenés à la tirer sur 400 ou 500 m dans le sable. La conduite de véhicules est très importante, la moitié du peloton est instructeur tout terrain. Conduite, tir… Il faut être polyvalent, car nous sommes un élément essentiel du soutien de l'avant.

Ci-contre et ci-dessous

Amener une station-service au milieu de nulle part et, souvent, en zone adverse : voilà la mission de Buck.

ADJUDANT LARRY

Ci-contre

Le rappel permet de larguer moins de masse, mais à une hauteur plus importante.

EOS 7, 4e RHFS, 39 ANS

Je suis dans l'armée de terre depuis quinze ans, et je n'étais pas du tout destiné à intégrer une unité FS. J'étais interprète image à Creil pendant une dizaine d'années avant d'intégrer le peloton renseignement de l'EOS 7 (en 2016). J'y fais un travail d'interprétation de capteurs d'hélicoptères et je programme aussi les bibliothèques de leurres des hélicoptères.

J'ai déjà servi quatre fois en opex, soit plus d'une fois par an, lors de mandats de quatre mois. Le sous-officier renseignement fait aussi office de sous-officier opérations. Dans les hélicoptères en transit, lors de la mise en place du FARP[01], nous disposons d'une situation tactique en temps réel grâce à un ordinateur avec recopie ISR (intelligence, surveillance, reconnaissance). Je peux aussi profiter de ces vols pour faire des prises de vues, cela peut profiter à des convois, servir à visualiser des zones de poser, mais aussi à détecter des indices de passages des GAT. En outre, j'ai une qualification IPC, interrogatoire de personnes capturées.

Si j'ai réussi, tout le monde peut réussir. Il faut avoir envie, essayer de voir le métier de rens différemment. Nous sommes aussi bien traitants que capteurs. Il faut être motivé, passionné, avoir envie de contribuer, d'innover, et de proposer des idées. Ici comme en opération, nous pouvons être déployés sur court préavis. Les missions peuvent être assez violentes, nous y allons pour arrêter « les méchants ».

C'est passionnant ; nous touchons à tout. Nous allons travailler avec les équipages, nous leur présentons les axes d'infiltrations, l'historique de la zone, nous expliquons la cible, les armements qu'elle maîtrise, etc. Le rythme est élevé en opération, et tout dépend des mandats. Nous pouvons avoir deux ou trois opérations par semaine. Quand nous arrivons à conclure par le HVT et que les copains que j'ai suivis sur les écrans rentrent sans encombre, nous savons que nous avons fait quelque chose de bien. Nous en discutons et nous passons à la mission suivante, il n'y a pas d' « effet grosse tête » !

L'un de mes meilleurs souvenirs de Sabre n'est pas au combat, mais lors d'un transit en 4 × 4 Land Rover banalisé, dans un des pays de la zone. Nous nous sommes embourbés dans un champ et les habitants sont venus spontanément nous aider, dont une femme enceinte avec un enfant dans le dos. Il y avait aussi un vieil homme à vélo, et d'autres habitants les ont rejoints. Ils étaient une demi-douzaine, finalement, le cœur sur la main. Pourtant, nous avions l'air hostiles, armés, camouflés, avec nos lunettes. Nous leur avons donné des rations, ils étaient émus, un jeune en pleurait. Mais quelques dizaines de minutes plus tard, nous avons crevé. C'était une sale journée.

01 *Forward arming and refuelling point*, point de ravitaillement avancé en carburant et munitions.

LIEUTENANT LOUISE

Ci-dessous
Au Sahel, des mécanos du 4e RHFS à l'œuvre sur cet appareil de l'EOS3 qui avait été gravement endommagé en 2013.

EOS 8, 4e RHFS, 25 ANS

Issue d'une famille de militaires, j'ai fait une prépa en lycée militaire à Aix, mais sans être prédestinée à intégrer l'armée pour autant. Je suis entrée à Saint-Cyr puis je me suis spécialisée dans le matériel avant d'être affectée directement au 4e RHFS.

L'EOS 8 regroupe plus de 150 militaires, dont 30 en permanence en opex où nous devons maintenir la disponibilité de nos hélicoptères au maximum. Du matin au soir, voire H 24 si besoin, nous faisons de la maintenance. Les personnels doivent être débrouillards, car nous ne choisissons pas l'endroit où la machine tombe en panne, en France ou en opération. Ils savent aussi opérer en convoi routier pour aller dépanner si besoin, réagir à une embuscade, ou à une attaque IED. Le chef de corps actuel met l'accent sur la préparation opérationnelle et l'aguerrissement dans ce but.

Nous avons cinq femmes mécanos, mais je suis la seule femme officier. L'escadrille a été commandée par un officier féminin direct. Chacun est apprécié pour ses compétences. J'aime énormément la façon de travailler et les procédures spéciales des FS. L'autonomie qu'on me donne est très importante ; elle permet de proposer, d'innover, et de « faire autrement ».

Je suis encore un « pioupiou », c'est-à-dire une débutante en argot militaire. J'espère pouvoir commander plus de personnes à l'avenir en opération.

Je suis issue d'un cursus littéraire et, si ma spécialité de maintenance est technique,

Ci-dessous

La mécanique du Cougar de l'EOS1 à nu, sous la coiffe de protection.

ce n'est pas inatteignable par quelqu'un de motivé qui n'a pas de formation scientifique. Ma famille m'attendait dans un uniforme, mais plutôt comme médecin miliaire. Nous avons un sens particulier de l'engagement dans la famille. Mes deux grands-pères étaient légionnaires, l'un de mes oncles est à la Légion et un autre au 8ᵉ RPIMa. Ma marraine a commencé sous-officier. Je suis la première à passer par l'école spéciale militaire de Saint-Cyr. J'ai reçu beaucoup d'encouragements de la part de mon père, qui a commencé militaire du rang. « Davaï[01] ! » comme il dit !

01 « En avant ! », en russe. C'est une interjection assez courante en Légion, où plus d'une centaine de pays se côtoient.

ADJUDANT-CHEF PHILIPPE

Ci-dessous

Le 13e RDP est réputé pour ses intégrations de capteurs dans les milieux les plus insolites.

Ci-contre

Dragon du 13e RDP en camouflage montagne, lors d'une présentation à Jean-Yves Le Drian.

1er ESCADRON, 13e RDP, 38 ANS

Je suis arrivé en 2000 au régiment et j'ai rejoint le 3e escadron où j'ai servi quinze ans, accomplissant dix-sept missions dans treize ou quatorze pays : Afghanistan, Sahel, Balkans, Afrique centrale…

Mon équipe était prépositionnée deux mois, en janvier 2013, au début de l'opération Serval. Nous avons fait de l'interposition. Nous avons accompagné les forces armées maliennes, réalisé de l'observation, des patrouilles motorisées et du TSH[01] dans les villes que nous reprenions au fur et à mesure. Ces missions ont été assez intenses et violentes. J'ai ensuite participé à un autre mandat au Sahel en 2014.

Mon opex la plus intense s'est déroulée en Afghanistan, en 2009-2010, durant sept mois. L'équipe dont j'étais l'adjoint travaillait au profit d'un SGTIA du 13e BCA[02]. Cette mission était assez longue, avec un grand nombre de patrouilles pédestres, bien chargées à chaque fois. Un jour, j'ai pesé mon menhir[03], il était à 82 kg alors que je pèse moi-même 73 kg pour 1,65 m.

On ne prenait pas trop de repos entre les choufs (surveillances), on incorporait le dispositif des patrouilles pédestres du 13e BCA. Le régiment offrait une équipe de recherche dans chaque SGTIA sur les deux bases opérationnelles avancées.

Nous, nous étions à Tagab. Notre chef d'équipe, un adjudant, était ancien chef d'équipe GCM du 27e BCA. Le commandement du bataillon, armé par son ancienne brigade, avait confiance en nous et nos contacts. L'équipe se positionnait sur des points hauts pour observer. Nous étions mis en place par VAB[04], au pied des montagnes et nous commencions l'ascension. Nous n'avons jamais vu d'hélicoptères sur ce mandat-là pour des infiltrations. Notre équipe était issue du 3e escadron, l'escadron montagne du régiment. Nous avions tous des connaissances. En outre, le chef d'équipe était lui-même chef de détachement montagne ; il connaissait parfaitement son domaine. C'était mon deuxième mandat en Afghanistan, j'en avais déjà fait un autre dans une zone plus au sud, entre composantes des forces spéciales.

Les missions d'avant, comme la traque des criminels de guerre, se faisaient en toute discrétion, sans utilisation des armes, sauf s'il y avait un réel besoin. La bascule est intervenue avec l'Afghanistan. Pour ma part, j'avais déjà utilisé mes armes avant cette bascule. Nous avions le FAMAS, puis, avec l'Afghanistan, nous avons basculé en HK 416 et, dans mon cas, en Minimi.

En vingt ans, les équipes de recherche ont accueilli de nouvelles capacités : SC2, THP, dépiégeur… Certaines sont des formations assez récentes, donc toutes les équipes n'en possèdent pas encore. Ces spécialités sont partagées entre les cinq opérateurs, car elles sont non compatibles avec la fonction de chef d'équipe. Certaines disposent aussi d'un JTAC, ce qui était le cas de mon chef d'équipe sur mon premier Afghanistan. Il avait passé la qualification en arrivant chez nous. Il avait fait aussi une première année de médecine !

Après 2015, mon parcours est devenu moins axé sur les opérations. J'ai notamment encadré nos jeunes engagés. Ce n'est plus la même génération que moi, arrivé avec un bac il y a vingt ans. Aujourd'hui, la demande d'instruction est telle que nous recevons plutôt des bac +2. Je suis impressionné par le niveau des jeunes qui arrivent. Ils restent humbles malgré tout. La formation est tellement difficile…

Nous leur apprenons à vivre sans téléphone ni tablette, même si, à l'instruction, ils travaillent avec un ordinateur en permanence. En matière de communication externe, nous les habituons à ce qu'ils vont connaître plus tard : des mois sans contact avec l'extérieur.

Les prérequis sont un cran plus élevé. Nous demandons beaucoup de connaissances que les jeunes doivent ingurgiter en peu de temps. Nous ne pouvons plus nous limiter à un niveau lambda. L'évolution technologique est passée par là, le matériel était moins développé à mon époque.

01 TSH : traitement de sources humaines.

02 SGTIA : sous-groupement tactique interarmes, une compagnie d'infanterie avec ses appuis (artillerie, génie, etc.). BCA : bataillon de chasseurs alpins.

03 Menhir : surnom du sac de mission en forme du célèbre mégalithe breton.

04 VAB : véhicule de l'avant blindé.

AUMÔNIER MILITAIRE DU 1ᵉʳ RPIMa, DU CFST, DE LA CCT ET DU 4ᵉ RHFS

J'ai choisi le métier d'aumônier militaire alors que j'étais en lycée militaire à Saint-Cyr. Quand on entre au séminaire, on nous demande le diocèse dans lequel on veut devenir prêtre. J'avais 19 ans et pas encore de vue précise du diocèse. On m'a donné du temps et le prêtre qui s'occupait de moi a croisé monseigneur Le Gall, évêque aux armées. Il m'a proposé de devenir aumônier militaire au lieu d'être curé de paroisse. Cela me correspondait d'être avec des jeunes, de faire du sport, et de vivre en communauté. Après six ans de séminaire, j'ai été ordonné diacre puis prêtre au service du diocèse aux Armées.

L'aumônier est assimilé officier pour deux raisons : le niveau d'études (bac +5 dans mon cas), et le fait que nous sommes conseillers du colonel ou du général. J'ai d'abord été affecté à Verdun, au 1ᵉʳ régiment de chasseurs en 2009. Au bout de trois ans, on est venu me chercher pour aller à Tarbes, au 1ᵉʳ RHP et au 35ᵉ RAP pendant cinq années.

Puis, en 2017, l'aumônier de Bayonne est décédé en cours d'année. Il avait une histoire très particulière avec le régiment qui était allé le chercher à l'origine, à la suite d'un décès. Il était resté amoureux du régiment, et réciproquement. C'était un vrai Basque. Il avait un charisme particulier, un franc-parler, et il était très proche des opérateurs. Cela plaisait aux gars.

À l'époque, j'avais six opex : le Liban, deux fois, la Côte d'Ivoire, la Centrafrique et un mandat avec le COS. Rien n'était vraiment écrit, le régiment avait demandé un prêtre d'expérience.

Je suis actuellement pour la troisième fois en opex depuis mon arrivée au 1ᵉʳ RPIMa. Nos mandats en opex sont calés sur les composantes, actuellement à quatre mois. Avec le travail que nous faisons, nous côtoyons l'humain, donc nous avons besoin de temps, et de faire partie du groupe.

La particularité des quatre aumôniers militaires des forces spéciales est que nous sommes en opération dans de petits détachements. Nous remplissons donc des fonctions annexes qui aident à la vie du camp. Sur ce mandat-ci, je suis responsable du foyer et vaguemestre. L'an dernier, j'étais officier des sports et responsable de l'amélioration des conditions de vie sur le camp, plus des missions logistiques pour rendre service aux gars.

L'aumônier s'adresse aux gens de sa confession, mais il fournit également du conseil au commandement et de l'accompagnement humain et moral. C'est cette dernière dimension qui prend le plus de temps, par des discussions individuelles ou en petits groupes. C'est moi qui vais au contact des personnels dans leurs moments de détente. Je privilégie aussi, en toute discrétion, les retours d'opération pour être là s'ils ont quelque chose à exprimer.

Au COS, ce poste est bien compris par tous, car tous les opérateurs ont perdu des amis. Ils connaissent la dureté des engagements. Ils se posent des questions avec plus d'acuité qu'ailleurs.

Le commandement peut m'appeler comme je vais le voir. Il peut me demander de prendre la température, je peux leur donner la température. Souvent, il faut assurer le transfert de l'information. Certaines choses ne sont pas dites ou mal comprises par les intéressés. Pour d'autres, je peux me permettre de le dire au chef, là où son subordonné ne le pourrait pas forcément. J'aide au bon dialogue. Au COS, c'est tout ou rien, si tu es là, c'est que ta place est justifiée et que tu fais le boulot. Je n'ai pas de raison de faire des patrouilles avec eux, alors que nous le faisons dans la conventionnelle. Leur concept d'emploi est très précis et le Padre n'en fait évidemment pas partie. Les commandos sont commandos, pas moi.

En revanche, je m'astreins à être présent le plus tard possible quand ils partent à l'étranger ou en mission, si je suis déployé avec eux. Et je m'efforce aussi d'être présent le plus tôt possible si on a besoin de moi.

Pour devenir aumônier d'une unité FS, il faut être capable de s'adapter à ce milieu, comprendre que cela va être différent, tant dans la manière d'être que de servir. L'exigence est énorme. Les FS sont un milieu très exigeant qui recherche la performance constante, un grand professionnalisme, une grande capacité d'adaptation et de souplesse pour faire aboutir les dossiers, même les plus complexes.

Il n'y a pas de secret : si vous entrez dans ce milieu, il faut l'adopter et se faire adopter. Il faut passer par un engagement sportif et physique. Il faut être capable de suivre le rythme, d'atteindre le niveau des autres. Il faut être le plus qualifié possible pour pouvoir partager le plus vite possible. Il faut être qualifié para en OA, en OR, en aérocordage... Bref, il faut être adaptable et adaptatif.

En 2019, là où j'étais déployé, ma chapelle était une tente de passage qui offrait vingt lits picots. Quand il n'y avait pas de personnel de passage, c'était aussi une salle de CrossFit, car c'était la seule tente climatisée que nous avions en plus.

Là où je suis, nous avons maintenant une chapelle en dur qui est magnifique. Elle a été livrée il y a un mois et peut accueillir une soixantaine de fidèles. Elle a pu être construite parce que chacun a mis sa petite pierre à l'édifice. Nous avons commencé par une dalle en béton, puis les murs, puis un vrai toit. Fin 2019, un budget supplémentaire a permis de terminer le travail. Nous avions les plans depuis trois ans.

Les opérateurs ont tous au cou leur médaille de saint Michel, qui est le saint patron des parachutistes. J'en ai dans les poches en permanence,

Ci-dessous

Avant le départ en mission, le Padre appelle l'attention de saint Michel, saint patron des parachutistes.

car en opération ou à l'entraînement, nous pouvons la perdre. Cette allusion à saint Michel est souvent pour eux une porte d'entrée vers l'ailleurs, une manière pudique de parler de la croix et de la croyance. Ils ne veulent pas forcément se reconnaître comme membres de l'Église catholique, mais avoir un attachement à saint Michel signifie accepter que quelque chose nous dépasse et est plus grand que nous, et qu'il existe des valeurs nobles qui valent la peine d'être défendues.

Je rencontre peu de purs athées, car peu de gens ne croient vraiment à rien. Vu le niveau d'exigence qu'il faut pour arriver jusque-là, il existe toujours une forme de foi et de croyance.

Accompagner les commandos en profondeur est une pratique assez récente. Nous ne sommes que quatre au sein des FS, donc des renforts sont mobilisables au sein des bases de défense. Les trois autres sont à l'état-major d'Alfusco à Lorient, à Hubert, mais ils doivent aussi embarquer sur les bateaux de la marine. Et le quatrième est affecté au 13e RDP.

Je constate une augmentation des demandes de baptêmes, y compris en opex. Nous pouvons commencer la préparation sur le théâtre et nous procédons au baptême, en échange de quoi la personne s'engage à continuer sa formation en vue de la confirmation à Lourdes l'été d'après. Un personnel déployé avec moi pourrait être concerné. Il serait baptisé avec l'autorisation de l'évêque car, normalement, pour les adultes, c'est lui qui prononce en une fois le baptême, la première communion et la confirmation.

L'un de mes meilleurs souvenirs remonte à la messe de Noël 2016. La messe était prévue le 24 décembre à 19 h et, à 18 h 58, le COMTF me dit: « Rolex pour la messe[01]. » Je le saurai plus tard, la Française Sophie Pétronin venait d'être enlevée. J'étais habillé pour célébrer, je me suis déshabillé, j'ai éteint les bougies et je suis allé voir le guitariste: « La messe est annulée, tu devrais aller voir le groupe. » Ils sont partis une heure et demie après.

J'ai célébré la messe en fin de soirée, mais entre ceux partis en mission et ceux pris par l'opération sur notre site, il y avait moins de monde, forcément. Le lendemain, j'ai pu monter dans l'avion et retrouver les gars là où ils étaient prépositionnés. Je leur ai proposé de dire la messe, donc nous avons viré les voitures du parking, nous avons pris une table de campagne un peu miteuse et nous avons célébré la messe de Noël, à 17 h, le 25 décembre. Mon guitariste était là avec sa guitare. Le chef de stick a amené tout le monde, c'était sympa, il y avait aussi des aviateurs du CPA 10.

01 Rolex: décalage de l'horaire.

GÉNÉRAL PATRICK BRETHOUS

SOUS-CHEF OPÉRATIONS, EMAT

Les opérations spéciales ont bien évolué depuis les SAS de David Stirling qui effectuaient des raids dans le désert. Nous le faisons toujours, mais les opérations spéciales ne se réduisent pas à cela. Nous y avons ajouté le renseignement humain, le renseignement d'origine électromagnétique (ROEM), et la coopération interagence.
Les opérations spéciales ont besoin de pilotes d'hélicoptère, de drones, de magiciens de l'ordinateur, de hackers...

Je suis arrivé chef de corps à Pau en 2004, au DAOS, que j'ai commandé deux ans. La priorité d'alors était de savoir comment adapter les équipements aux hélicoptères. Le DAOS a travaillé sur le kit d'action en zone urbaine, le KAZUB, qui envisageait déjà à cette époque la minigun M 134, le phare, la caméra. Nous avons aussi ajouté la mitrailleuse M3M sur Cougar puis Caracal. En revanche, nous n'avons pas réussi à résoudre la transmission longue distance.

Ce n'est que bien après que nous avons engagé le Pilatus PC-6 à Sabre, à Atar en 2010, quand j'étais à l'état-major opérationnel terre.

En 2004, nous terminions les opérations dans les Balkans, et nous nous engagions en Côte d'Ivoire. Nous avons projeté des Gazelle à Abidjan, le Cougar était sur place, puis était rentré au Gabon, qui était sa base d'affectation. Nous l'avons fait revenir rapidement en Côte d'Ivoire quand tout a explosé, en novembre. Les hélicoptères ont été intégrés dans le GFS Licorne. À deux Cougar, ils ont évacué 800 ressortissants en 48 h.

En 2006, les Cougar et Gazelle ont a nouveau été engagés, pendant l'opération Benga qui a duré six mois. En parallèle, nous montions en puissance sur les Caracal, les aviateurs étaient déjà partis avec au Liban. Mon chef de BOI s'est d'ailleurs déployé là-bas avec nos propres moyens.

J'ai quitté le DAOS à l'été 2006, mais je suis resté encore deux ans à Pau, cette fois comme chef d'état-major et colonel adjoint de la BFST, qui montait alors en puissance. De juin à décembre 2006, j'ai commandé le GFS Benga. Il offrait toutes les capacités d'un GFS d'aujourd'hui avant l'heure. Il était moins affûté que le Sabre actuel, mais il avait son PC, avec un centre de traitement et de diffusion du renseignement, tous les râteaux de commandement, des avions, des hélicoptères. C'était un mélange de Sabre et de Takuba, car Benga était aussi le premier GFS européen, c'était la première fois qu'on projetait un GFS avec l'ensemble des capacités multinationales, une formule qui a fait florès depuis.

Dans la main de COMGFS, cette combinaison de commandos et de moyens aériens est assez extraordinaire. Cette capacité d'avions et d'hélicoptères a manqué au GFS Arès déployé en Afghanistan ; nous étions dépendants des Américains.

Le CFST a désormais atteint son format de 2 600-2 700 opérateurs, avec 400 réservistes. L'augmentation de format COS +1 000 était antérieure au modèle « au contact », qui a capitalisé dessus. Ce COS +1 000 était lié à une demande du gouvernement dans la loi de programmation 2012-2017, celle de « mettre le paquet » sur les FS. Quand j'ai pris le commandement du CFST, il était déjà monté en gamme, avec une CCT-FS.

Quand je commandais l'opération Barkhane, pour un an, le choix avait été fait de donner la priorité aux FS, souvent des opérations d'opportunité. Quand leurs cibles se levaient, nous donnions nos moyens, drones, avions de transport, hélicoptères, avec des unités terrestres qui ratissaient la zone. Le fait d'avoir deux contrôleurs opérationnels ne facilite pas les choses, c'est pourquoi je faisais venir tous les COMGFS à leur arrivée sur le théâtre avec leurs chefs de domaines (pour briser la glace). J'avais aussi un détachement de liaison (DL COS) et, chaque semaine, nous avions au moins une communication téléphonique avec Sabre.

Nous vivions intelligemment, ensemble, en n'amputant pas la manœuvre de Sabre. Sabre est une pépite dans l'écrin de Barkhane, mais il n'y a pas non plus de Sabre sans Barkhane. Il faut que les choses se déroulent en bonne intelligence. Parfois, je disais non à Sabre, parfois nous décalions une de nos opérations pour les laisser agir. Nous sommes tous dans l'équipe France.

Ci-dessous

Le général Brethous, alors commandant de Barkhane, protégé par les opérateurs du 1er RPIMa et leur véhicule Land Rover.

armée de

L9013

03

LES COMMANDOS MARINE

Ci-dessous

Le Commando Hubert se lance à l'assaut de cette frégate, pour illustrer ses capacités en matière de contre-terrorisme maritime.

Stationnement

LORIENT (MORBIHAN) ET SAINT-MANDRIER (VAR), PRÉPOSITIONNEMENT PERMANENT À DJIBOUTI

Devise (non officielle)

« UNITED WE CONQUER » (CELLE DES COMMANDOS BRITANNIQUES REMONTANT À LA SECONDE GUERRE MONDIALE)

Création

1942

Effectif

750

Matériels majeurs

ÉCUME, ETRACO, VPS, VPS2, VLRA, PLFS, PSM3G

Théâtres majeurs

ANTINARCO AUX ANTILLES, ANTIPIRATERIE EN OCÉAN INDIEN, AFGHANISTAN, SAHEL, LEVANT

La marine est la seule composante à ne pas avoir connu de longue interruption dans ses forces spéciales — à l'exception de quelques mois après la Seconde Guerre mondiale. La guerre d'Indochine recrée les commandos marine, et les « *troops* » de la Seconde Guerre mondiale deviennent alors des « commandos ». Ils sont en première ligne avec les hélicoptères, nouveaux vecteurs qui montent en puissance durant la guerre d'Algérie.

Ci-dessous

Un grand classique de la marine : le largage de chuteurs opérationnels en mer. En opération, il aurait été réalisé de nuit.

On les retrouve encore au Liban dans les années 80, dans les années 80 et 90 contre Greenpeace, ou encore durant la guerre du Golfe, avec le Commando Hubert.

Désormais troisième composante en effectifs, la marine présente le modèle de forces spéciales le plus abouti. Il est d'abord très concentré géographiquement sur deux bases : à Lorient, en Bretagne (Commandos Trépel, Jaubert, de Montfort, de Penfentenyo, Kieffer, Ponchardier) et Saint-Mandrier, dans le Var (Commando Hubert). Un élément permanent est aussi basé à Arta, sur le territoire de Djibouti. Ce prépositionnement a été plusieurs fois bénéfique dans des crises liées à la piraterie maritime.

Cette composante est aussi la plus polyvalente. Reine des mers où son monopole opérationnel n'est pas contesté, elle assure aussi des actions de la mer vers la terre et uniquement sur la terre. Cela constitue un spectre opérationnel particulièrement étendu. Les commandos marine réalisent donc les mêmes missions (action, renseignement) que leurs frères des armées de terre et de l'air, tout en assurant en plus des missions spéciales ou conventionnelles en mer qui sont le cœur de leur métier.

La force maritime des fusiliers marins et commandos (Forfusco) nécessite à la fois des commandos marine, des personnels et des commandos ou non-commandos, pour le soutien opérationnel.

Les cinq commandos d'assaut (Jaubert, Trépel, de Montfort, de Penfentenyo, Hubert) comprennent tous un groupe de contre-terrorisme et libération d'otages (CTLO), deux groupes d'assaut spécialisés (GAS) et une équipe spéciale de neutralisation

Ci-contre
Le Commando Hubert est le plus polyvalent des sept commandos marine.

Ci-dessous
La sortie de l'eau est toujours délicate car le nageur n'a qu'une vue limitée de son environnement.

et d'observation (ESNO). Le Commando Hubert a un format particulier lié à sa spécificité dans l'action sous-marine, mais il dispose aussi de son propre soutien intégré. Les deux commandos d'appui, Kieffer et Ponchardier, ont mis en place leur propre organisation pour soutenir au mieux les commandos d'assaut. Kieffer assure l'appui au commandement et des capacités spécifiques comme le déminage, la guerre électronique, la cynotechnie. Ponchardier assure la mise en œuvre et la maintenance des vecteurs terrestres, maritimes et des techniques d'insertion par les airs.

Le nombre de brevetés saut opérationnel à grande hauteur (SOGH) a aussi augmenté. Seul Hubert détient des chuteurs oxy, capables de sauter d'une altitude supérieure à 4 000 mètres. Tous les CTLO et ESNO sont déjà qualifiés chuteurs opérationnels, ou sont en passe de l'être (voir tableau en annexe page 254).

Pour le contre-amiral Christophe Lucas, chef des commandos depuis 2018, « en équipement, les commandos marine sont sur une logique de Formule 1. Ils testent, pratiquent, et cela permet de répondre en plus grand nombre aux besoins des fusiliers marins en optronique, en armement, en équipement de l'homme, mais aussi en équipements nautiques ».

Il ajoute : « Des équipements sont déjà nés de notre Fusco Lab. Ce laboratoire sert à créer des maquettes, des prototypes et à les expérimenter avant le passage à l'échelle réelle. Nous partons d'idées ou d'innovations qui viennent d'un ou plusieurs opérateurs. Dans ce cadre, nous avons des idées d'évolution de boucliers de protection des groupes d'assaut, des masques pour les différentes missions des chiens. Le Fusco Lab travaille aussi avec des entreprises extérieures. Nous avons ainsi revu nos brassières pour les commandos en partant de l'amélioration d'un produit existant ; le produit définitif est en cours de livraison. C'est un travail d'itération ; nous transformons un équipement existant pour l'adapter à notre besoin. »

VERSÉS DANS L'INNOVATION

Ci-dessous

Présentation d'armement des commandos marine lors des universités d'été de la défense.

C'est inscrit dans leur ADN historique, les commandos marine sont à l'affût des innovations tactiques (de nouveaux procédés opérationnels), technologiques (une rupture qui permet de mener de nouvelles missions) et/ou d'usage (utiliser différemment un matériel déjà existant). Chacun des personnels de la force, dont quelques civils, est un innovateur en puissance. C'est le travail du lieutenant de vaisseau Sébastien (un ancien de Trépel, Kieffer et Jaubert) de transformer leurs idées en solutions exploitables. Ce responsable innovation s'appuie aussi sur des réservistes, des civils, souvent ingénieurs, qui veulent apporter leur contribution aux commandos marine.

Une des solutions les plus éclairantes de l'esprit commando est l'intégration en cours de foils sur une embarcation très rapide commando (ETRACO) née il y a un quart de siècle chez Zodiac. Les foils permettent, une fois une vitesse plancher passée, de littéralement voler sur l'eau. Cette solution, qui doit déboucher à la fin de l'année, a été développée par une startup lorientaise, Seair. Pour les commandos marine, elle devrait à la fois augmenter le confort en mission, amener à l'action des organismes moins fatigués, mais aussi permettre de moins consommer et de tenir une vitesse de croisière plus élevée.

La cellule innovation dispose d'un Fusco Lab permettant de gérer ces flux d'idées. Le prototypage rapide rendu possible par l'impression 3D a déjà permis de développer des solutions pour de petits équipements et de réduire ainsi le temps d'immobilisation de certains matériels.

Bas

Cette planche volante a été développé par Franky Zapata, en lien avec le COS. Ses performances peuvent intéresser les marins.

GRANDS TÉMOINS

3 AVRIL 2000, PALE (BOSNIE) : DANS LA TRAQUE DES CRIMINELS DE GUERRE

CE RÉCIT EXCEPTIONNEL ÉVOQUE LA CAPTURE D'UN CRIMINEL DE GUERRE, MOMCILO KRAJISNIK, PAR UN OPÉRATEUR DU COMMANDO HUBERT QUI Y AVAIT PARTICIPÉ AVEC LE VICE-AMIRAL D'ESCADRE LAURENT ISNARD, À L'ORIGINE DE LA CONCEPTION DE L'OPÉRATION.

Le Commando Hubert était chargé de la capture de criminels de guerre, ce que les Anglo-Saxons appelaient le *Pifwic*. Nous devions localiser des criminels sur les listes du tribunal pénal international et aller les capturer. À l'époque, il y avait encore des membres du commando qui servaient en équipes de liaison et de contact (ELC).

J'effectuais des allers-retours pour faire des repérages en vue d'actions. Soit nous nous apercevions que l'action n'était pas faisable, soit il ne s'agissait pas du suspect prévu. Nous nous appuyions sur nos camarades qui travaillaient en longue durée sur ce théâtre : des gars du 13ᵉ RDP, des commandos marine, des mecs du 1ᵉʳ RPIMa, qui opéraient directement en Bosnie. Le 1ᵉʳ RPIMa, le groupe de combat en milieu clos (GCMC, créé à Lorient) et le Commando Hubert se chargeaient des interpellations.

Un camp à Rajlovac hébergeait un centre de commandement du 13ᵉ RDP. Il centralisait les actions des différentes équipes qui gravitaient dans des maisons et faisaient du rens tout autour.

Un des propriétaires de leurs maisons, à Visegrad, a été arrêté parce qu'il était sur la liste des criminels de guerre. Au début, notre équipe n'était pas venue pour lui. Les objectifs que nous voulions interpeller, parce qu'ils nous avaient été indiqués, n'étaient pas les bons !

Le propriétaire avait un frère, avec qui il y a avait eu confusion. Notre cible, en fait, était le boucher de Visegrad. Nous avons fini par détecter le bon type un jour, et il avait la tête de l'emploi.

Mais, en passant du temps dans la zone avec les gars du 13, il arrivait que nous soyons logés chez eux. Nous avons photographié le propriétaire, qui lui aussi était recherché, comme nous l'avons compris après.

Et, plutôt que d'aller chercher le boucher de Visegrad, nous nous sommes d'abord occupés de lui. Il a été arrêté par le GCMC quand il venait chercher son loyer. J'avais préparé l'opération avec un camarade du GCMC. La maison était située à la limite de Visegrad, un coin connu pour être mafieux. Après cette arrestation, le 13, trop exposé, a dû quitter sa maison. Quelqu'un leur a même lancé des grenades sur le trajet. C'était le début des missions intercomposantes avec le 13, qui sont devenues la règle par la suite.

En face de nous, ce n'étaient pas des enfants de chœur. Ces gars conduisaient bien, ils avaient des Audi Quattro et roulaient vite. C'étaient des pros, mais aussi des profils sans limites. Pour les arrêter, il fallait se préparer très minutieusement.

Dans le haut de la liste figurait Kra, qui devint notre cible. Mais il y avait plus gros que lui encore : Radovan Karadzic. Mais personne n'arrivait à le localiser.

Parfois, des situations un peu cocasses se produisaient, car tout le monde travaillait sur les mêmes objectifs. Tout le monde était sous camouflage : les SAS et SBS britanniques — que nous connaissions par d'autres missions —, tout comme les ressortissants des différents services secrets.

Comme les unités ne travaillaient pas aux mêmes endroits, cela créait des situations un peu compliquées. Certains utilisaient la connaissance du terrain des autres, si bien que les autres voyaient leur couverture ou leur base d'observation éventée. Par exemple, le *duce* était le chef des Serbes de Sarajevo. Cela concernait donc notre zone (à Hubert), mais les Britanniques le voulaient. Ils nous avaient donc demandé de lui donner un rendez-vous.

Le plan initial avec Kra devait aussi commencer par un simple rendez-vous. Cet objectif était visiblement en contact régulier avec des chefs militaires français, *via* des intermédiaires. Nous avons donc senti qu'il était accessible *via* une autorité française qui devait lui donner rendez-vous dans un restaurant. L'idée était qu'on vienne alors le cueillir. Nous savions qu'il était escorté ; il ne fallait pas que cela finisse en « O.K. Corral » dans le commerce. Nous croyions aux chances de succès de ce scénario. Le général pensait que c'était possible. Un des options envisagées pour que Kra ne se méfie pas était qu'il vienne avec son assistante militaire, qui était une femme. Cela devait permettre de l'amadouer un peu.

Au début, la femme était d'accord, mais quand nous sommes entrés dans les détails, elle a changé d'avis. Nous avons dû prévoir autre chose. J'étais un des rares à ne pas avoir de tatouages, et j'avais l'âge pour. Je devais donc jouer le rôle de l'assistant militaire, ce qui simplifiait les choses, et je devais être assis à table en face de lui.

Une fois que le plan s'est mis en place, nous avons attendu pour déclencher et pour que le rendez-vous soit planifié. C'est à ce moment-là que l'équipe du 13 l'a vu dans une maison[01] à Pale, et que tout s'est enclenché. Tout est allé très vite (en deux jours). Je suis parti à Paris dans un TBM 700

01 Cela évite de devoir l'arrêter dans le restaurant (donc dans un lieu passant, qui pourrait être à l'origine de victimes collatérales) comme prévu initialement.

Ci-dessous

Un trinôme du Commando Hubert crève la surface, lors d'une présentation à la ministre des Armées Michèle Alliot-Marie en 2005.

briefer un aspect de l'opération, puis je suis redescendu à Hyères récupérer le pacha, le capitaine de corvette Laurent Isnard, futur GCOS.

Dès le lendemain, nous étions projetés à Pale pour organiser la manip'. Des chefs de groupe Hubert suivaient 3-4 h après nous, et l'équipe Hubert dans les 36 h. 48 h après avoir été déclenchés, on tapait.

Hubert a mis le matériel dans les avions puis s'est transféré de Hyères à Sarajevo. La base des FS était à l'aéroport de Sarajevo, c'est là que nous nous sommes mis au « frigo » dans un grand bâtiment. La grande mécanisation qui s'était tenue au Commando Hubert, à Saint-Mandrier, avait permis de planifier en détail l'intervention sur le restaurant.

Tous les environs avaient été reconstitués sur le terrain de foot de notre base ; c'était une maquette grandeur nature. Là, il y avait moins d'espace et moins de temps. Nous avons eu un après-midi de répétition dans le hangar. Il a fallu infiltrer les gars dans la zone de Pale, là où un Mirage 2 000 D français avait été abattu cinq ans plus tôt, et son équipage retenu pendant 103 jours. Les Serbes avaient des sonnettes (guetteurs) sur tous les accès, ils comptabilisaient toutes les nouvelles têtes. Nous l'avons fait petit à petit, avec les P4, sans comportement suspect. Les gars sautaient dans les fossés au fur et à mesure pour reconstituer la force. Au total, une cinquantaine de commandos Hubert et du GCMC, soit bien plus de dix P4, ont été nécessaires. Nous étions équipés en lourd pour ceux qui faisaient l'action dans la maison. Le GCMC était en deuxième rideau sur la maison, le C faisait le bouclage de zone, et le D opérait dans les hélicoptères chargés de l'extraction de Kra et des blessés. Plusieurs Puma étaient mobilisés, ainsi que des Gazelle Viviane qui faisaient du rens (leurs images figurent dans le documentaire que Memento Prod a consacré à cette opération).

Le niveau de risque était important. Nous avions donc des intraveineuses déjà posées, il n'y avait plus qu'à ajouter le produit. Notre toubib était novateur, super-opérationnel. Ces perfusions nous mettaient dans l'ambiance tout de suite, et nous faisaient prendre conscience du risque encouru. Quand il les posait, tout le monde était attentif. Hubert avait aussi des infirmiers.

02/06

Ci-contre

Nageurs de combat de Hubert prêts pour la revue des troupes. Leur appareil ventral leur permet de respirer sous l'eau sans faire de bulles visibles à la surface.

Ci-dessous

Commandos marine du GCMC lors d'une présentation au président Chirac à Creil.

L'action s'est déroulée assez normalement. La porte a bien été fracturée. Dans la maison ne se trouvait que la famille avec, en haut, Kra et son garde du corps. Il s'est pris la porte que nous avions également dû défoncer au bélier. Kra s'est retrouvé de nuit, en pyjama, avec quatre-cinq golgoths qui lui tombaient dessus.

Puis nous sommes partis rapidement ; j'étais gardien du temps. Le timing s'est lui aussi déroulé comme prévu. Les voisins commençaient à bouger, ils savaient qui habitait là. Ils pensaient peut-être faire une manifestation. L'objectif était de les impressionner et de leur montrer que cela ne valait pas le coup de venir vers nous.

Puis une noria de P4 a commencé à extraire toute la force, à partir du moment où l'action était réussie. Nous avons fait partir Kra jusqu'à une zone où les Puma pouvaient venir le chercher avec le pacha et le médecin du COS, un nageur de combat, présent pour témoigner que le captif était en bonne santé. Il ne l'a plus quitté jusqu'à ce qu'on le remette aux autorités. Moi, j'ai replié le dispositif en P4, sauf une petite équipe partie en hélico. Nous sommes directement revenus à l'aéroport d'où nous sommes partis en Transall pour Hyères.

PREMIER MAÎTRE NICOLAS

Ci-dessous

L'ETRACO reste associé aux commandos marine français, pour qui il a été spécialement développé.

Ci-contre

Infiltrer des commandos sur une embarcation tactique depuis un hélicoptère: plus compliqué que cela n'en a l'air!

CHEF DE MISSION AU COMMANDO PONCHARDIER, 39 ANS

Je me suis engagé en 2003 comme fusilier marin et j'ai intégré Ponchardier à sa re-création, en 2015. L'escouade mer a autant de fusiliers marins, de commandos, de mécaniciens, de manœuvriers, et d'électriciens. Nous sommes tous pilotes, tous formés aux embarcations rapides commandos (ERC). Nous sommes tous aussi brevetés parachutistes. Quelques-uns, très peu, sont chuteurs opérationnels, c'est aussi mon cas. Ce mode d'insertion peut être utile pour des déploiements particuliers.

Chacun d'entre nous a sa spécialité, mais nous arrivons vite à être touche-à-tout en travaillant tous ensemble. Avec nos machines surmotorisées, nous voulons des gens sereins, pas des fous qui veulent faire de la F1 sur l'eau. Nous sommes très vigilants sur ce point.

Nous essayons de faire des modules entiers de sept à huit semaines, d'abord sur ETRACO, car c'est un peu plus réactif et plus *punchy*. Nous laissons ensuite les stagiaires prendre en main l'ECUME, d'un plus gros calibre, et un peu moins réactive. Mais, sur la dernière formation, nous n'avons pu former que les ETRACO. Dans les métiers de la mer, comme dans ceux de la montagne, l'expérience est primordiale.

Notre pilote en formation ne doit pas être dangereux: il doit connaître les procédures avec les embarcations, et il doit être capable de faire une lecture de la mer. En Bretagne, nous sommes plutôt bien servis pour ce qui est de la mer! Nous pouvons avoir les quatre saisons en une journée: mers formées, arrondies, hachées...

Notre escouade mer comprend une soixantaine de marins. Une bande de «démerdards» aussi, car seuls, loin de tout, il faut des personnels qui ont de l'imagination, capables de réparer sur zone et dans des conditions difficiles.

Nous subissons de nombreux chocs en mer, à bord de l'ERC. De nuit, nous ne voyons rien donc nous n'avons pas peur. Les groupes commandos ont leur mission, une fois qu'ils ont débarqué, nous passons de nombreuses heures sur l'eau. Il m'est arrivé de participer à des raids de 14-15h sans bouger, sauf pour le ravitaillement. Nous ne sommes pas sollicités de la même manière que les opérateurs. Nous sommes un appui à la mobilité de leurs interventions.

Les frégates multimissions (FREMM) font partie d'un triptyque, avec ECUME et l'hélicoptère Caïman. Avec ECUME, nous avons augmenté le taux de déploiement, en parallèle de Ponchardier. L'escouade mer a gagné en volume. Son équivalent, en 2001, ne comportait que huit personnels!

Nous sommes une dizaine de chefs de raid à l'escouade. Nous ne sommes pas forcément pilotes d'ERC à l'origine, c'est mon cas par exemple, mais quand j'ai participé aux tests, j'ai préalablement passé la formation de pilote.

Puis nous enchaînons sur le cours «chef de raid», entre octobre et avril. Tout dépend du nombre de candidats. Il faut aussi disposer des différents ERC et des hélicoptères. Durant cette période, la météo est une contrainte, mais c'est très formateur.

Jusqu'en 2014, l'escouade n'avait que des chefs d'équipe commandos, au minimum. Je suis le premier BS (brevet supérieur) fusilier marin à avoir passé les sélections, puis à avoir réussi le stage. Nous avons commencé ensuite à recruter du commando et du fusilier commando à partir de 2015, puis du manœuvrier.

La formation est assez progressive, cela permet de savoir si le gars va tenir jusqu'au bout. Le stagiaire n'est pas noté comme à l'école primaire, c'est du ressenti. On regarde précisément s'il gère sa machine, sans excès. À l'inverse, s'il transporte une bande de lions derrière, il faut bien tenir la machine. S'il est fébrile, cela ne fonctionnera pas.

Des écueils sont aussi possibles pour le stagiaire-chef de raid. La faute ayant trait à la sécurité de navigation doit être évitée; il faut faire de l'anticollision à 35 kts, et éviter les cailloux. Il doit aussi être doté d'une certaine aisance orale, et il faut qu'il présente bien, car il est chef d'un détachement de l'escouade. Il doit présenter son milieu au pacha. Le pacha de la frégate connaît notre expertise; il y a donc une certaine confiance au départ, mais il faut savoir la perpétuer.

Notre milieu naturel nous pousse à l'humilité. Le vrai chef, dans tous nos entraînements et nos missions, c'est la mer. Nous avons beau faire les analyses météo sur les sites, si la mer nous met une gifle, il faut que nous soyons capables d'assurer et de la prendre. Quand nous nous retrouvons avec un flot de trois mètres et une écume blanche qui arrive de nuit, nous ne faisons pas les malins. Le chef de raid doit alors prendre une décision de *go/no-go* et rallier un port pour se mettre à l'abri. C'est un vrai boulot de marin avant tout.

CAPITAINE DE CORVETTE PHILIPPE

PACHA DU COMMANDO DE PENFENTENYO, 35 ANS

Je me suis engagé en 2004 dans la marine, en entrant à l'École navale. La marine est un milieu que je connaissais bien par tradition familiale. J'ai passé toute ma jeunesse au bord de la mer. Le milieu maritime me plaisait beaucoup ; je cherchais un métier qui alliait commandement et action.

J'ai fait ma Jeanne d'Arc alors que se déroulait l'opération Thalatine au large de la Somalie. Le fait de voir, à six heures du matin, le tarpon des commandos depuis le Georges Leygues m'a conforté dans l'idée que c'était là que je voulais aller.

Après l'année de validation du brevet de chef de quart, j'ai rejoint l'école des fusiliers pour m'engager dans le processus qui mène aux commandos marine, en juin 2009. Nous avons commencé ce cours des lieutenants (EOFC) à sept, nous l'avons terminé à trois. L'EOFC dure huit mois, dont deux mois et demi de stage commando à la fin. Sur ces deux mois et demi, nous avons fait les évaluations physiques de deux mois dans le stage commando (STAC). Nous sommes donc sélectionnés sur les mêmes barèmes que les opérateurs. Ensuite, chaque stage est différent, car l'apprentissage du métier n'est pas le même. Mais nous avons les mêmes instructeurs et la même pédagogie. Les journées durent aussi 24 h, comme pour le STAC élémentaire. La différence est que nous sommes beaucoup plus vite dans l'œil du cyclone, car nous sommes quatre stagiaires pour quatre instructeurs, le rapport nous est encore moins favorable. La sélection s'opère à plusieurs niveaux ; elle se fait aussi sur la rusticité, l'engagement physique, la volonté…

Sorti en mars 2010, j'ai été affecté à Monfort pour occuper un poste de chef de groupe, durant deux ans. J'ai d'abord été déployé, comme beaucoup, à Djibouti quatre mois pour faire mes armes et découvrir le métier. Puis j'ai été envoyé au Moyen-Orient quatre mois sur une mission différente. Nous étions présents dans ce pays pour garantir un harpon d'intervention, qui pourrait recueillir une force d'intervention plus importante si la situation dégénérait. C'est donc une mission de tenue de situation et de recueil de renseignements. Si la situation se dégrade, nous devons pouvoir proposer tout de suite une solution militaire pour réaliser les objectifs stratégiques. Nous étions dans un pays en paix, où nous n'avions pas de rôle particulier au quotidien, si ce n'est celui d'être prêt. C'est plus dur, il faut maintenir la vigilance, un état d'esprit combatif dans un environnement qui ne s'y prête pas toujours. J'avais la responsabilité de mes huit hommes, dans un ensemble plus vaste de quinze opérateurs, tous commandos marine.

À mon retour, j'ai tenté le cours nageur. Après quelques mois, j'ai dû rentrer à Lorient. Je suis retourné à l'école des fusiliers pour faire une année complète de formation. Dans ce stage EFFC, où nous étions quatre officiers, nous apprenions à devenir officier ops (opérations) en commando, soit le métier de planificateur dans les opérations spéciales, alors qu'avant je m'occupais de la mise en œuvre de ces opérations spéciales. Nous suivions également une formation au combat de niveau compagnie.

J'ai en outre passé deux mois et demi à Saint-Mandrier pour acquérir la compétence de commandant adjoint opérations sur un navire de surface. Les détachements commandos qui partent en opération maritime doivent disposer de personnels qui connaissent par cœur les bateaux de surface pour intégrer leur horlogerie fine. Il faut maîtriser la cinématique d'un bateau, son langage, et être capable de s'intégrer comme un élément du système de forces.

En sortie, je suis devenu officier ops à Jaubert, pour deux ans, puis commandant en second (2014-2016).

Le cycle est de deux ans dans les unités, sur six grandes séquences de quatre mois. Si, comme ç'a été le cas pour moi, nous arrivons au début du cycle, nous avons une montée en puissance jusqu'au déploiement opérationnel. Tous les deux ans, les commandos suivent un stage MECO[01], nous partons alors à Djibouti.

Puis j'ai pu préparer le déploiement au Sahel, d'août à novembre 2015. J'étais chef de la cellule de mise en œuvre, élément de commandement et d'appui (CELMO) déployé avec un CTLO de Jaubert.

Aujourd'hui, chaque commando est une unité d'assaut et aligne le même plan d'armement à 78 hommes. Cette standardisation nous a permis de gagner en réactivité, en capacité d'entraînement, en organisation générale. Il y a beaucoup moins de patchworks quand nous nous déployons. Nous gagnons en cohérence d'ensemble sur chacun de nos déploiements. C'est une chance, pas un risque. Nous pouvons dire que l'esprit de chaque unité est moins puissant, mais l'émulation entre commandos persiste. Cette nouvelle organisation permet de passer plus facilement d'un commando à l'autre.

Les opérations engagent énormément, nous n'avons pas le droit d'être le maillon faible. Mon travail est de préparer les hommes au combat le plus violent. Notre histoire nous apprend que nous y serons confrontés. Cela amène une émulation incroyable, et une certaine pression pour être à la hauteur.

01 Mise en condition opérationnelle.

Haut
En février 2020, les opérateurs du commando de Penfentenyo prennent d'assaut un fort de la presqu'île de Quiberon, de nuit.

Bas
Un tireur de précision de Penfentenyo, lors d'un stage à Djibouti en 2019.

PREMIER MAÎTRE JÉRÔME

Ci-dessous

Le Skylark fut très longtemps le drone de référence des forces spéciales.

CHEF DE CELLULE DRONES AU COMMANDO KIEFFER DEPUIS 2018, 34 ANS

J'ai seize ans de marine derrière moi, dont quinze en commandos. Je me suis engagé à 18 ans ; quand on sait ce qu'on veut, ça va vite. J'étais d'origine bretonne et j'avais l'idée de faire un métier atypique au sens large, et hors du commun aussi. La marine offrait un panel de capacités, de compétences et de carrières multiples. J'ai signé un contrat de dix ans, fin 2003. Pendant quelques mois, j'ai été affecté en compagnie de fusiliers marins (CIFUSIL) à Brest. Mon STAC s'est bien passé, je suis sorti major de promo en 2005. C'est un excellent souvenir. Nous sommes sortis à seize, au départ nous devions être environ cent. Léon Gautier m'a remis mon béret vert à Ouistreham en novembre. C'était un honneur que ce soit lui. C'est un très beau souvenir, et j'ai pu échanger succinctement avec lui.

J'ai été opérateur puis chef d'équipe à Montfort. J'ai passé le BS (brevet supérieur) chef de groupe puis j'ai servi quatre ans à Penfentenyo et, depuis trois ans, je suis à Kieffer.

Afghanistan, Afrique, Moyen-Orient... j'ai eu la chance de faire tout le spectre pour nos deux employeurs, le COS et la marine. Pour cette dernière, j'ai notamment fait de la police des pêches, des narcops. J'ai aimé les deux milieux, la mer comme la terre. Sincèrement, l'un ne va pas sans l'autre, et on retrouve cette dualité dans les commandos marine.

Après mes trois affectations comme opérateur, chef d'équipe puis chef de groupe, je voyais comme une très belle carte le fait de passer en groupe appui, avec un domaine pointu en pleine évolution, surtout dans les drones. Plus une seule mission n'a lieu sans drones. C'est un challenge.

La cellule emploie la valeur d'un groupe, et nos personnels sont déployés en binôme. Tous sont capables d'opérer le drone, de le maintenir et de le réparer s'il y a un peu de casse ou de panne. L'avantage est qu'à Kieffer vous avez des gens issus du sérail commando (comme moi), et d'autres spécialités de la marine qui apportent leur plus-value en électronique et mécanique. C'est une spécialité accessible à des femmes. Il y en a d'ailleurs à Kieffer en soutien ou en opération, mais pas en droniste.

Ci-dessous

Le Commando Kieffer a testé aussi ce Wasp III, insubmersible.

Pour opérer en appui direct des groupes action, un cursus spécifique a été déterminé. 50 % de nos personnels sont des commandos de spécialités, et les autres, des techniciens qui apportent leur compétence.

Nous avons du nanodrone au minidrone. Nous avons beaucoup de projets en cours et à développer. Le drone peut être marin, terrestre, multimilieux. Le Black Hornet est utilisé en groupe d'assaut, comme les microdrones quadricoptères. La cellule se renforce sur minidrone. Historiquement, nous utilisions le Skylark, mais nous avons déployé le Puma depuis quelques années. Nous sommes très contents de cet appareil, il répond au panel de missions demandées, et s'avère polyvalent.

Avec le Puma, nous avons été éclaireurs d'innovation, mais cela marche dans les deux sens : les autres composantes ont pu identifier des matériels pour nous.

En cellule drone, nous faisons de l'appui spécialisé au profit des autres compétences qu'il faut maîtriser. C'est plus facile pour les commandos, sélectionnés et passés par le sérail. Pour les autres, le processus est sélectif. Il y a un tronc commun combattant et des compétences techniques. Il faut réfléchir vite, faire plusieurs choses en même temps. Une fois le vecteur au sol, nous pouvons être amenés à devoir utiliser nos armes. Il faut être conscient que, même si nous pouvons avoir l'impression que les dronistes sont derrière, ce n'est pas du tout le cas. Ils sont au contact, exposés au feu. Il faut des opérateurs polyvalents.

Nous avons déjà eu, régulièrement, des opérateurs décorés pour leur engagement au combat. Le métier principal, c'est le drone. Ils ont donc été décorés comme dronistes, pour la qualité du renseignement produit. Mais le droniste n'est pas juste télépilote, la mission comporte une grosse partie de traitement de l'information. « *Derusher* » deux heures de vidéo ou 500 photos nécessite un traitement en fonction de ce qui est demandé par le J2[01] ; il faut être capable de dégrossir. Le cycle va très vite dans une task force (TF). Il faut se reconditionner, amener l'information.

01 Spécialiste renseignement en état-major.

MAÎTRE PRINCIPAL GÉRALD

Ci-contre

Le fanion du Commando Kieffer, cité à deux reprises en seulement 12 ans.

CHEF DE MISSION AU COMMANDO KIEFFER, 40 ANS

Je suis sorti de Maistrance[01] dans la spécialité fusilier marin. J'ai obtenu le certificat d'aptitude technique (CAT) après six mois passés à Lorient, puis je suis allé au chef d'équipe et, enfin, au stage commando en 2001. Nous étions une vingtaine à sortir — sur les cent-dix du début.

Physiquement, j'ai été surpris par l'enchaînement des activités. J'étais épuisé à la fin du stage commando (stage co, ou STAC). À l'époque, nous étions beaucoup moins informés que maintenant. À mon avis, les candidats actuels sont plus matures, ils connaissent le cursus, ils savent tout.

Sur mon STAC, on n'avait pas la possibilité de choisir alors que certains commandos avaient plus de besoins que d'autres. J'ai été affecté à Penfentenyo. Assez vite, au bout de dix-huit mois, je suis allé au chef d'équipe, que j'ai réussi, et je suis retourné dans mon groupe comme chef d'équipe. La plupart du temps c'est possible, mais tout dépend des besoins. Dans mon cas, le chef d'équipe était chef de binômes, ou d'une *small team* de trois ou quatre; c'était le format en cellule rens.

En arrivant au stage chef d'équipe, nous sommes plus affûtés physiquement, nous avons plus de maturité. Je l'ai passé plus facilement que le STAC. Je suis resté jusqu'à Penfentenyo en 2007, puis j'ai basculé en groupe spécialisé en renseignement opérationnel (R-OPS), maintenant en équipe spéciale de neutralisation et d'observation (ESNO). Je suis ensuite parti pour devenir pilote d'ETRACO et opérateur radio au sein du secteur vecteur nautique commando (SVNC), aujourd'hui l'escouade mer du Commando Ponchardier.

Je suis parti au BS (brevet supérieur) pour être chef de groupe. Lors de ce stage, j'étais le bidou[02]. À 33 ans, ça fait bizarre. L'enchaînement des activités au STAC fait que nous sommes plus impactés qu'à 20 ans. À mon époque, c'était un stage de deux mois avec une semaine de présélections intenses. Nous faisions tous les parcours et toutes les marches. En sortie, j'ai été un an instructeur au stage co, comme adjoint au patron de formation. Nous avons essayé d'améliorer des choses par rapport à notre expérience. Rester des heures debout, par exemple, n'était pas très utile. Nous avons amélioré le stage grâce à notre vécu opérationnel. Or, depuis 2000, j'étais pas mal parti en mission.

À l'issue, j'ai rejoint Trépel comme chef de groupe (2012-2015). La rusticité n'est pas la même à terre qu'en mer. Mais en mer, évoluer sur *Futura*[03] demande de la rusticité, la façon de durer est différente.

Je suis parti au stage chef mission en 2015-2016, et en 2016, je suis parti trois ans à Montfort comme chef mission, avant de basculer à Kieffer dans la même fonction à l'été 2019. Le chef mission s'occupe, en France ou à l'étranger, de tout ce qui est relatif à la planification et à la mission. Il est le binôme de l'officier ops, la plupart du temps un officier direct, qui a en général moins d'expérience opérationnelle.

Nos officiers «gazent» pas mal, c'est une génération plus spontanée. Ils passent leur sélection chez les commandos, cela permet une relation directe avec eux.

Être chef mission à Kieffer ressemble à ce que j'ai fait en commando d'assaut. Il faut planifier les entraînements en France et les déploiements. L'unité possède neuf cellules thématiques: l'appui au renseignement spécialisé avec des analystes; l'appui électronique; l'appui numérique en lien avec le bureau innovation de Kieffer, ce qui comprend la cyberdéfense; l'appui cyno avec des chiens qualifiés en recherche d'explosifs et en attaque; l'appui drones avec les Puma, alors que les nanodrones Black Hornet et les minidrones quadricoptères sont voués à évoluer en groupe CTLO; la cellule commandement (CT); les munex qui sont nos dépiegeurs; les spécialistes NRBC[04]; et le gros *pool* SIC[05] — radio pour l'état-major d'Alfusco et les états-majors de TF ou CJSOTF. Kieffer travaille aussi les champs immatériels comme l'influence. Les grosses cellules sont les drones, les SIC, et les cynos vont beaucoup augmenter. Nous permettons d'augmenter les capacités des commandos; c'est notre fer de lance. Le format est à quatre-vingts hommes et femmes, et à cinquante-cinquante des commandos et des non-commandos.

Parmi les choses qui ont changé depuis que je suis en commando, il faut citer mon ouverture d'esprit envers les jeunes. Je trouve que les jeunes arrivent beaucoup plus matures. Dernièrement, je suis parti avec un chef de groupe dont j'étais l'instructeur, tout comme pour des chefs d'équipe. Nous sommes forcément satisfaits quand on voit ces jeunes évoluer.

C'est une fierté d'appartenir à Kieffer, qui porte le nom du créateur des commandos. L'un de mes meilleurs souvenirs est très récent, et s'est déroulé en mission, de nuit, en mer, avec un assaut de vive force.

01 L'école des officiers mariniers.

02 Bidou, le plus jeune du carré des officiers mariniers à bord d'un navire et, par extension, le plus jeune d'une promotion.

03 Embarcation compactable à moteur hors-bord de 4,90 m de long.

04 NRBC, nucléaire, radiologique, bactériologique et chimique.

05 Systèmes d'information et de commandement.

KIEFFER

PREMIER MAÎTRE NIGUELA

Ci-contre

Cet instructeur des commandos marine ouvre la voie à un opérateur des forces spéciales mer sénégalaises, sous l'œil d'Édouard Philippe.

CHEF DE GROUPE CTLO AU COMMANDO JAUBERT, 41 ANS

Je suis guadeloupéen et je suis entré dans la marine il y a vingt ans. J'ai servi comme fusilier marin puis j'ai postulé pour le STAC. J'étais forcément préparé à ce STAC, car comme fusilier marin j'ai côtoyé des commandos marine. Nous avons commencé à cent-quarante pour terminer à vingt-six. Voir ceux qui avaient déjà le béret vert était ma motivation : je voulais faire partie de ces hommes-là. En sortie de stage, j'étais huitième. Je savais déjà où je voulais aller, à Trépel, où avait servi un de mes anciens cadres.

Pendant le STAC, nous apprenons tout, les instructeurs sont là pour nous tester. Mais c'est au commando que nous apprenons le métier. Nous avons tout à apprendre, d'ailleurs, surtout pour ceux, comme moi, qui ont été longtemps fusiliers marins. Nous repartons à zéro ; à part la marine, nous réapprenons tout.

J'ai vu ce que j'ai vécu en compagnie de fusiliers marins (CIFUSIL) multiplié par deux, voire par trois. Et le train ne s'arrête pas, c'est à nous de rattraper le wagon. Une fois que nous sommes accrochés, on l'est pour de bon, mais le plus dur, c'est de rattraper le train. Nous devons nous adapter, c'est à nous de cravacher, de travailler deux fois plus.

Environ deux mois et demi après notre arrivée, nous étions déployés à Djibouti. Depuis, j'ai effectué un déploiement tous les ans et demi. C'est gérable.

Les commandos marine ont une capacité à se remettre en question, car notre béret vert est remis en jeu sur chaque stage. J'ai passé trois STAC pour arriver chef de groupe. Aujourd'hui, j'ai la responsabilité de dix-neuf opérateurs CTLO.

Le CTLO que j'ai rejoint en 2011 se situe à un niveau supérieur. On y arrive d'abord par le volontariat. Il faut passer des tests pendant une semaine, et bien sûr les réussir. Sincèrement, je ne pensais pas avoir un jour de telles responsabilités. J'espère continuer dans la spécialité, démontrer et prouver que les gradés peuvent me faire confiance, donner tout ce que j'ai appris, et donner aux jeunes.

Peu importe le niveau d'études ou la condition physique que les candidats estiment avoir, le plus important est de tenter l'aventure si cette spécialité leur plaît. Il n'y a pas de niveau minimum pour entrer chez nous. Je ne suis pas entré avec un très bon niveau, je n'étais pas le meilleur en classe, mais j'aimais aller en sport ; je cravachais pour continuer. Nous ne pouvons pas le savoir tant que nous ne sommes pas venus : la volonté est la plus forte !

SECOND MAÎTRE NICOLAS

Ci-dessous

Le parcours commando, à Lorient, où passent et repassent les opérateurs durant leur vie.

CHEF D'ÉQUIPE GAS AU COMMANDO JAUBERT, 30 ANS

Je suis arrivé dans la marine en 2013, engagé comme quartier-maître de la flotte (QMF), et j'ai pu tenter le STAC en 2014. J'avais servi au 2ᵉ RIMa où je m'étais engagé en 2008 après mon bac. En Afghanistan, j'avais aperçu pour la première fois des forces spéciales, sans pouvoir leur parler.

Mon expérience comme chef d'équipe 600 a été un plus. Je gérais un binôme tireur d'élite et tireur Minimi. Je voulais en voir davantage, entrer dans les FS. C'est le côté maritime qui m'a le plus attiré, car nous pouvons intervenir dans tous les domaines. Nous étions un peu plus d'une centaine au STAC (qui s'est terminé à une vingtaine). Il y avait un autre soldat de l'armée de terre, un légionnaire du 2ᵉ REP. C'était un STAC de printemps qui s'est terminé par une remise de béret pendant les 70 ans du débarquement, à Ouistreham, avant la cérémonie internationale. Un commando m'a remis mon béret. En commençant la carrière ainsi, on n'a plus de problème de motivation ensuite !

J'ai été affecté à Jaubert, où je suis devenu chef d'équipe GAS depuis. Selon les missions, je commande entre un binôme et une équipe de cinq à six commandos au maximum. Le groupe comprend une vingtaine de commandos. Je rends compte à un chef de groupe ou à son adjoint. Les GAS sont interchangeables, avec les mêmes capacités.

J'ai été déployé trois fois dans des missions au sol, au Moyen-Orient et en Afrique, mais je n'ai accompli pour l'instant aucune mission maritime.

Ci-dessous

Commandos marine investiguant des locaux à Djibouti, en 2019.

Chaque groupe a son propre état d'esprit. Quand vous êtes chef d'équipe, vous avez du recul, vous devez apporter votre savoir, les petites astuces que vous avez. Même si la formation est bien faite, en tant qu'anciens, nous avons des astuces qui nous sont propres, des choses à apporter. Nous gérons les personnels plus jeunes, ceux qui viennent d'arriver, comme c'est le cas actuellement. Il faut avoir l'œil partout, être derrière eux. Nous cherchons du personnel autonome.

En opération, j'ai connu des moments forts, je suis opérateur de premiers secours au combat (OPSC) depuis trois ans. J'ai déjà été amené à prendre en charge des camarades blessés.

Dans ce domaine, je me mets beaucoup de pression pour avoir les connaissances théoriques et pratiques à niveau, c'est un domaine où c'est vital. L'OPSC se charge des gestes invasifs, la cognotomie, l'exsufflation, la perfusion et dispose d'un sac dédié de 10 kg.

Outre l'OPSC, j'ai passé différents stages de second ordre, et je me suis spécialisé sur certaines armes : tireur Dillon depuis un VLRA ou un VPS, tireur missiles Javelin et MMP (missile moyenne portée).

F795

CF JÉRÔME

PACHA DU COMMANDO PONCHARDIER, 43 ANS

Je suis entré dans la marine en 1996, par Maistrance. J'en suis sorti comme mécanicien d'aéronautique navale (MECAE). J'ai servi sur chasseur de mines avant d'intégrer les commandos en 2005.

J'ai d'abord servi à Montfort puis Jaubert, Kieffer, à l'état-major, à Alfusco, puis j'ai suivi les enseignements de l'école de guerre. J'ai principalement participé à des missions en Afghanistan et en BSS pour le COS, et en océan indien pour la marine, à travers Thalatine[01].

L'effectif de Ponchardier varie en fonction de nos besoins et des années. Il se situe entre 150 et 180 marins.

Au bout d'un an et demi de commandement de cette unité, j'observe la diversité du personnel. Il y a une minorité de commandos et une quinzaine de spécialités qui viennent de toute la marine. C'est un *melting pot* de ce que la marine sait faire de mieux en ressources humaines. Mécano naval, électricien, guetteur sémaphorique, armurier… Tout ce dont Ponchardier et Forfusco ont besoin cohabite. Notre but est que ces quinze spécialités fonctionnent entre elles, puis en appui des commandos d'assaut.

Le niveau technique demandé pour nos vecteurs fait que nous avons besoin d'un niveau d'encadrement élevé. Notre moyenne d'âge est de quatre années supérieure à celle des autres commandos. Et, pour une fois, le pacha n'est pas le plus vieux.

J'ai du personnel militaire totalement projetable. Ponchardier est aussi la seule unité qui possède du personnel civil non projetable, sauf si un contrat de réserve a été choisi. Nos civils tiennent les murs quand nous connaissons un fort taux de déploiement, ce qui est régulièrement le cas. Ponchardier est déployé sur tous les théâtres COS et Marine nationale.

Ponchardier soutient l'innovation des commandos. Nous offrons un panel de compétences avant le départ du commando. Le commando ne fait pas beaucoup de conception et fabrication assistées par ordinateur (CFAO). Il vient avec un carton, et l'atelier crée la première ébauche puis réalise l'équipement en interne. Cette façon de fonctionner offre de la souplesse, et répond aux besoins immédiats. Beaucoup de matériels qu'on retrouve aujourd'hui sur étagères sont nés de cette façon, notamment la perche d'assaut, le brancard-filet, des customisations de nos VPS, etc. Ce sont des compétences délicates à maintenir, mais elles nous permettent de réduire notre cycle de conception de façon empirique, et de réaliser des petites séries de matériel à la demande. C'est un travail permanent, car ce qui était innovant à une époque est devenu la règle : les commandos en ont besoin.

Le nom de Ponchardier est lourd à porter. Cet officier était un sacré homme et son nom est générateur de beaucoup de fierté, de l'opérateur au pacha. Il a été sous-marinier, pilote, il a mené des actions clandestines et de l'action indirecte, il a commandé des unités mixtes de marins et de marsouins, il a recommandé un porte-avions ! Le personnage correspond bien à la diversité des profils et au recrutement diversifié auquel nous procédons.

Désormais, les personnels sont régulièrement engagés sur tous les théâtres (COS, Marine nationale), avec notamment du narcops[02].

La fameuse phrase « pas un pas sans appui » s'illustre chez nous par l'explosion du besoin de compétences pointues de Ponchardier, comme Kieffer, que les FS intègrent, et par le panel d'actions que nous arrivons à réaliser aujourd'hui. Le job du commando d'assaut est devenu tellement complexe qu'il ne peut intégrer de telles capacités.

Piloter une ECUME lancée à 45 nœuds contre un ferry dans une mer formée n'est pas un sport de masse.

Il n'y a pas de condescendance de la part des commandos d'assaut : nous sommes tous dans le même bateau !

01 La libération des trente otages du Ponant, puis la récupération d'une partie de la rançon versée, à terre, en Somalie.

02 Opérations contre le trafic de drogue en haute mer, contre des cargos et porte-conteneurs, des voiliers ou des *gofast*.

Haut

Cet affût pour missile de moyenne portée a été réalisé par le Commando Ponchardier.

Bas

L'ETRACO sera remplacé dans la décennie 2020, mais s'en séparer est déjà un déchirement pour ses pilotes.

SECOND MAÎTRE DAVID

ESCOUADE TERRE, COMMANDO PONCHARDIER, 27 ANS

Mon père est commando marine à Ponchardier. Il a une trentaine d'années d'ancienneté, et il a été l'un des premiers pilotes d'ETRACO. Mon objectif était d'intégrer la force à mon tour.
Je suis passé par l'école des mousses pendant un an (j'en suis sorti à 17 ans avec une formation de mécanicien naval). J'ai été affecté sur la frégate Forbin, de 2010 à 2013. Je suis arrivé à Lorient fin 2014, et j'ai intégré l'escouade terre comme pilote-mécanicien opérationnel (PMO), ce qui demande de la polyvalence. Nous sommes à la fois mécanos, pilotes de véhicule et gunners.

Tous les huit mois, je pars en opération pendant quatre à cinq mois, forcément à terre.

En mission, la partie mécanique est primordiale, et c'est aussi la plus fatigante. Nous partons en opération et, au retour, nous nous occupons des véhicules. C'est la priorité.

Nous pouvons avoir la bonne pièce pour réparer, mais il m'est arrivé de ne pas avoir ce qu'il me fallait. Nous nous renseignons alors avec les partenaires qui nous entourent. Il faut trouver une solution, quelle qu'elle soit, pour que la mission puisse continuer.

Comme un pilote d'ETRACO, le PMO connaît ses véhicules par cœur.

Ma première opex, la plus importante, est arrivée fin 2017. Nous avons vraiment découvert les choses à ce moment. Cela n'avait rien à voir avec Djibouti, où nous nous entraînions au désert.

Certains d'entre nous viennent sans formation mécanique. Tous les moteurs se ressemblent un minimum. Sur le Forbin, j'étais mécano à la propulsion sur du moteur diesel et des turbines à gaz. C'est une bonne école en mécanique, et c'est là que j'ai appris l'essentiel : rigueur, discipline, travail. Vous avez une autre vision en arrivant en commando.

J'ai bien évolué à Lorient grâce à des postes à responsabilité, des projets à suivre (que je ne peux pas détailler ici), et, le plus important, la confiance de mes gradés. En mission, nous commençons petit, nous pouvons ensuite être chefs mécaniciens.

Mon parcours m'amènera à retourner en mer, à prendre un poste à responsabilité machine sur un bateau. C'est là que je suis comblé ; la mer me manque un peu. Trois années de bateau ne peuvent me faire que du bien, me faire évoluer, et me faire revenir avec une autre vision.

L'école des mousses m'a beaucoup appris. C'est une école avec une scolarité basique. La discipline est la première chose que l'on apprend. Puis on apprend le travail de marin en général : l'attitude à avoir, être propre sur soi, savoir se débrouiller... Il faut se prendre en main. Nous sommes quelques anciens mousses à Lorient. Il y en a un que je connaissais avant d'intégrer l'école des mousses. L'un est à Jaubert, et un autre à Ponchardier, comme plieur de paras.

Ci-dessous

Des VPS marine prêts à partir en opérations, après révision chez Ponchardier.

PREMIER MAÎTRE WILL

MUNEX, COMMANDO KIEFFER

J'ai vingt-deux ans de service, dont quinze comme commando. J'ai servi dix ans en GAS à Trépel, entre 1998 et 2007, avec des déploiements en Afrique et en Afghanistan, puis je suis devenu plongeur-démineur (GPD), affecté en Méditerranée. Je suis revenu à Lorient en 2015, à Kieffer, cette fois.

Je ne compte plus mes opex, quand on aime, on ne compte pas (*rires*).

Mon emploi à Kieffer me permet de lier le munex[01] des plongeurs-démineurs et la partie commando. J'ai une vision oblique par rapport aux EOD, qui sont des purs produits d'Alfusco. Cela permet d'avoir un avis différent.

Nous sommes six dans la cellule de Kieffer. Il faut être bon technicien, bon guerrier, volontaire, et autonome. Nous avons une façon de travailler différente de celle des GPD (un bon esprit d'équipe, la volonté, le goût du dépassement de soi).

Au total, nous ne sommes qu'une dizaine d'EOS pour répondre aux besoins du COS. Nous priorisons les mandats les plus intéressants pour le COS et nous faisons appel au réservoir opérationnel avec le GAOS, où quelques personnels du 17ᵉ RGP sont identifiés pour les missions moins sensibles.

Nous avons mis en place des munitions avec le pôle interarmées situé à Angers (PIAM) et, il y a trois ans, nous avons mis en place la formation dépiégeur de combat pour les opérateurs du COS. La formation dure trois semaines. Sur une situation particulière, le dépiégeur va apporter des compétences précises qui aideront son groupe à se sortir des ennuis. Il peut marquer, contourner, déplacer, faire un petit geste technique sur un engin piégé. L'EOD, lui, est spécialiste du sujet et peut faire de la neutralisation. Il est formé en trente-sept ou trente-neuf semaines.

Les munex de Kieffer sont compatibles avec tous les groupes contre-terrorisme et libération d'otages (CTLO), tout en étant référents de l'un d'entre eux. Pour ma part, je suis référent de Jaubert avec qui je suis déployé en priorité, mais j'ai déjà été en opération avec le 1ᵉʳ RPIMa et le CPA 10.

Pour ce qui est du matériel, les munex ne sont pas des enfants gâtés : nous essayons de privilégier des équipements adaptés à notre besoin, sans superflu. Nous allons à l'essentiel. Je travaille beaucoup avec mon *hook*, un touret avec du fil. J'emploie aussi beaucoup de poches à eau pour disloquer certains objets piégés. Je dispose également de montages artisanaux, c'est-à-dire d'explosifs que j'utilise sur les IED pour ne pas les détruire et pour réaliser le SSE[02].

Le munex est aussi spécialiste en effraction chaude et en brêchage. Chaque CTLO (et chaque GAS) dispose déjà d'un opérateur capable d'effraction chaude et froide.

Cette spécialité demande de la persévérance physique, et il faut savoir se remettre en question. Un bon EOD est un vieil EOD. Il faut rester humble : si on ne sait pas, on ne fait pas. Le munex doit avoir une analyse fine, il doit savoir prendre en compte plusieurs choses, comprendre et gérer la SITAC, être un bon technicien... En sélection, beaucoup de candidats sont victimes de l'« effet tunnel » et font abstraction d'un ou deux points.

Un moment fort vécu en groupe me revient : je suis à la porte de l'hélicoptère, nous partons sur une opération, l'air chaud vient fouetter mes jambes. Quand je me retourne, le largueur, avec ses doigts, me fait signe et me donne le temps qui nous reste avant l'opération...

01 Expertise en munitions et explosifs.

02 *Sensitive site exploitation* : recueil d'indices tactiques.

Ci-dessous

Le futur munex doit, comme tous les marins, être à l'aise dans l'eau. Ici, lors du stage commando initial.

PREMIER MAÎTRE GERMAIN

ESNO DU COMMANDO JAUBERT, 37 ANS

Je me suis engagé en 2003 dans la marine, j'ai passé le STAC en 2005, et j'ai rejoint Penfentenyo en 2006. À l'époque, le commando avait une dominante renseignement. Assez rapidement, j'ai été formé au renseignement d'origine humaine (ROHUM), puis j'ai intégré le R-OPS, en 2010.

C'était un groupe spécialisé de Penfentenyo, qui a fusionné avec le *pool* tireurs d'élite longue distance (TELD) de Montfort en 2012 pour devenir les ESNO actuelles. L'une d'elles a été créée à Montfort en 2012, puis à Penfentenyo en 2013. J'ai ensuite été affecté au Commando Kieffer, à la cellule analyse du renseignement (J2), de 2014 à 2016. Puis j'ai rejoint l'ESNO de Monfort et, ensuite, celle de Jaubert quand elle a été créée en 2018. L'ESNO de Montfort a été scindée en deux afin d'alimenter Jaubert.

Je suis équipier ou adjoint dans un groupe; nous donc pouvons travailler en petit volume, en cellules. Nous sommes une dizaine, et nous faisons en sorte d'être polyvalents dans notre domaine de compétence. Nous utilisons des fusils de différents calibres: du 7,62 mm au 12,7 mm, français et étrangers, en passant par le .338, ainsi que du 5,56 et du 9 mm.

Je fais un travail passionnant, et j'apprécie l'autonomie. Un tireur d'élite (TE) est amené à travailler au sein de son équipe, mais avec une certaine autonomie, car il sera isolé du reste de son groupe. Un jeune va avoir besoin de se débrouiller seul ou en binôme.

Ci-contre et ci-dessous

L'opérateur de l'ESNO doit être capable de s'infiltrer et de s'exfiltrer discrètement et, entre les deux, il doit parfois attendre très longtemps en position.

Nous intervenons sur terre, sur mer, et dans les airs, dans les hélicoptères des trois composantes. L'un des charmes de notre métier de commando est cette polyvalence dans les métiers, les compétences et les vecteurs.

Nous tendons à ce que tous les équipiers soient AFTE (appui-feu tireur embarqué) à la portière d'un hélicoptère, avec ou sans affût porteur. Nous avons développé la chute opérationnelle, essentielle dans les groupes spécialisés. Je suis breveté chuteur opérationnel (chutops) depuis 2010. Ce n'est pas un prérequis, mais tous les groupes spécialisés sont voués à être insérés par la voie des airs.

Je pense rester quelques années encore en ESNO, avant de donner de l'air à ma famille qui va avoir besoin de faire une pause, notamment mon enfant de deux ans. J'ai eu la chance de pouvoir être présent lors de sa naissance. Pour pouvoir être concentrés sur notre mission, nous ne devons pas être accaparés par des difficultés familiales. Nous essayons de ménager autant que possible nos familles, nous sommes conscients de ce que nous leur demandons. Quand je suis parti en mission, mon enfant avait un an et demi et, même à cet âge-là, il le vivait mal. Nous visualisons au retour les dommages causés par l'absence.

Le cycle mis en place nous permet de nous projeter et nous offre une visibilité pour nos familles. En ESNO, nous allons deux fois plus souvent que les autres à Djibouti, lors de la mise en condition opérationnelle (MECO). Pour les opérations, nous nous adaptons à l'actualité et à la géopolitique. Les missions tournent vite, nous enchaînons, j'ai plus d'une dizaine d'opérations à mon actif. Nous sommes employés dans des contextes porteurs.

MÉDECIN-CHEF SÉBASTIEN

Ci-contre

Des mannequins et des humains parfaitement grimés sont utilisés pour les mises en situation réalistes des personnels.

7e ANTENNE MÉDICALE SPÉCIALISÉE DE LORIENT, 50 ANS

Je suis entré à Santé navale en 1990, puis je suis devenu médecin d'unité en 2000. J'ai notamment servi au GIGN à partir de 2007, avant rejoindre Lorient en 2014. Nous sommes cinq médecins et une douzaine d'infirmiers. Certains sont qualifiés chuteurs opérationnels, c'est mon cas. J'ai été formé au GIGN comme chuteur, puis comme chuteur opérationnel à Lorient, dans un stage interne.

On se remet beaucoup en question lorsque l'on intègre les commandos. Il faut réapprendre un grand nombre d'éléments, notamment tactiques. Nous nous greffons donc sur la MECO d'un commando qui se prépare à partir. Cette MECO nous remet à niveau dans plusieurs types de domaines: franchissement, progression, projection à Djibouti. Cela permet d'approfondir les savoir-faire nécessaires pour accompagner les commandos.

J'ai participé à cinq déploiements depuis 2014, uniquement des missions de quatre mois au sein des TF du COS. À part dans la dernière mission, je suis toujours allé sur le terrain avec les groupes. J'ai aussi été déployé avec d'autres unités du COS, même si, en général, j'étais avec des marins.

On trouve des marqueurs spécifiques dans chaque composante, même si on identifie aussi un «socle commun». Par exemple, dans la marine, on retrouve généralement une certaine humilité, liée aux capacités de franchissement nautique qui sont compliquées. La mer rend humble.

En général, nous sommes déployés en binôme avec un infirmier. Notre but est d'offrir à Alfusco une capacité de soutien médical intégrée qui va du ramassage du blessé, y compris très grave, à l'évacuation. Il faut s'appuyer sur ce binôme médecin-infirmier, même si on n'oublie pas l'OPSC ou le PSE qui fera les premiers gestes. Notre binôme est ce dont un blessé très grave a besoin. Nous pouvons avoir plusieurs blessés à gérer, c'est donc bien d'avoir des médecins et infirmiers, ainsi que des SC1, SC2 et OPSC qui sont toujours d'une aide précieuse.

La formation continue de chaque personnel dans les antennes permet de progresser: on s'appuie sur des stages comme la mise en condition de survie du blessé de guerre (MCSBG), des gardes dans les SAMU, à la brigade des sapeurs-pompiers de Paris (BSPP), au bataillon de marins-pompiers de Marseille (BMPM). Faire cette formation continue est un challenge, et progresser nécessite une attention de chaque jour.

La médecine de guerre n'est pas révolutionnée tous les matins, mais nous avons travaillé sur des capacités comme la transfusion à l'avant, voire à l'extrême avant. Plus nous transfusons tôt un polytraumatisé, plus ses chances de survie augmentent. C'est aussi le cas pour un blessé de guerre grave. Nous avons développé et développons encore des solutions pour amener des poches de sang dans le sac médical en mission.

Le poids du sac et son contenu changent tout le temps. Tout dépend de la durée et de la nature de la mission. On prévoit toujours un peu plus: mon sac de 60 litres pèse 15 kg en moyenne. L'une des clés pour ne pas porter 50 kg sur le dos — même si cela peut arriver — est de répartir dans les TIC (trousse individuelle du commando) une partie de ce qui servira à soigner leurs porteurs: du soluté, une syrette de morphine, des pansements compressifs.

Dans mon sac, on trouvera de quoi arrêter une hémorragie, des drogues comme l'adrénaline et dérivées, et des drogues anesthésiques. Et aussi de quoi faire une perfusion intraosseuse ou normale, un kit pour perfusion plus complexe, de quoi remplir le blessé. J'ai toujours du plasma lyophilisé conçu par le service de santé des armées (PLYO); cela constitue une très grosse avancée dans notre capacité à prendre en charge des blessés. Le PLYO n'est pas lourd, résiste au froid et à la chaleur, et c'est un facteur de coagulation du blessé. Le sac contient aussi de quoi ménager les voies aériennes, un kit de thoracotomie, et de quoi traiter les détresses vitales.

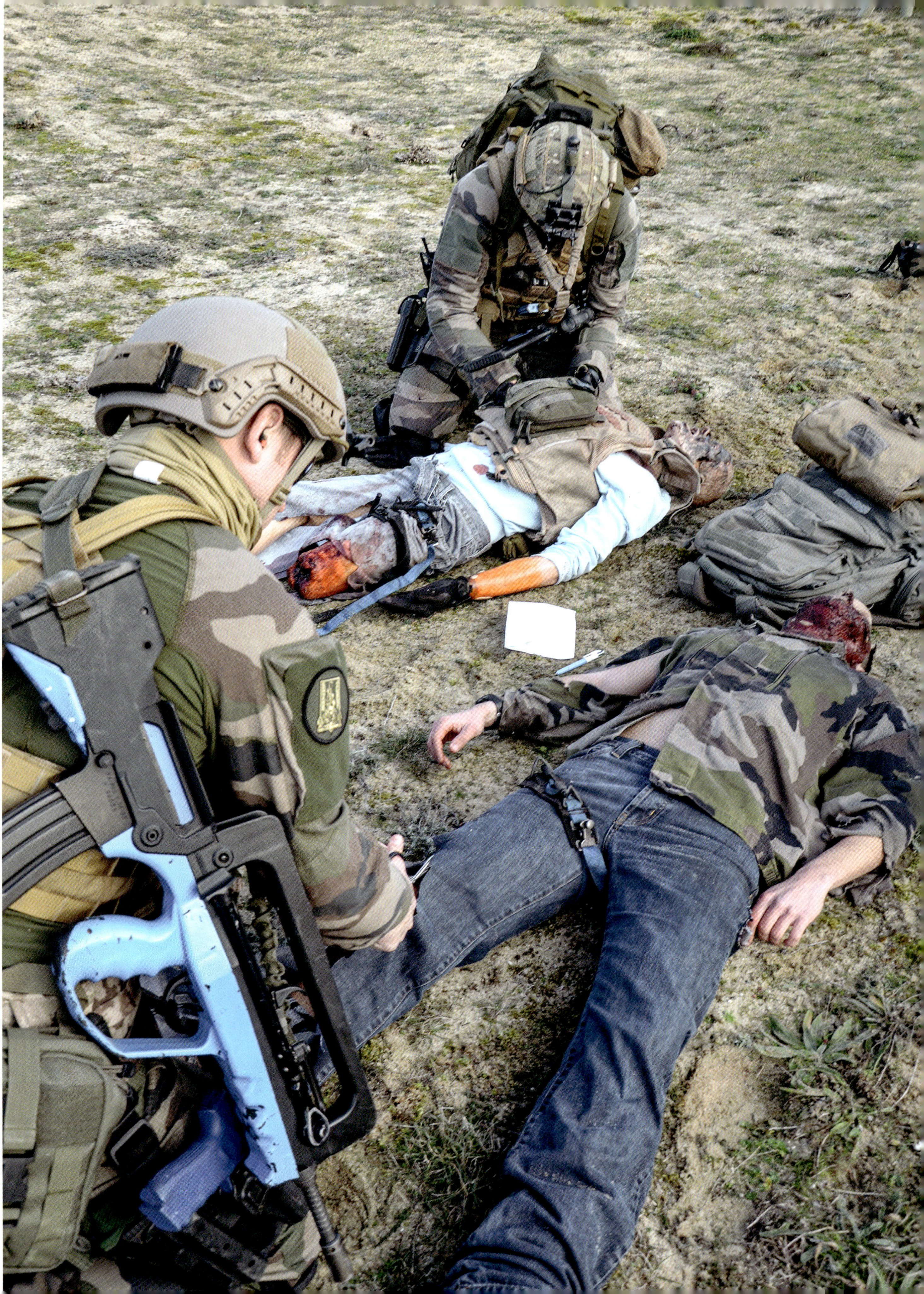

INFIRMIER EN SOINS GÉNÉRAUX (ISG2/MP) SÉBASTIEN

7e AMS, 37 ANS

Je suis Lorientais, fils de parents militaires. Mon père était commando marine, ma mère, marinette.

J'ai intégré Maistrance puis, en 2003, l'École du personnel paramédical des armées (EPPA) de Toulon, dont je suis sorti en décembre 2006. En janvier 2007, j'ai choisi Lorient, que je n'ai quitté qu'une fois pour un autre poste à Abu Dhabi (2015-2018).

J'ai fait ma formation TAP[01] ici et je suis resté à la base Fusco pendant un an, le temps de me former comme secouriste, puis j'ai servi comme infirmier commando au sein du Trépel (2008-2015).

À l'époque, on faisait de petits tests, on sondait pour voir si l'infirmier avait des réactions saines, car je n'avais pas de formation tactique. De façon générale, le CTLO doit faire confiance à ce nouveau, ne pas choisir un infirmier qui ferait des bêtises avec ses armes.

Puis j'ai été formé comme équipier, mais cela a pris beaucoup plus longtemps. Je suis arrivé avec des opérateurs, anciens commandos, qui intégraient le CTLO.

Les petits tests psy et humains se faisaient sur une semaine, la formation pour être infirmier dans ces groupes prend environ six mois et, pour être vu comme infirmier combattant, elle prend un à deux ans.

En quittant l'EPPA, nous sommes infirmiers, nous connaissons le métier, même si nous continuons d'apprendre ensuite. Tout le versant tactique s'apprend en commando. C'est ce que j'étais venu chercher.

Nous sommes équipiers compétents dans le CTLO, mais pas à part entière. Le plus dur est de ne pas commettre d'erreurs, mais nous avons toujours cette crainte. Nous sommes passionnés, nous avons envie d'être l'égal des autres. L'humilité est encore plus importante que le reste. Cela prend du temps d'être formé au sein du CTLO, c'est une formation morale et psychologique éprouvante.

Pour coller au groupe, il faut se comporter comme les autres. Finalement, nous sommes une bande de frères d'armes. Quand on veut en faire partie, il faut le mériter, et s'en donner les moyens.

J'ai participé à une bonne douzaine d'opérations en Afghanistan, en Afrique, et j'ai aussi fait du pur maritime. J'ai eu à gérer des blessés à terre, en mer, avec ou sans médecin. Une fois, nous avons eu beaucoup de blessés, notre bateau-support était un gros bateau, bien équipé avec une équipe médicale à bord.

Dans notre spécialité, c'est un plus d'être chutops; j'ai 400 sauts à mon actif.

J'ai la même dotation qu'un équipier: un double armement, plus mon sac d'infirmier. Ce dernier pèse au minimum 11 kg et peut aller jusqu'à 25-30 kg.

Avec ce matériel, normalement, nous pouvons gérer deux urgences absolues. Nous essayons de réduire de plus en plus le volume.

Les prises en charge ont évolué en mieux; nous avons la possibilité de faire plus de choses, d'aller plus loin dans une prise en charge.

À 37 ans, je suis l'infirmier-major de l'AMS (antenne médicale spécialisée) et je veux encore y évoluer. Je suis commando marine, et c'est le béret qui m'a ramené ici. Je porte le badge 8 243.

Ce sont l'histoire des commandos et les valeurs qui font la différence. Dans les 177[02] figuraient déjà des infirmiers et le médecin Robert Lion[03]. Nous embrassons une carrière exceptionnelle, nous côtoyons l'élite, nous nous devons d'être au niveau.

L'armement qui nous est confié est dangereux: nous évoluons avec des experts de cet armement à l'extrême avant, il faut être à l'aise avec l'équipement qui nous est donné.

Je me sens béret vert et infirmier. Mon travail d'infirmier est une passion, et agir en groupe aussi. Ce béret vert, c'est un honneur de le porter. L'amiral Prazuck m'a remis le mien.

Nous évoluons dans tous les milieux, à terre comme dans les autres composantes, mais nous avons la mer en plus qui est un milieu dur et rude. Il faut une grande motivation, de l'humilité, et il faut être passionné. Nous sommes tous conscients des risques encourus, et tous ceux qui viennent s'engager dans des unités comme la nôtre le sont aussi.

Mais nous ne partons pas avec la peur au ventre, sinon nous n'avançons pas.

01 Troupes aéroportées, le brevet parachutiste.

02 Les 177 marins du 1er bataillon de fusiliers marins commandos (1er BFMC) qui ont débarqué le 6 juin 1944 à Colleville-Montgomery.

03 Robert Lion est tué le 6 juin 1944 à 35 ans.

Ci-dessous

Cet instructeur en secourisme de combat de la marine vient transférer son savoir-faire à des fantassins de l'armée de terre.

MAÎTRE FOREST

Ci-dessous

Ce n'est pas qu'une formule : le chien et son maître forment un couple authentique, d'où le déchirement de Forest à la mort de Leuk.

MAÎTRE-CHIEN, COMMANDO KIEFFER

La mer m'a amené à la marine. Je suis entré à Maistrance et je me suis formé comme plongeur-démineur en 2009. Au bout de trois ans, j'ai postulé pour les opérations spéciales afin d'être au cœur de l'action et de servir au plus haut niveau. J'ai servi au Commando de Montfort, en GAS, pendant cinq ans j'ai été déployé au Moyen-Orient et en Afrique.

Dans ces opérations, nous avons eu la chance de travailler avec des chiens. J'ai pu rencontrer des cynos — pas forcément marine d'ailleurs — et, en échangeant avec eux, je me suis rendu compte qu'aller vers la cynotechnie pourrait être bien pour moi, car cela regroupe tous les aspects du métier, notamment de démineur. C'était l'idéal pour moi.

J'aimais déjà beaucoup les chiens. Étant jeune, j'avais eu des chiens de chasse et de sport.

J'ai suivi mon cours opérateur cyno de la marine à Lorient sur sept semaines avec un chien de la formation, puis la formation interne à Kieffer s'est étalée sur six mois en moyenne.

Mon chien, Leuk, était un malinois de trois ans et demi. Momo, un commando également dresseur qui ne partait plus en opex, l'avait formé et me l'avait transmis. Il avait envie que ce soit un commando comme lui. Il avait été dressé comme tous les chiens, en reconnaissance assaut et explo.

Leuk veut dire « bien » en Néerlandais. Leuk était un chien qui avait une forte personnalité. Il était très éveillé. C'était un chien speed et excessif, mais dans le bon sens du terme. Il était extrêmement stable, et il avait ses têtes. Il était une extension du groupe, il était très apprécié et combattant.

J'ai été déployé deux fois en opération avec lui. Il a beaucoup donné sur la recherche en explo ; il y a eu du positif. Il a été sérieusement blessé deux fois sur son premier déploiement. Il s'en est plutôt bien remis. Puis il est mort sous les balles avant l'opération qui a tué d'Alain et Cédric, auprès de qui il avait combattu. Sur des opérations antérieures, il nous avait sauvé la vie. Il avait fait ses preuves. Il est mort au contact de l'ennemi, sous les balles. C'est la première fois qu'on perdait un chien en opération au COS.

Quand on mène le chien au combat et qu'on le lâche, le chien n'est plus un chien. Il ne nous appartient plus, il devient combattant à part entière. Il a ses propres décisions et initiatives. Il gagne son combat ou il le perd.

Les groupes ont été touchés par sa disparition. Il a été honoré comme un soldat, car c'est ce qui s'impose à nous de façon naturelle.

Mon nouveau chien, Poenja, qui a les mêmes origines, ressemble beaucoup à Leuk. Il faut à peu près deux ans pour que le chien soit bien dans ses missions. Il est en avance, très prometteur.

Ci-dessous

Un maître-chien et son animal sautent en tranche arrière d'un avion de transport.

MARINE

04

LES FORCES SPÉCIALES AIR

Ci-dessous
Ce prototype de l'Atlas réalise des essais de ravitaillement sur le Caracal et le H160.

Avec l'intégration de l'escadron d'hélicoptères 1/67 Pyrénées de Cazaux (Gironde) puis du commando parachutiste de l'air 30 d'Orléans, les forces spéciales air sont désormais la deuxième composante du commandement des opérations spéciales en effectifs, et la seule à disposer de tous les moyens: avions, hélicoptères avec capacité de ravitaillement en vol et armement, et avions avec capacité de surveillance et renseignement. Elles peuvent donc mener des actions en totale autonomie même si cet atout n'a pas vraiment été utilisé jusqu'à maintenant par le COS. Et ce, d'autant plus si elles font appel à d'autres composantes de l'armée de l'air avec lesquelles elles collaborent très régulièrement, telles que les chasseurs et les drones désormais armés de bombes. C'est d'ailleurs au profit du COS que la première frappe opérationnelle d'un drone Reaper a été réalisée, en décembre 2019, au Sahel.

Si toute l'armée de l'air concourt aux opérations spéciales, ses forces spéciales restent extrêmement fragiles en matière d'effectifs et de matériel. Plus encore que dans les autres composantes, l'efficacité des FS air repose sur l'humain, qui reste difficile à trouver, puis à fidéliser, même si on peut discerner des profils encourageants qui viennent d'autres spécialités et d'autres horizons. C'est le cas, par exemple, de candidats venus directement du monde civil ou de personnels de l'armée de terre qui rejoignent les FS air.

Ci-dessous

Le couple drone armé-Mirage 2000 D s'est avéré ravageur depuis décembre 2019.

COMMANDO PARACHUTISTE DE L'AIR 10 (CPA 10)

Ci-contre

Une équipe de chuteurs opérationnels présente ses capacités d'arrivée discrète. Ici, sans armes.

Stationnement

BA 123 ORLÉANS-BRICY (LOIRET)

Création

1956, RECRÉÉ EN 1994

Effectif

270 (ET 40 RÉSERVISTES) RÉPARTIS EN DIX GROUPES ACTION

Matériels majeurs

UNE QUARANTAINE DE VÉHICULES TACTIQUES DONT VPS, VLRA, PLFS, VPS2, UNE DIZAINE DE QUADS POLARIS

Opex majeures

SAHEL, LEVANT

Missions hors COS

NÉANT

Innovations

CORVUS, DRACULA, MASQUE POUR LARGAGE DE CHIEN À TRÈS GRANDE HAUTEUR

Le CPA 10 est l'unité la plus ancienne des forces spéciales de l'armée de l'air, puisque ses traditions remontent aux premiers parachutistes français du 602ᵉ groupement d'infanterie de l'air (GIA), en 1937. L'armée de l'air crée cinq commandos parachutistes de l'air en 1956, « pour la durée de la guerre d'Algérie ». Leurs bilans sont exceptionnels. Certains d'entre eux participent avec le 1ᵉʳ REP au putsch de 1961. Tous les CPA sont alors dissous, sauf le CPA 50, considéré comme trop loin pour avoir été impliqué, à Collomb Béchar (Sahara). C'est par ce CPA 50 que la tradition commando perdure, pérennisée au sein d'un escadron de protection et d'intervention (EPI) composé de six CPA. Le CPA 10 renaît comme unité indépendante, en 1994.

Actuellement, l'effectif est de 270 hommes et femmes, avec un cœur opérationnel de dix groupes action dont trois qualifiés CTLO. Quatre sont déjà qualifiés chuteurs opérationnels, dont une équipe oxy. Ce volume va doubler pour atteindre huit équipes (dont trois oxy), sur un format estimé à douze groupes action « à l'horizon 2024 », explique Nicolaï, le lieutenant-colonel qui commande le CPA 10 (voir tableau en annexe).

Le CPA 10 recrute ses opérateurs sur trois viviers, qui suivent le stage initial, baptisé Belouga. Un tiers provient directement du civil ; un tiers des CPA 20, CPA 30 et des escadrons de protection des bases aériennes ; et le dernier tiers provient de l'armée de terre. Tous ont été formés dans l'infanterie, la plupart ne sont d'ailleurs pas des paras. Leurs vocations sont nées lors d'interactions de l'unité avec ces régiments sur les opex d'Afghanistan (2002-2012) et du Sahel (depuis 2013). Parmi les facteurs d'attraction évidents, on retrouve le fonctionnement par petites équipes, la qualité du matériel, et le tempo opérationnel, sans les contraintes de l'armée de terre. Les Belouga connaissent une attrition certaine. Quatorze sont finalement brevetés sur les dix-huit arrivés sur un stage de 2019.

La spécialité du CPA 10 — l'appui aérien — a connu une forte numérisation ces dernières années, ce qui s'est traduit par une meilleure réactivité, une compression des volumes et du poids du matériel. « L'appui aérien digitalisé (DACAS) a permis de limiter le poids par trois », assure ce JTAC de l'unité qui présente un Samsung S9 fixé sur un étui de poitrine. Ce téléphone du commerce a été durci pour pouvoir opérer au combat, et son flux de données est crypté afin d'empêcher une exploitation par l'adversaire. Il dispose de plusieurs systèmes de visée thermique et laser, et une copie sur un viseur de casque. Ce spécialiste peut aussi récupérer par une puissante radio le flux d'imagerie capté en altitude par les drones et avions de surveillance alliés.

L'unité s'est à nouveau intéressée aux quads et aux motos après en avoir utilisé en Afghanistan. Ces engins très mobiles permettent un effet de surprise en intervention, et de la mobilité en mission de renseignement et en reconnaissance de terrains sommaires pour lesquels il faut baliser un ruban de 1 000 m par 30 m de large. Le quad porte deux opérateurs et une mitrailleuse de 7,62 mm, ainsi que les sacs de combats des deux combattants.

Les binômes cynophiles sont l'un des points de force de l'unité qui comprend déjà six équipes maître-chien et animal. Le maître-chien est avant tout un opérateur et peut être utilisé avec ou sans son chien. L'animal, lui, est dressé à l'intervention, à la détection d'explosifs, au pistage. « Notre équipe 12C a développé un masque qui permet au chien d'être largué à très grande hauteur, explique Nicolaï. C'est une belle avancée, car la haute altitude était un des derniers milieux où le chien ne pouvait pas aller. L'unité développe aussi une capacité de réparation de drones sur les théâtres d'opération, afin d'éviter de les renvoyer chez le fabricant. Ce sont des illustrations de l'esprit FS : s'adapter pour surpasser l'ennemi. On sait qu'il n'a pas les freins des procédures des pays occidentaux, alors à nous d'aller plus vite. »

COMMANDO PARACHUTISTE DE L'AIR Nº 30 (CPA 30)

Ci-dessous

Cette équipe du CPA 30 accompagnait le Caracal du Pyrénées lors du 14 juillet 2019 à Paris.

Stationnement

ORLÉANS

Création

1956, RECRÉÉ AU SEIN DE L'EPI, PUIS COMME CA30 EN 1994, REFONDU EN 2017

Effectif

173, 8 ÉQUIPES DONT DEUX ÉQUIPES DE CHUTEURS OPÉRATIONNELS

Matériels majeurs

P4

Opex majeures

AFGHANISTAN, SAHEL

Missions hors COS

APPUI AÉRIEN, RESCO

Innovations

KAPU

Comme le CPA 10, avec lequel il est désormais colocalisé, le CPA 30 a été créé par l'armée de l'air en 1956 pour toute la durée de la guerre d'Algérie. Il est dissous en 1961 après le putsch des généraux, puis recréé comme l'une des composantes de l'escadron de protection et d'intervention. En 1994, il devient une unité indépendante, comme commando de l'air nº 30, puis CPA 30.

D'abord spécialisé dans la recherche et le sauvetage de combat (RESCO) pour récupérer des pilotes éjectés en zone hostile, il complète cette activité par l'appui aérien. Ces groupes spécialisés

Ci-dessous

Changement de décor à Gao avec cette équipe capable de coordonner un guidage de chasseur ou de baliser un terrain.

coexistent avec des équipes de protection pour les bases aériennes projetées à l'étranger, qui emploient des binômes cynotechniques.

Les groupes forment des équipes d'appui aérien très utilisées en Afghanistan, au sein des bataillons de l'armée de terre et des équipes de mentoring (OMLT) françaises dans l'armée afghane. Nous les retrouvons dans un rôle identique au Sahel. L'unité sert aussi à armer les équipes de récupération de pilotes éjectés en territoire ennemi (mission resco).

En 2017, l'armée de l'air décide de concentrer les groupes spécialisés du CPA 20 et du CPA 30 au sein du seul CPA 30. Il est alors déjà référencé dans les unités ressource des forces spéciales air, auxquelles il a fourni des équipes cynophiles dès la guerre d'Afghanistan ainsi que des JTAC. La prestation est intervenue à nouveau au Sahel et lors d'autres opérations.

En juillet 2019, au terme d'un long et minutieux processus d'analyse du COS, le CPA 30 est intégré au sein des forces spéciales, avec la volonté d'en faire un commando d'appui intégrant ses compétences actuelles (resco, appui aérien, mise en œuvre de drones, cynotechnie) utilisables aussi pour les opérations conventionnelles, mais aussi de nouvelles compétences comme la cybersécurité, l'appui-feu par mortiers — une compétence qui a longtemps manqué au CPA 10 —, et le nucléaire, radiologique, biologique et chimique (NRBC).

Pour ce qui est des innovations, nous devons à l'un de ses sous-officiers le KAPU, un kit énergétique pour les opérations dans les zones isolées et l'expérimentation du drone SP20 de Diodon qui a été menée en juillet 2019.

ESCADRON DE TRANSPORT 3/61 POITOU

Ci-dessous

Hercules et Transall: les deux bêtes de somme historique.

Stationnement

ORLÉANS-BRICY (LOIRET)

Devise

« À L'AISE PARTOUT »

Création

1945

Effectif

MOINS DE 150

Matériels majeurs (parc théorique)

TRANSALL, HERCULES, 2 TWIN OTTER, 3 VTA, QUADS, TRACTEUR

Opex majeures

TOUTES LES OPÉRATIONS DEPUIS 1992

Mission COS

C3ISTAR, RAVITAILLEMENT HÉLICOPTÈRES, LOS (FRET, PAX), AÉROTRANSPORT

Missions hors COS

NÉANT

Innovations

RAMPES DOS, KITS C3ISTAR, TAPIS DE DÉSEMBOURBEMENT, VTA, KIT ÉNERGIE KHEOPS

L'escadron de transport 3/61 Poitou a été créé en 1945 et a parcouru le monde, de l'ancienne Indochine à l'actuel Sahel, en passant par les États-Unis où il s'entraîne avec les forces spéciales. Il a hébergé à partir de 1993 une escadrille des opérations spéciales (EOS), partie en 1995 à Toulouse pour devenir une division des opérations spéciales (DOS). Mais c'est bien le Poitou qui est devenu, en 2005, un escadron entier dédié aux opérations spéciales. C'est cet héritage, lourd à porter, que nous décrit son ancien commandant, Félix, un navigateur Transall à 3000 h de vol qui s'est qualifié depuis sur Hercules et Twin Otter, les trois montures de l'unité.

« Nous n'avons pas d'avions en propre, à part les Twin Otter. Tout ce qu'on monte sur les appareils (le câble que nous ajoutons, les antennes détournées de leur utilisation primaire…) est démontable, ce qui nous permet de récupérer un avion conventionnel, de l'équiper, et d'en faire un avion FS. Ce n'est pas tant l'avion qui fait sa force, mais le personnel que nous lui attribuons.

Mon prédécesseur disait que, à la fin, l'avion du Poitou, du GAM (unité volante de la DGSE) ou conventionnel, Français ou Américain, se pose… ou largue! C'est bien le personnel qui fait les choses. Dans notre ADN, nous trouvons un petit nombre d'aviateurs au profit d'un opconer[01] exigeant, mais très ouvert.

De quoi notre opconer a-t-il besoin? C'est en partant de cette question qu'est née la capacité C3ISTAR[02]. En 2006, c'était une énorme avancée, même si aujourd'hui elle a tendance à être banalisée avec les drones et les avions légers de surveillance et de reconnaissance (ALSR). Nos anciens l'avaient inventée, car à l'époque le COS manquait d'yeux sur les théâtres.

Au Poitou, nous recherchons les capacités "couteau suisse". Quand j'envoie un équipage en opex, j'ai une idée de ce que le COS va lui demander, mais nous ne sommes pas à l'abri d'une bonne surprise. Largage, C3ISTAR… il faut être au rendez-vous quand on nous le demande. Il faut aussi voir l'avenir, s'en inspirer. Avec une charge ROEM[03], l'armement…

Avec le même avion, je dois pouvoir offrir avec réactivité, dans la profondeur du territoire ennemi, en autonomie, avec une faible empreinte, une capacité C3ISTAR qui permet aussi de faire l'aérolargage d'une équipe de commandos, de l'aérotransport ou du relais radio. Puis, au besoin, je dois avoir la capacité de réaliser une évacuation médicale. Nous recherchons la meilleure des performances.

01 Opconer: titulaire du contrôle opérationnel.
02 C3ISTAR: poste de commandement et de surveillance aéroporté.
03 ROEM: renseignement d'origine électromagnétique, traquant et écoutant les ondes.

Ci-dessous

Le Twin Otter peut se poser sur une simple route, voire une piste en sable ou en terre.

Je suis arrivé au Poitou en 2013. Chaque fois que nous partons en mission, nous ne sommes jamais déçus. Nous travaillons entre spécialistes dans une confiance quasi aveugle, car chacun est pointu dans son domaine. Chacun fait son travail de façon naturelle, les gens ont du recul, de l'expérience, de la «détente» (dans le sens professionnel du mot). Nous passons d'un moment de franche rigolade à une mission en l'espace de dix minutes. Nous sommes tenus au 100% de réussite, nous devons être présents à l'heure dite.

Le Poitevin est avant tout un pro aguerri, il sait pourquoi il est là. De nous dépend aussi le succès des opérations. Si les commandos ne sont pas largués au bon endroit, si nous ne sommes pas capables d'apporter des roues de secours ou du pétrole à la PATSAS, la mission va échouer. Quand il répare son avion, notre mécanicien sait pourquoi il le fait, il travaille comme les autres au succès de la mission. Il est passionné et ne compte pas ses heures. La mission doit se faire.

Ce qui fait la force du COS, c'est la connaissance mutuelle entre opérateurs. Nous connaissons les qualités et les défauts de chacun. Par exemple, quand nous posons un avion sur un terrain sommaire dont la levée de doute a été faite par le CPA 10, nous recevons juste un simple papier. Donc mieux vaut avoir confiance dans cet autre professionnel, surtout si cela se fait de nuit.

C'est aussi pour cela que, quand le drame arrive, il est important que nous soyons là, auprès de ceux qui restent, pour accompagner nos morts jusqu'à leur dernière demeure. Le Poitou transporte en général les morts au combat du théâtre à une piste exploitable en sécurité pour un avion non protégé contre les tirs.»

ESCADRON D'HÉLICOPTÈRES 1/67 PYRÉNÉES

Stationnement

CAZAUX (GIRONDE)

Devise

« COMBATTRE ET SAUVER »

Création

1962

Effectif

245 DONT 12 FEMMES (DONT 2 NAVIGANTES)

Matériels majeurs

10 CARACAL (+ 1 ATTENDU EN 2021), UN H225 CIVIL LOUÉ À L'ANNÉE POUR LA FORMATION ET L'ENTRAÎNEMENT

Opex majeures

SAHEL (DEUX CARACAL DÉPLOYÉS EN PERMANENCE)

Missions hors COS

RESCO, SAR

En octobre 1993, l'escadrille d'hélicoptères spéciaux (EHS) est formée au sein de l'escadron 5/67 Alpilles basée à Aix-les-Milles, où les équipages s'entraînent depuis près d'un an. L'unité dispose d'un Super Puma offrant une excellente capacité d'emport. Une première machine est en alerte 24 h et une deuxième en alerte 48 h. Les personnels ont été choisis pour leur expérience, et parce qu'ils ont été formés aux jumelles de vision nocturne. L'EHS participe à des opérations brèves en Afrique et fournit du personnel pour les opérations dans les Balkans.

Mais l'escadrille est trop éloignée de la plupart des unités même si, dans sa zone, elle côtoie le commando parachutiste de l'air n° 10, arrivé à Gap en 1996, et le Commando Hubert de la marine. Elle est donc localisée à Cazaux en août 1998 et renommée escadrille spéciale d'hélicoptères (ESH), ce qui prouve bien que le savoir-faire est plus important que la machine. C'est à la fois le fruit d'une énième restructuration de l'aviation, qui ferme sa base d'Aix-les-Milles, et la volonté de donner de la cohérence. L'escadron d'hélicoptères 1/67 Pyrénées au sein duquel l'escadrille est intégrée est en effet, depuis 1986, doté d'hélicoptères pour la recherche et le sauvetage en mer (SAR). Ces Puma ont reçu des coupleurs de vols stationnaires (CVS) qui permettent une stabilisation de l'hélicoptère lors des phases de treuillage et d'aérocordage. Lors de la guerre du Golfe, il a même recueilli un pilote allié éjecté. Dès 1994, l'unité a donc été spécialisée dans la recherche et le sauvetage de combat (RESCO) et ses Puma ont été adaptés. À l'autoprotection sommaire de la guerre du Golfe, un système plus moderne, avec détecteur de radar et d'arrivée missile, a été ajouté. L'appareil est armé d'une mitrailleuse MAG-58 et embarque un groupe de récupération au sol (GRS) fourni d'abord par le commando parachutiste de l'air n° 10, lors des premiers déploiements en Italie, pour couvrir les opérations de l'autre côté de l'Adriatique. Puis, progressivement, les personnels du Commando parachutiste de l'air n° 30 de Bordeaux « montent en gamme » et deviennent l'unité de référence pour cette mission conventionnelle.

L'ESH conserve un contrat d'alerte de deux machines — désormais des Puma —, et autant d'équipages. Le passage au Puma simplifie les choses, car l'ESH peut aller s'équiper en machines prépositionnées en Guyane, à Djibouti, en Océanie, selon les besoins dans ces zones.

Elle opère en Bosnie dans l'opération Kendo (octobre 2000-janvier 2001), encore sur Super Puma, dans le cadre de la traque des criminels de guerre. Puis elle migre au Kosovo pour l'opération Grakanico (mars-avril 2001). On la retrouve ensuite en Haïti (29 février-5 avril 2004), employant les machines basées en Guyane.

En Côte d'Ivoire (2006-2007), deux Puma prennent l'alerte à la place de l'armée de terre occupée sur d'autres théâtres. Les trois composantes fournissent chacune de leur côté un groupe commando. Des vols sont aussi réalisés avec les Gazelle du DAOS. Pendant ce mandat, les premiers membres d'équipages sont transformés sur Caracal, ce qui permet un premier déploiement au Tchad (2006-2007) sur cette machine, mieux taillée pour les opérations spéciales et la resco.

L'appareil peut être ravitaillé en vol mais, dans ce domaine, l'armée de l'air a tout misé sur la capacité de l'Atlas, l'appareil qui promet de remplacer le Transall et l'Hercules. Seulement, le programme a quatre années de retard par rapport aux prévisions. Constatant cette évolution au début des années 2000, le général Klein propose d'acheter des C-130J de nouvelle génération, dont certains sont capables de ravitaillement en vol. Il ne sera pas écouté et l'armée de l'air perdra une bonne dizaine d'années dans l'affaire, avant de finalement recevoir... un premier KC-130J, en 2019.

En parallèle, au début des années 2010, les choix interarmées décident de transformer l'ESH en une « participation air » au sein du 4e RHFS. Deux machines, et autant d'équipages et de mécaniciens-sol quittent donc Cazaux pour Pau.

Les unes et les autres participent aux opérations au Sahel avant que le COS ne décide d'accepter la proposition de l'armée de l'air d'agréer la totalité du Pyrénées comme unité spéciale, avec un contrat de base qui reste à deux machines.

Ci-dessous

Ravitailler en hélicoptère n'est pas un sport de masse, encore moins de nuit et sous l'orage.

Ci-contre
Guidé par les soutiers, le pilote de ce Caracal pose son appareil comme une fleur sur l'esplanade des Invalides, à Paris, le 14 juillet 2019.

Ci-dessous
Tireurs d'élite du CPA 10 à la portière de ce Caracal du Pyrénées, facile à reconnaître grâce à sa perche de ravitaillement.

Le mouvement est lancé en 2015 et le Pyrénées est pleinement qualifié en 2017. Même si l'organisation illustrée en décembre 2019, avec la création de deux escadrilles, traduit de fait une composante de formation et de missions civiles (recherche et sauvetage en mer), et une escadrille opérationnelle apte au sauvetage de combat et aux opérations spéciales.

L'escadron est la seule unité européenne à pratiquer le ravitaillement en vol, qui permet de réduire la logistique au sol, tout en offrant des options intéressantes sur le plan tactique. L'empreinte au sol est alors nulle; elle se fait tout en discrétion et en réversibilité. Il évite également de poser des témoins visuels, une embuscade, le minage du terrain, mais aussi de devoir récupérer des réservoirs souples largués, etc. Cette configuration a déjà servi en opération en Afrique, avec des tankers américains (avions-citernes). L'armée de l'air a reçu deux KC-130J permettant ces ravitaillements en vol, en 2019 et février 2020.

Ces livraisons permettront désormais de réaliser des opérations avec uniquement des solutions nationales. Ne pas solliciter d'allié contribuera à la discrétion des opérations et à une plus grande réactivité. Des essais doivent aussi avoir lieu sur l'Atlas, un quadrimoteur bien plus puissant, mais dont la première solution de ravitaillement était inefficace pour les hélicoptères. Avec deux types de tankers pouvant le ravitailler dans l'armée de l'air, le Caracal aura plus d'options disponibles.

Des configurations armées ont été développées pour des armées alliées, notamment pour le Brésil et le Mexique. Cela ouvre des perspectives déjà très largement réfléchies à Cazaux, pour l'emport de pod à roquettes, guidées ou non, en plus du canon SH20 de 20 mm développé à la fin des années 2000 pour les besoins français et déployé depuis en opération (fin 2019). Cette arme est intégralement repliable à l'intérieur de la soute et reprend la tradition inaugurée sur les Sikorski de l'armée de l'air pendant la guerre d'Algérie.

Alexis Santini pendant la guerre d'Indochine et Félix Brunet en Algérie ont fait progresser l'hélicoptère militaire en France. Comme souvent, leurs avancées n'avaient pas été consolidées en France durant ces années. Des configurations lourdes (les Mammouth et Pirate) avaient été bricolées à l'époque par les « Géo Trouvetou » militaires, en retour d'expérience des premières missions de contre-insurrection.

GRANDS TÉMOINS

DANS LES COCKPITS DU POITOU, « À L'AISE PARTOUT »

D. est une légende dans les forces spéciales air. Entré dans l'armée de l'air en 1987, il a fait partie de la première génération du Poitou à la création de l'EOS en 1993, et il a participé à son histoire jusqu'en 2016. En 2006, il a connu la création d'un escadron entier dédié aux opérations spéciales. Il cumule 10000h de vol, dont les deux tiers sur C-130 Hercules. Déjà, quand il était militaire, il ne mâchait pas ses mots. Jeune retraité, il n'a pas changé.

Les FS sont faites pour tirer tout le monde vers le haut. « Faire autrement. » Au début, nous savions vers quoi nous allions. Nous avons décidé de partir d'un standard des forces conventionnelles que nous avons aguerries. En échangeant avec Bayonne, avec les marins, nous avons compris ce que nous pourrions leur proposer. Au début, tout cela était hors-la-loi, puis cela a été mis au goût du jour. Aujourd'hui, tout ce qui est hors-la-loi figure parmi les tactiques et les procédures associées.

Les équipages d'aujourd'hui volent moins d'heures qu'à notre époque, ils sont aussi moins aguerris, et ils rentrent plus jeunes. La formation de l'équipage est liée à l'effet désiré. S'ils sont destinés au combat, il faut des équipages de combattants. Tout est bien écrit aujourd'hui dans les livres de progression.

Actuellement, nous peinons à recruter. Aux débuts, nous étions tous des moniteurs en débutant dans les opérations spéciales. Puis, il est devenu plus difficile de trouver des personnels aguerris, nous avons donc pris des personnels prometteurs. Maintenant, nous les prenons plus jeunes, avec différents degrés de progression.

Dans ma génération, nous ne nous posions pas trop de questions. Nous avions tellement la foi que la famille passait après, et que les journées n'avaient pas assez d'heures. Nous étions tellement habitués à bosser que nous cumulions plusieurs fonctions. Ce n'était pas un problème d'être chef pilote, et de basculer sur autre chose en fonction des besoins. À l'époque, nous étions hautement qualifiés, donc nous avions le recul pour assurer la prépa mission et tous les à-côtés.

Avant d'être spécial ops, j'étais adjoint chef-pilote. La progression n'a pas été compliquée pour monter d'un cran. En revanche, la capacité à innover était nouvelle. Bayonne disposait d'une section d'études prospectives, la SEP. Il fallait que, nous aussi, nous commencions à faire germer de bonnes idées. Nous avons débuté avec des GPS aguerris disposant de codes américains. Au début, Bayonne a acheté ces GPS et nous les avons mis discrètement dans les avions.

Puis les chefs sont passés par l'EOS et la DOS. Nous avons aussi eu des officiers supérieurs comme le général Bertrand, inspecteur de l'armée de l'air en 2020, qui n'ont pas été spé ops mais qui nous ont aidés.

Aujourd'hui, la cellule d'études prospectives (CEP) a un partenariat avec le centre d'expertise aérienne militaire (CEAM). Les FS sont peut-être devenues le premier employeur du CEAM. Nous avons développé des équipements qui ont servi ou profité à toute l'armée de l'air, comme les rampes DOS qui permettent un déchargement et un rembarquement rapide. Une quinzaine de ces rampes ont été conçues pour toute la flotte.

Ces besoins que nous rencontrions en mission ou que nous imaginions m'ont amené à travailler régulièrement le week-end, chez moi. L'esprit FS, c'est comme quand on lance une entreprise, on ne compte pas ses heures. C'était une sacrée charge de travail.

Cela fait quatre ans que j'ai décroché, mais cette innovation continue. L'opérationnel est enfin écouté, tout le temps. Quand les sous sont comptés, nous sommes pragmatiques. Les FS ont bien élevé l'ensemble des armées.

Ci-contre

Le Poitou est, plus que tous les autres, l'acteur de la nuit. Les équipages doivent être à l'aise de jour comme de nuit.

Ci-dessous

D. (à gauche) dans son appareil fétiche, le Hercules, lors d'un vol d'instruction.

L'une de nos avancées a été de prendre une caméra d'un drone et de la mettre sur un avion. Cela n'a pas profité à toute l'armée de l'air, mais cela a servi à la patmar, aux hélicoptères de la gendarmerie. Tous se sont rendu compte que la MX-15D avec capacité d'enregistrement des images tirait tout le monde vers le haut. En transmission en temps réel, nous avons aussi progressé. Avant, cela n'existait que pour l'avion présidentiel et quelques rares aéronefs. Parfois c'était bricolé, souvent c'était limité. Cela permettait juste de passer un coup de fil. Au Poitou, nous avons développé un lot complet permettant de communiquer sur internet et en chiffré, et de diffuser de l'imagerie en temps réel.

Nous avons aussi mené de beaux projets dans l'avitaillement au sol des hélicoptères, avec le FTM[01] conçu avec Boubou puis le VTA[02]. Nous avons été persévérants. R., l'un de nos anciens commandants d'escadron, a donné l'impulsion quand il était à l'EMCOS. Dans chaque génération, il faut dix acteurs pour que la mayonnaise prenne, pas plus. Nous avons mené une multitude de petits projets.

J'ai débuté dans l'armée de l'air au siècle dernier. Des ayatollahs nous imposaient une tenue de vol qui était peut-être bonne pour voler au niveau 400, mais pas en Afrique à 500 pieds. C'est le Poitou qui a permis ce genre d'évolution. Les européens (les Britanniques, par exemple) ont des tenues en deux parties, camouflées.

Des évolutions de ce type n'étaient pas simples. À l'époque, beaucoup de missions étaient de type « humanitaires » : les équipages devaient

01 Fardier technique modulaire, fondé sur un 4 × 4 Auverland.

02 Véhicule tactique d'avitaillement, fondé sur un 4 × 4 Land Rover et industrialisé par la société Titan Aviation.

Ci-dessous

Les équipages du Poitou se sont entraînés tout petits sur le désert de Grand Barra, à Djibouti. Cela a ainsi permis les succès au Sahel, et ailleurs.

dormir à l'hôtel... Notre intégration aux forces spéciales a permis de changer tout cela. Le pilote FS est aussi un combattant qui sait utiliser une arme. Il ne faut pas être un boulet pour les commandos quand l'avion est au sol. Ce n'était pas le cas au début.

Quand je suis rentré en 1987, nous ne nous entraînions pas à l'improbable. Il a fallu tout penser. Je n'avais pas de réponse dans le domaine conventionnel. Je n'avais croisé que quelques anciens de la Seconde Guerre mondiale capables d'en parler. Nous trouvions aussi des réponses dans des livres écrits après la guerre.

Aujourd'hui, nous sommes sur des innovations de process et, surtout, avec pragmatisme, nous allons vite, et arrêtons de pinailler.

Pour un pilote, ce qui compte, ce n'est pas le vol, mais l'atterrissage. Arriver en vrac, de nuit, n'est pas commun. Nous nous nourrissons de ces vols. S'ils sont bien «*debriefés*», ils intègrent notre cerveau, et cela permet de s'y raccrocher lors de vols compliqués. C'est une bonne expérience.

Je n'ai presque jamais été surpris. La seule fois est intervenue sur l'opération Birao 1 (en novembre 2006, dans la zone des trois frontières, sur le territoire centrafricain, NDA). Nous avons dû accélérer le tempo, car les autres étaient accrochés au sol et allaient être à court de munitions. Il y a eu un flottement quant à la décision à prendre: ravitailler en munitions, ou rentrer dans le tas avec les PATSAS. Je me souviens avoir pensé: «Nous pouvons avancer d'une demi-heure les trois avions, les gars sont prêts puisqu'ils sont à court de munitions, nous rentrons dans le tas.»

Je devais me poser le premier avec le C-130. Les gars du CPA 10 étant accrochés, ils n'avaient pas pu nous envoyer de photos, mais je savais qu'ils avaient défriché le terrain. Ma seule crainte était de bousiller l'avion avec les branches. Nous allions nous poser, et le chef d'équipe ne m'a pas fait pas de cadeau : il m'a annoncé une 14,5 mm en face, à 30 secondes du poser. J'avais prévu de faire un posé-décollé et de repartir dans l'axe une fois l'avion déchargé de ses PATSAS. Nous avons jugé à l'ancienne avec l'autre pilote : nous avons fait demi-tour, lâché la PATSAS et nous sommes repartis aussi sec, une fois le demi-tour fait. Le Transall qui suivait arrivait à 30 secondes… La mission n'a pas été un échec, car je n'ai pas hésité. Sans cela, nous aurions gêné le Transall et qui sait ce qu'il aurait pu se passer. Cela s'est joué à quelques secondes. Birao est le *must* opérationnel de mon passage au sein des FS : sous le feu. Comme aviateurs, nous n'y sommes pas habitués. C'est un bon souvenir. C'était en novembre 2006. Je m'en souviens car c'est le mois où j'ai attrapé le paludisme. J'ai failli en mourir, c'était un neuro-paludisme… C'était aussi la première fois que je voyais un GCOS en opération avec nous. Le général Puga était venu pour contrôler la bonne exécution de la mission.

Une autre fois, lors d'un poser à la frontière Soudanaise, on nous vend 900 m de piste, en fait, c'était 850 m, avec une butte qui gênait. Mais « quand on y est, on y est » !

Rien n'est facile en opération, il y a toujours un truc imprévu, il faut batailler. Mais, aujourd'hui, les FS disposent de plus de rens, ce qui rend la zone de poser imaginable grâce au rendu des photos. À notre époque, il fallait imaginer une zone de poser sur la base de renseignement livré par une messagerie chiffrée.

Nous ne sommes pas des cow-boys, nous imaginons ce qui peut arriver. Déjà, en conventionnel, nous réfléchissons aux « *what if* ». Les « petites olives », comme on dit. Dans les FS, cela prend encore une autre dimension.

1994 a été une très grosse année. Je suis revenu d'Afrique dans un mandat conventionnel et j'y suis retourné, pour deux mois, au Rwanda, dans un cadre FS. C'était une grosse année ; nous tournions à 500-650 h par an, et les mecnav davantage encore. J'étais à 3,5 détams[03] en 1994, plus les missions de patrouille de France. Nous n'étions pas souvent à la maison.

Du temps des DOS à Toulouse et Orléans, c'était aussi dense, mais c'était plus lourd à l'antenne DOS d'Orléans, car il fallait assurer à la fois le CIET[04] de jour et le spécial de nuit. Une grosse masse de travail était aussi nécessaire pour rendre les navigants aptes au pilotage de nuit sous jumelles de vision nocturne (JVN).

En 2005, aux débuts du Poitou actuel, nous faisions du conventionnel et du spécifique.

L'escadron a beaucoup donné au Mali en 2013, mais cela n'a pas généré tant d'heures que cela. J'étais sur C130, et nous avions des problèmes de disponibilité sur la machine (essentiellement liés au prestataire du contrat de maintenance ; la flotte C-130 connaît des difficultés depuis 2003). J'ai dû inscrire environ 250 h de vol FS cette année-là, mais l'essentiel de nuit.

En outre, nous étions les sachants pour les JVN, si bien que nous n'arrêtions pas de former le personnel. Nous décollions à 23 h, nous rentrions à 2 h du matin. Les contrôleurs aériens râlaient.

Finalement, 2013 n'a pas été une année particulière. Avant 2013 déjà, nous tournions avec les caméras, nous volions toute la nuit. En 2013, même sur les manips de Gao et de Tessalit, nous n'avions pas d'ennemis en face. Nous avions l'info, nous avions la caméra, les places ennemies étaient reprises, mais ce n'était pas risqué pour nous dans nos avions. Ça l'était plus pour les commandos qui se battaient au sol. Même les terrains d'atterrissage étaient sans surprises, car nous nous entraînions sur les terrains courts à Djibouti. Je n'ai pas trouvé cela particulièrement violent.

L'année 2013 aura eu moins d'heures de vol qu'une année normale, mais toutes de nuit ou presque.

Je n'ai pas compté mes opérations. Elles figurent sur un papier, quelque part. Certaines ont duré plus longtemps que d'autres. Rwanda, RCA, Afrique… Je ne sais plus combien de fois je suis parti, déjà vingt-et-une fois rien que pour les opérations à N'Djamena… Les Balkans, l'Afghanistan, j'y étais, présent en C-130 en décembre 2001 avec B. Nous avons vu comment adapter la RESAL[05] à ce type d'appareil…

C'est très bien que le Poitou existe. C'est un heureux hasard que ce soit mon premier escadron ! Ce sont ceux qui ne disent jamais non, jusqu'au point de rupture. Et en même temps, si nous y allions tout le temps, c'est que nous aimions ces missions, même si nous râlions. Il a fallu violer un peu le système pour avancer, mais nous étions fiers d'être français. Quand nous allions aux States, nous n'étions pas pris pour des blaireaux même si, au début, nous n'étions rien. Ils n'avaient pas entendu parler de nous, pas plus que les Brits.

03 Détachements militaires, synonyme d'opex.
04 Centre d'instruction des équipages de transport, l'académie du transport tactique Français, aujourd'hui entièrement à Orléans.
05 Recherche et sauvetage aérolargué, permettant de récupérer des équipages éjectés à haute altitude sur les massifs de l'hindu kush.

ADJUDANT VINCE
ET LE CHIEN DJONY

Ci-dessous
Ce chien a été présenté au président de la République, le 14 juillet 2019, par son maître du CPA 10.

CPA 10

Je suis entré en 1991 dans l'armée de l'air, par le service national à l'issue duquel je me suis engagé comme maître-chien. J'ai servi en escadron de protection puis j'ai rejoint le CPA 20 en 2005. Lors des sélections, on m'a proposé d'intégrer le CPA 10 qui n'avait pas de cyno à l'époque. On me proposait d'accrocher l'arbalète, et donc de quitter mon chien. J'ai réfléchi toute la nuit, et comme j'étais déjà passionné, j'ai préféré rester maître-chien. En 2012, j'ai pu partir avec la 12 Alpha du CPA 10 en Afghanistan, un théâtre sur lequel j'avais aussi ouvert la capacité de fouille opérationnelle spécialisée avec mon malinois (C'Tyson) trois ans plus tôt.

L'histoire m'a donné raison. En 2013, le commandant du CPA 10 a demandé que l'unité soit dotée de maîtres-chiens, et c'est là que tout a commencé.

Un maître-chien, C., était déjà en poste quand je suis arrivé en 2013. Nous ne partions avec rien, si ce n'est avec la volonté du chef. Nous avons fait du porte-à-porte avec les équipes de l'unité, pour leur prouver que nous n'étions pas là pour promener le chien, mais bien pour apporter une plus-value sans changer leur mode d'action. Grâce au retex de l'Afghanistan, il y avait déjà de bons *a priori*.

Le monde FS est un monde de pragmatiques. Nous avons eu fort à faire de 2013 à 2015 car, tant que nous n'étions pas partis en opex, les gens étaient sceptiques. C. est parti en 2015 à Sabre et je l'ai suivi la même année, à partir de novembre. Par chance — car la chance compte aussi —, j'ai fait un mandat particulier. Le chien, Djony, a matché à chaque fois. Notre équipe a confirmé sur le terrain ce que je ne pouvais dire qu'oralement jusqu'à lors.

Cela a offert une plus-value selon les zones : ouvertes, urbaines ou en milieu clos. Ce mandat a été un facteur déclencheur. Le bouche-à-oreille a fait son travail et toutes les équipes ont accroché. Je vends alors ma capacité, mais sans chèque en blanc.

Marcus et son chien Ice ont été les premiers affectés en équipe, en CTLO, à la 11 Alpha. Nous étions alors convaincus que si le chien réussissait en CTLO, où les actions sont très compliquées, nous pourrions faire le reste. Et cela s'est avéré exact.

Marcus et Ice ont été les premiers affectés en équipe. Dès lors, l'objectif était d'avoir un maître-chien par équipe. Ils ont donné grande satisfaction sur leur mandat à Sabre, notamment lors d'une opération sur des terroristes.

Au CPA 10, les chiens sont considérés comme des équipiers. Le chien est tel que nous le dressons, et dans l'état d'esprit dans lequel nous le conditionnons. Nous nous sommes rendu compte que le chien a une capacité à « démythifier » les choses. Lors de l'opération de Ouagadougou, je suis rentré dans une chambre où étaient réfugiées deux Américaines. Voir le chien leur a permis de baisser en pression.

Mais le chien a aussi ses limites, comme tout le monde. Dans mes souvenirs, l'assaut a duré 9 h. Le chien a dû travailler deux heures de bout en bout, car l'hôtel comportait beaucoup de pièces. Il nous a permis de progresser vite dans un amphithéâtre qu'on aurait mis beaucoup de temps à sécuriser sans Djony. Il est aussi allé vérifier que les terroristes que nous venions de neutraliser n'étaient pas piégés.

À l'époque, c'était l'une de nos missions les plus intenses, même si elles le sont toutes. Elle est restée particulière parce qu'elle se situait en milieu urbain, et nous ne savions pas précisément combien d'otages et de terroristes évoluaient dans le bâtiment. Une prise d'otages, c'est toujours particulier.

Djony est en face de moi, dans l'herbe. Nous sommes rentrés de mission il n'y a pas longtemps. C'était sa dernière, car il a été blessé durant l'intervention. Le successeur de Djony aura

Ci-dessous

Vince (à droite) sans Djony, pour une fois, venu pour soutenir son camarade Marcus et son chien aux trophées des chiens héros.

deux ans au mois de juin. Sans le savoir, l'armée de l'air a acheté une chienne pleine, personne ne s'en est aperçu. Nous avons gardé la portée. J'ai choisi ce chien, sans même savoir qu'il s'appelait Onyx, qui était l'indicatif de la libération des otages à Ouagadougou. Onyx est un pur chien d'assaut. Il est fait pour ça. Un chien hyper vaillant, courageux. Il est moins doué en détection d'explosifs ; il n'a pas tout compris encore (*rires*). Il va falloir qu'il bosse pour être le digne successeur de Djony (7 ans).

Si j'avais dû repartir avec Djony, j'aurais eu confiance en lui, mais il souffre encore de sa bagarre avec un terroriste dans le désert. Il a une boiterie permanente. Il a donné pour la France. Notre chef a fait un gros travail pour que les chiens puissent aussi être décorés. Un chien du CPA 30 a été cité l'an dernier pour son travail en Irak. Djony et moi avons reçu un trophée des chiens héros, un trophée comme celui-là vaut trois VM[01].

Le masque caméra sur le chien était une capacité qu'on cherchait à avoir depuis longtemps. Ce que le chien voit, désormais, on le voit ; cela permet d'avoir la main sur le chien et de pouvoir le protéger.

Le chien n'est pas utilisé comme un drone, mais à des moments bien particuliers pour blanchir et savoir si la zone est permissive ou pas. Le fait d'avoir un contact radio avec lui permet de le guider. Si, à Ouagadougou, j'avais eu ce matériel, j'aurais eu tendance à utiliser le chien différemment. Si je l'avais vu partir sur des otages, j'aurais pu le rappeler, par exemple. Perdre le chien de vue, pour nous, c'est ce qu'il y a de pire.

Nous employons un chien pour ses dents et son nez. Nous pouvons lui faire faire plein de choses, mais nous ne pouvons pas dépasser ses limites, car nous préservons nos animaux.

01 Croix de la valeur militaire, reconnaissant l'engagement sous le feu.

SERGENT MAX

Ci-dessous
Les commandos présentent leur matériel de contre-terrorisme à une autorité lors d'une visite.

CTLO, 11 ALPHA, CPA 10, 26 ANS

Je suis arrivé à la 11 Alpha, un groupe CTLO, en janvier 2018, moins de trois ans après être entré dans l'armée de l'air. Cela présentait une petite barrière psychologique, puisque j'ai repassé des sélections CTLO en sortie du stage Belouga. Elles ont duré trois jours, et la formation, elle, quatre semaines (passées à six aujourd'hui). Nous pouvons toujours progresser. Pour être un bon opérateur CTLO, il faut compter entre trois et cinq ans. Nous apprenons en permanence et nous faisons des erreurs perpétuellement.

J'ai été déployé au sein de la TF Hydra en 2018 et au sein de la TF Sabre en 2019.

Pour ma première opex, la 11 Alpha était déjà complète. Je suis parti comme logisticien, rien à voir avec mon cœur de métier. Mais cela m'a permis d'élargir mes connaissances ; on ne voit jamais l'envers du décor. Désormais, je ne m'emporte plus contre la logistique.

Je suis transmetteur et TE, même si je n'ai pas fait le stage. J'ai de petites connaissances sur le tir de précision, nous utilisons le HK 417, le Sako TRG42 et le PGM Hecate II.

Chez nous, l'équipe fonctionne à l'ancienneté. Le dernier arrivé doit faire ses preuves, quel que soit son grade. Le fait d'être sous-officier m'amène aussi à gérer des tâches administratives.

Je vais quitter le statut de bidou que je tenais depuis deux ans. Je ne l'ai jamais vécu comme un fardeau, mais plutôt comme une chose positive.

En fin de stage Belouga, nous veillons la stèle des morts, sur notre place d'armes. Cela rend humble, car nous comprenons que nous mettons les pieds dans un métier pas facile. Nous avons beau être FS, nous ne sommes pas à l'abri des balles.

Ci-dessous

La 11 Alpha dans l'une de ses très nombreuses mécanisations pour arriver à l'excellence qui sied au CTLO.

ADJUDANT-CHEF LOÏC

Ci-dessous et ci-contre

Le mecnav est l'homme-orchestre en cabine du Caracal, mais aussi en soute pour veiller au grain, notamment sur les phases d'aérocordage.

MECNAV, EH 1/67 PYRÉNÉES

Je suis arrivé au Pyrénées en avril 2011, comme mecnav, après quatre années comme mécanicien avionique sur Hercules, dont deux années au Poitou. L'escadron n'emmenait alors pas de mécanicien sol en mission en vol, mais cela permettait de travailler sur des machines qui participaient aux opérations spéciales.

Je suis sorti sixième sur une quarantaine au stage mecnav, ce qui m'a permis d'obtenir la dernière place sur Caracal. Les hélicoptères étaient très demandés à l'époque, surtout les Puma qui permettaient de partir outremer. Le Caracal n'attirait pas forcément. C'était l'époque de l'Afghanistan, c'est ce que je voulais.

Le boulot de mecnav sur hélicoptère est différent de l'avion. Nous faisons beaucoup de travail en soute, au treuil, en aérocordage; nous avons la responsabilité de l'autoprotection avec une des deux mitrailleuses. Dans le cockpit, je gère aussi le système d'autoprotection contre les tirs de missiles, la boule optronique. Je suis qualifié tireur SH 20 et formateur. Cette arme est très fiable, tirant maximum à 800 coups par minute, à 240 obus par caisson. En général, on en embarque deux.

Avec déjà 2 000 h de vol sur Caracal, je suis devenu moniteur d'équipage. Je fais partie des plus anciens parmi la vingtaine. Nous ne sommes que seize à être qualifiés pour les opérations.

Je ne suis jamais allé en Afghanistan, car ça s'est terminé avant que je sois prêt à partir. Mes huit opex se sont déroulées en Afrique. De 2012 à 2016, l'escadron assurait des mandats au profit de Barkhane au Tchad. Cela nous a permis de découvrir les posers-poussière, car beaucoup de jeunes n'avaient pas connu l'Afghanistan. Nous avons également pu développer le ravitaillement en vol, réaliser des missions au nord-Niger, à Arlit et à Madama. Barkhane surveillait l'axe entre le Mali et la Libye avec des troupes au sol qui devaient être ravitaillées et renseignées.

Nous avons la chance de faire des opérations spéciales à l'étranger et de la SAR en France. Le spectre de mission est très large. C'est aussi gratifiant de faire des missions de sauvetage en mer que de faire de l'opérationnel en Afrique. Nous retrouvons des missions qui semblent moins complexes que les opérations spéciales, mais qui le deviennent souvent à cause de la nuit et des conditions météo. Nous retrouvons les mêmes choses: voler de nuit au-dessus de la mer, c'est comme voler au-dessus du désert. Nous avons les mêmes repères... C'est-à-dire aucun.

CAPITAINE LENNY

Ci-dessous
Concertation entre pilotes, avant un entraînement avec les forces spéciales américaines.

PILOTE CARACAL ET OFFICIER DE SÉCURITÉ DES VOLS, EH 1/67 PYRÉNÉES, 39 ANS

J'ai débuté sur Puma et Fennec, avant de rejoindre directement le 4e RHFS en 2012, au sein de la participation air. Ensuite, j'ai été affecté au Pyrénées en 2016.

J'ai 3200 h de vol, dont 1500 de Caracal. Aujourd'hui, je suis officier de sécurité des vols (OSV) de l'escadron. En huit ans dans les forces spéciales, je suis parti huit fois, toujours au Sahel.

Nous travaillons sur la confiance mutuelle, nous ne pouvons effectuer certains types d'approches que si nous nous faisons tous confiance car, dans certaines phases, nous ne pouvons pas tout détecter.

Pour un hélicoptère de manœuvre (HM), généralement, c'est la phase finale de dépose des commandos qui pose le plus de problèmes, à cause de l'environnement que nous pourrions découvrir et la situation tactique.

C'est un métier difficile. Il faut savoir se protéger pour durer. Il est important d'avoir une bonne stabilité familiale et émotionnelle.

Les vols sont extrêmement cadrés sur le plan de la sécurité. Nous faisons une étude de risques à chaque fois que nous voulons entreprendre des missions qui pourraient dépasser des limitations. Les prises de risques sont pesées par toute la chaîne.

J'ai participé à la réflexion en amont des vols longs, notamment sur les problématiques physiologiques pour les équipages. J'ai aussi participé aux premiers vols longs (pour ma part, à 10 h de vol maximum). Il est difficile d'établir

Ci-dessous

Le Caracal opère depuis 2006 au sein de l'armée de l'air. Il a servi au Liban, en Afghanistan, en Libye, en Somalie, au Sahel.

une limite physiologique, car cela dépend de la préparation en amont. Nous nous préparons différemment pour ce type de vols. La résistance représente un tiers du travail, en général, avec des périodes de repos aménagées en amont.

Pour moi, la plupart des faits marquants sont des souvenirs de mission à l'étranger sur des objectifs à haute valeur ajoutée. Tous les opérateurs réunis appliquent des techniques au bon moment pour effectuer une mission et, au retour, on connaît la satisfaction de la mission accomplie.

Ci-dessous

Le simulateur SIMFAC qui sert à entraîner les JTAC de façon assez réaliste, à Orléans.

Ci-contre

Deux spécialistes de l'appui aérien testent les nouveaux matériels de guidage laser, destinés au CPA 10.

J3 ALI, CPA 10, 41 ANS

Je suis entré dans l'armée de l'air en 1994 comme arpète au sein de l'école militaire technique de Saintes, avant de devenir pompier de l'air. En 2001, j'ai passé le concours pour devenir pilote de chasse. En 2005, je suis arrivé sur Mirage 2000 N au 1/4 Dauphiné puis j'ai poursuivi ma carrière pour arriver au CPA 10 en 2015. Le général Denis Mercier, chef d'état-major de l'armée de l'air, voulait mixer les cultures. J'étais JTAC depuis 2008 et j'avais déjà été déployé à deux reprises au Sahel, comme contrôleur tactique air (CTA).

Depuis que je suis au CPA 10, j'ai participé à six opex. Mon travail consiste à augmenter la finesse d'interaction entre les escadrons de chasse et les forces spéciales. Le JTAC fait le lien entre la manœuvre au sol et l'intégration de la puissance de feu aérienne. Il faut qu'il comprenne les deux mondes, qu'il évite les CIVCAS et le FRAT[01].

La spécialité JTAC est accessible à des militaires du rang, nous en avons déjà eu au CPA 10, et j'en forme un actuellement. Le JTAC doit comprendre la manœuvre au sol et doit avoir un bon niveau d'Anglais, ou bien il doit le travailler grâce aux outils mis à sa disposition par l'armée de l'air. Sur les cinq dernières années, le CPA 10 a eu 100 % de réussite sur les stagiaires envoyés au centre de formation de l'appui aérien (CFAA), soit une quinzaine de JTAC.

J'ai quitté le CPA 10 cet été. Ces cinq années auront été une expérience humaine qui m'aura montré la richesse des opérateurs, et l'abnégation dont ils font preuve dans leur entraînement pour être les meilleurs, obligeant tout le reste du système, dont moi, à être aussi bon que possible.

01 CIVCAS: le tir sur des civils, strictement interdit.
FRAT: le tir contre des alliés.

TRIAL FIT

SC
ARMEE DE L'AIR

LIEUTENANT-COLONEL BECHE

Ci-dessous

Dans un Twin Otter, au-dessus du Sahel. Le pilote est en général bi-qualifié Transall ou Hercules.

PILOTE HERCULES ET TWIN OTTER, CHEF DE L'ESCADRON DE TRANSPORT 3/61 POITOU

J'ai d'abord servi sur Transall au Touraine, sous les ordres du commandant Vincent qui m'a conseillé de m'orienter sur C-130. J'avais déjà pour objectif de rejoindre le Poitou, ce qui a été effectif en 2013. Déjà, au Touraine, nous avions connu une période assez dense en 2010-2011, avec quelques missions qui ont pu s'apparenter à des missions spéciales. C'est ce chemin qui m'a permis de me tirer vers le haut, et vers le Poitou.

L'Afrique est une seconde demeure que je connais bien avec, à mon actif, plus d'une quinzaine d'opex en équipage ou dans un poste de commandement.

Je suis tombé amoureux du C-130. Sa modernisation en cours nous permettra aussi de nous intégrer efficacement dans des opérations qui seront sans doute de plus en plus complexes (déni d'accès, densification du trafic aérien ami ou ennemi...).

Au Poitou, j'ai découvert une seconde famille ; mon épouse est investie dans ma fonction, dans ce monde particulier. Les opérateurs spéciaux sont la clé de voûte de nos succès. Il y a une vraie fraternité entre nous. Si je suis resté au Poitou depuis sept ans et que je vois le bonheur des deux prochaines années de commandement, c'est que c'est plus qu'une passion. Les opérateurs sont des frères d'armes.

Dans nos souvenirs, nous avons les bons coups et les coups durs. Ces derniers sont d'autant moins durs que nous arrivons à nous soutenir les uns

Ci-dessous

Le Twin Otter est une jeep volante, posant partout. Une salle d'opération peut être installée à bord.

les autres et que nous arrivons à porter nos camarades dans leur dernier voyage. Que l'on soit pilote, commando, TE, transmetteur, nous sommes de la même famille.

COMMANDANT GASTON

PILOTE HERCULES ET TWIN OTTER, SECOND DE L'ESCADRON DE TRANSPORT 3/61 POITOU

Quand j'étais à l'école de l'air, mon brigadier, le commandant P., était un ancien de la DOS C-160. Il m'a mis l'eau à la bouche. À la sortie de mon école de pilotage, je voulais intégrer le Poitou, mais l'escadron ne recrutait que des profils expérimentés. J'ai intégré le Touraine, où j'ai servi deux ans. L'époque était plutôt faste entre 2010 et 2012 ; j'ai pu pratiquer des missions particulières et confirmer mon appétence pour les opérations spéciales. Mon leader pilote m'a conseillé de passer sur C-130 et, après trois ans de Franche-Comté, je suis arrivé au Poitou.

Nos Twin Otter sont arrivés en 2013 et permettent beaucoup, comme se poser presque partout, sur des zones de poser très sommaires. L'escadron a développé un kit de chirurgie vitale aérien, ou MACOS (module aérochirugical des opérations spéciales). Cela permet d'aller au plus près de la zone d'action. Le pilote identifie la zone de poser adéquate à l'aéronef. Cela demande beaucoup de développement de compétences en amont. Nous pouvons alors aller au contact du blessé,

Ci-dessous

Ce C-130 du Poitou a participé à un exercice avec les forces spéciales américaines, début 2020.

l'évacuer avec l'équipe médicale, et rester dans la *golden hour*[01] pour sauver toujours plus. Cette capacité MACOS a été proposée pour l'opération Résilience qui a lutté contre les conséquences du Covid-19. L'armée de l'air y a apporté son expertise et, à notre niveau, nous avons réfléchi à offrir ce que nous avions sous la main. Nous avions un Twin Otter en alerte, prêt à répondre au besoin.

01 Délai dans lequel, statistiquement, un blessé grave pourra être sauvé s'il est ramené à la structure médicale idoine.

Le Poitou est un escadron très particulier avec des missions assez denses, poussées, une cohésion très forte. Nous vivons des moments particuliers, c'est une seconde famille. Nos missions sont de type « couteau suisse ».

Nous pouvons partir sur un vol logistique le matin, déployer des opérateurs sur une base avancée et, le soir, et les récupérer pour une mission opérationnelle. Puis nous les désengageons, lorsque nous voyons leurs visages marqués par la fatigue, et par ce qu'ils ont vu. Nous « debriefons » le tout avec un café, ce sont des moments extrêmement forts.

ADJUDANT-CHEF LOÏC

Ci-dessous

Communion de Transall et de Twin Otter, au Sahel.

RESPONSABLE SIC, ESCADRON DE TRANSPORT 3/61 POITOU

À 55 ans, je suis le doyen du Poitou, que j'ai rejoint en 2013. Je suis entré dans l'armée de l'air pour être opérateur sur avion mais, à l'époque, il n'y avait pas de place. En 1984, j'ai donc été affecté en groupement de transmission[01]. Ma première mission est intervenue en 1988 à Abéché (Tchad) et j'ai participé à la première guerre du Golfe. Au sein du GT d'Orléans, nous étions depuis 2010 en soutien du Poitou. Mes dix années au sein du GT d'Orléans ont été très formatrices pour intégrer le Poitou, car on y cultive un esprit débrouillard et « couteau suisse ». Nous partions aux quatre coins de la planète.

À l'escadron, les SIC regroupent trois métiers : l'informatique, le support et la radio. En mission, nous ne pouvons pas emmener trois spécialistes différents, nos personnels sont donc polyvalents sur ces domaines. La technologie va tellement vite aujourd'hui qu'il faut innover en permanence, et c'est l'une de mes responsabilités. Le Poitou fonctionne comme une startup pour avoir une guerre d'avance sur l'adversaire.

Je partirai de l'armée de l'air en ayant accompli mon rêve de voler, puisque je vole entre 80 et 100 h par an, en mission C3ISTAR. Chacune de ces missions demande au moins un spécialiste SIC à bord. Notre mission C3ISTAR est réalisée dans la soute du Transall ou du Hercules. Tout le monde se dépasse pour remplir la mission à 200 %. Nous dialoguons par petits signes : un clin d'œil ou un regard peut suffire.

01 GT, un terme générique qui regroupe aussi l'écoute électronique.

Ci-dessous

Une puissante boule optronique figure à la porte para de ce Hercules du Poitou, transformé en avion d'observation, de commandement et de guidage.

LIEUTENANT HERBERT

Ci-dessous

Les boules optroniques utilisées par le Poitou sont toutes issues de la gamme de l'Américain Wescam.

Ci-contre

Un Transall du Poitou capté lors d'une présentation publique, lors de la fête aérienne de la Ferté-Alais, au sud de Paris.

OFFICIER RENSEIGNEMENT, ESCADRON DE TRANSPORT 3/61 POITOU, 29 ANS

Je suis le premier officier direct à avoir été affecté comme officier renseignement (OR) au Poitou, en sortie de Strasbourg. En formation, je pensais plutôt me spécialiser en escadron de chasse ou de drones, mais on m'avait parlé d'une place au Poitou. Je n'ai pas raté cette chance, car elle n'arrive qu'une fois dans une carrière.

Je suis arrivé il y a trois ans. Nous vivons des événements extraordinaires, et nous rencontrons des personnes fantastiques (comme Loïc, avec qui je sers en vol sur la mission C3ISTAR). Nous avons des pilotes expérimentés qui ont de la bouteille et du vécu. Il faut se mettre au niveau et apprendre. En C3ISTAR, j'ai la chance de faire 200 h de vol par an, soit plus que la plupart des pilotes militaires français, transport excepté.

Comme OR, je dois fournir au sol le meilleur appui possible, savoir quels capteurs sont disponibles sur le terrain, comment les autres nations travaillent, comment acquérir du rens sur la zone d'opération. Je dois connaître la zone que nous survolerons, la végétation, comment sont organisées les armées locales. En opex, il faut que ça marche, donc il faut toujours s'adapter et se remettre en question. Il faut qu'en fin de mission nous ayons progressé. Nous devons assurer la meilleure sécurité possible pour les opérateurs au sol, la meilleure remontée d'info vers l'état-major.

J'avais toujours rêvé d'être pilote ou commando, mais je suis myope comme une taupe. Les portes se sont donc fermées, et j'ai découvert cette spécialité rens qui permet une connaissance du monde, et qui permet d'être au cœur de l'action. Je suis les yeux des opérateurs au sol. J'ai trouvé pleinement la place que je cherchais quand je voulais être pilote. Mon travail a peut-être plus d'impact en étant rens.

Mon meilleur souvenir est ma première nuit en Afrique. Nous étions d'alerte à Tombouctou, toutes lumières éteintes. Nous attendions le décollage, sur la rampe du Transall. Les étoiles descendaient jusqu'au sol. Nous avons attendu toute la nuit, prêts à décoller en 15 minutes. Il n'était pas question de dormir. Nous avons parlé toute la nuit au sein de l'équipage, les mécanos étaient présents pour soutenir l'avion. J'ai touché du bout du doigt la fraternité de l'escadron, le partage. Finalement, l'opération n'a pas eu lieu cette fois-là.

En trois ans, j'ai participé à une dizaine d'opex, jamais plus de deux mois. Au début, j'étais plus souvent en Afrique qu'à la maison, mais on prend le rythme. Ce n'est pas déplaisant d'être en opération en permanence, c'est pour cela que je suis venu au Poitou. En mission C3ISTAR, l'ambiance est très studieuse à bord, et cela peut être très intense, surtout sur les premières minutes des opérations au sol. La mission peut aussi être très longue (jusqu'à huit heures). La tradition, au Poitou, c'est que le rens apporte les bonbons. Avant de partir en opex, il faut donc avoir un bon stock. Au bout de 4-5 h de vol, le bonbon réveille son monde et il est souvent bienvenu au cœur de la nuit!

DANGER
DANGER
DANGER

ADJUDANT THÉO

Ci-dessous

L'escadron a fait modifier des Transall pour leur permettre d'accueillir la boule optronique dans cette ancienne carène de ravitaillement en vol.

MÉCANO AVIONIQUE ET OPÉRATEUR CAMÉRA C3ISTAR, ESCADRON DE TRANSPORT 3/61 POITOU

Je suis entré dans l'armée de l'air en 2006, et au Poitou en 2010. Comme opérateur caméra, je filme la situation au sol et une partie des transmissions, le SIC se chargeant de la SATCOM. Lorsque nous sommes en vol, nous sommes forcément au moins deux opérateurs caméra, ce qui permet de tourner sur le poste, car nous sommes rapidement fatigués. Nous n'avons pas le droit à l'erreur, nous sommes là pour les opérateurs au sol. C'est un travail d'équipe avec le SIC et le rens ; nous sommes toujours au moins deux à regarder les écrans, plus le deuxième opérateur caméra, souvent un mecnav. Entre deux opex, nous continuons à améliorer le système.

Nous bénéficions d'un soutien psy à chaque fois que nous rentrons en métropole. Nous avons aussi une forme de sas sur le chemin du retour. Mais, surtout, nous parlons beaucoup entre nous, nous n'avons pas de tabous. Et cela fait du bien de pouvoir parler avec des personnes qui savent ce que nous faisons.

Nous développons en permanence des équipements pour nos missions, en matière de transmission et d'énergie. Notre convertisseur Kheops est étudié par la conventionnelle pour transformer le courant des aéronefs : du 115 volts en 220 volts utilisables par les équipes médicales.

Le Poitou représente pas mal de temps entre les missions et les détams. Pour y rester, il faut aimer ce qu'on fait, notamment grâce aux missions. Les compétences et l'implication de chacun permettent d'aller dans le même sens, et ne donnent pas envie d'aller voir ailleurs.

Ci-dessous

Le pack ISR, sur lequel jusqu'à 6 personnels peuvent être assis pour de longues missions de surveillance et de renseignement.

ADJUDANT ETHAN

Ci-dessous

Le Transall va tirer sa révérence d'ici 2023. Le Hercules, au second plan, va durer au moins 10 ans encore.

CHEF D'ATELIER VECTEUR ET CONTRÔLEUR AVION, ESCADRON DE TRANSPORT 3/61 POITOU

Je suis entré dans l'armée de l'air en 2000, à Saintes, où j'ai passé mon bac S. Ensuite, j'ai été formé comme mécanicien et j'ai servi neuf ans en atelier sur C-160, à Orléans. Je suis arrivé au Poitou en 2012. Je voulais intégrer l'escadron depuis trois ans, pour être davantage dans l'opérationnel. Certains de nos mécaniciens sont «biqualifiés»: sur Twin Otter, et sur un autre type, Transall ou Hercules. Mais le Transall et l'Hercules sont incompatibles. Pour déployer l'un de nos avions en opex, il nous suffit d'avoir un mécanicien avionique, trois mécaniciens vecteurs, un chef de piste et un pétaf[01]. C'est un format tenable si l'opex dure six à huit semaines. Au-delà, la fatigue rentre en compte. Nous faisons attention aux autres: si nous voyons que quelqu'un fatigue, nous ralentissons le pas, nous essayons d'aller au plus rapide en respectant la sécurité de l'avion et du personnel.

En opex, nous pouvons aussi être amenés à sécuriser notre avion. Nous devons donc être capables de nous servir de nos armes individuelles.

Lors de la dernière opex que j'ai faite, la vingtième, nous avons connu une série de problèmes sur l'un de nos Transall. Il y avait

01 Pétaf, mécanicien spécialisé dans la gestion des armements et substances explosives comme les leurres.

Ci-dessous

Le Transall est très adapté aux terrains sommaires, mais sa formule bi-moteur présente des limites en montagne et par temps chaud.

un manque de puissance moteur sur les deux, nous les avons donc changés, puis nous avons changé les hélices. Nous avons assemblé et changé une hélice en moins de 24 h, au lieu du double ou du triple nécessaire ailleurs. Nous avons mis seulement trois jours pour changer un moteur, contre cinq ailleurs. L'expérience du personnel fait que les réparations avancent plus vite. Chacun sait ce qu'il a à faire.

Tout le monde travaille dans le même sens, au profit de la mission. Les gens sont humbles, et ne cherchent pas à sortir du lot. Le Poitou est ma deuxième famille, et le Transall, dix-sept ans de ma vie.

SH
ARMEE DE L'AIR

ARMEE DE L'AIR
AE

ANNEXES

GLOSSAIRE

1er/9e RCP
1er/9e régiment de chasseurs parachutistes.

1er RPIMa
1er régiment de parachutistes d'infanterie de marine.

126e RI
126e régiment d'infanterie.

2e REP
2e régiment étranger de parachutistes.

4e RHFS
4e régiment d'hélicoptères des forces spéciales.

13e RDP
13e régiment de dragons parachutistes.

ALFUSCO
Amiral commandant les fusiliers marins et commandos marine, par extension, son commandement.

AMS
Antenne médicale spécialisée.

ASMU
Actions spéciales en milieu urbain.

AT4CS
Système antichar consommable.

ATTRITION
Vocable évoquant les pertes infligées à l'ennemi. Dans le sens aéronautique, le taux d'attrition est le nombre d'accidents aériens, par tranche de 100 000 h de vol.

AUXSAN
Auxiliaire sanitaire.

BELOUGA
Stage initial pour tous les aviateurs qui veulent entrer au CPA 10.

C3ISTAR
Command and control, communications, intelligence, surveillance, target acquisition, reconnaissance (commandement et contrôle, communications, renseignement, surveillance, acquisition de cibles, et reconnaissance).

BFST
Brigade des forces spéciales Terre.

C2
Commandant en second.

CASV
Centre air de saut en vol, structure de maintenance de parachute qui emploie aussi des largueurs et des arrimeurs aéronautiques.

CCT-FS
Compagnie de commandement et de transmission des forces spéciales.

CIET
Centre d'instruction des équipages de transport.

CELMO
Cellule de mise en œuvre.

CEM
Chef d'état-major.

CENTCOM
Central command (commandement Américain couvrant le Moyen-Orient).

CFST
Commandement des forces spéciales Terre.

CIEPCOS
Commission interarmées d'études prospectives des opérations spéciales.

CPCOS
Chef du centre de planification et de conduite des opérations spéciales.

CIFUSIL
Compagnie de fusiliers marins.

CJSOTF
Combined joint special operations task forces (synonyme de GFS).

CO
Centre d'opération.

COS
Commandement des opérations spéciales.

COMTF
Commandant de task force.

CEMA
Chef d'état-major des armées.

CEMAT
Chef d'état-major de l'armée de terre.

CEMP
Chef d'état-major particulier du président de la République.

CFAO
Conception et fabrication assistées par ordinateur.

CNEC
Centre national d'entraînement commando.

CONVENTIONNELS
Les conventionnels s'opposent aux « spéciaux » (les conventionnels disent en général « les FS » pour désigner les personnels du COS) ou aux clandestins de la DGSE.

CPA
Commando parachutiste de l'air.

CT
Contre-terrorisme.

CTLO
Contre-terrorisme et libération d'otages.

DAOS
Détachement de l'aviation légère de l'armée de terre des opérations spéciales.

DETALAT
Détachement de l'aviation légère de l'armée de terre.

DETAM
Détachements militaires, synonyme d'opex.

DGSE
Direction générale de la sécurité extérieure.

ÉCUME
Embarcation commando à usage multiple embarquable de nouvelle génération.

EMCOS
État-major du COS.

EOS
Escadrille des opérations spéciales.

ELC
Équipe de liaison et de contact.

EPI
Escadron de protection et d'intervention.

ESNO
Équipe spéciale de neutralisation et d'observation.

ETRACO
Embarcation très rapide commando.

EVAT
Engagé volontaire de l'armée de terre.

EVTO
Évaluation technico-opérationnelle.

FAFL
Forces aériennes françaises libres.

FAMAS
Fusil d'assaut de la manufacture d'armes de Saint-Étienne.

FARP
Forward arming and refuelling point (point de ravitaillement en carburant et munition).

FIT
Période initiale d'entraînement technique avant un exercice ou une opération.

FNFL
Forces navales françaises libres.

FOB
Base opérationnelle avancée.

GAM
Groupe aérien mixte, un des surnoms du GAM-56 Vaucluse, l'unité volante de la DGSE.

GAS
Groupe d'assaut spécialisé.

GCM
Groupement commando montagne.

GCMC
Groupe de combat en milieu clos.

GCOS
Général commandant les opérations spéciales.

GIA
Groupement d'infanterie de l'air.

GFS
Groupement de forces spéciales – synonyme de task force.

GO
Groupement opérationnel.

GSA
Groupement spécial autonome.

GUNNER
Mitrailleur.

HVT
High value target (cible à haute valeur).

IDM
Interception de mobiles.

IED
Improvised explosive device, ou explosif improvisé confectionné par des groupes terroristes.

IS
Instruction spécialisée.

ISR
Intelligence, surveillance, reconnaissance.

JTAC
Joint terminal attack controller (spécialiste du guidage de l'appui aérien).

J2
Spécialiste renseignement en état-major.

J3
Spécialiste de la conduite des opérations en état-major.

J35
Spécialiste de la manœuvre future immédiate, qui marie conduite et planification des opérations.

J5
Planification des opérations, en état-major.

J9
Spécialiste des opérations indirectes (non cinétiques) en état-major.

LIDAR
Light (ou laser) *detection and ranging*, ou mesure de distance par la lumière ou le laser.

MACOS
Module aérochirurgical des opérations spéciales.

MECNAV
Mécanicien navigant.

MECO
Mise en condition opérationnelle (MECO).

MCD
Mission de courte durée, qui peut durer quatre mois comme l'opex, mais se déroulant par contre en outremer, ou au titre d'un prépositionnement dans un pays étranger.

MCV
Module de chirurgie vitale.

MEOS
Membre d'équipage des opérations spéciales.

MIP
Mission innovation participative, qui finance l'innovation venue des personnels. Les enveloppes oscillent entre 5000 et 95000 euros. La MIP a été remplacée par la CIP (commission innovation participative), en 2019.

MINIGUN
Militrailleuse multi-tubes à tir rapide.

MMP
Missile moyenne portée.

MTA
Militaire technicien de l'air, statut qui couvre les grades de 2e classe à caporal-chef, dans l'armée de l'air.

NRBC
Nucléaire, radiologique, bactériologique, chimique.

OAEA
Officier d'active des écoles d'armes.

OPCON
Contrôle opérationnel.

OPEX
Opération extérieure. Déploiement à l'étranger, de deux à quatre mois. En 2020, les trois principales opex sont le Sahel (5500 hommes), le Levant (plus de 700) et le Liban (700).

OPSC
Opérateur de premiers secours au combat.

PAMAS
Pistolet automatique de la manufacture d'armes de Saint-Étienne.

PATSAS
Patrouilles type *Special Air Service*.

PC
Poste de commandement.

PEG
Peloton d'élèves-gradés.

PMO
Pilote mécanicien opérationnel.

PTSD
Post-traumatic stress disorder ou syndrome post-traumatique.

RAP
Commandos de recherche et d'action dans la profondeur.

RCO
Rapas chuteurs opérationnels, équipe de chuteurs opérationnels du 1er RPIMa.

RDS
Réducteur de son.

ROEM
Renseignement d'origine électromagnétique, traquant et écoutant les ondes

ROHUM
Renseignement d'origine humaine.

SAS
Special Air Service.

SBS
Special boat service.

SC2
Sauvetage de combat, deuxième degré.

SDECE
Service de documentation extérieure et de contre-espionnage.

SGTIA
Sous-groupement tactique interarmes.

SIC
Système d'information et de communication.

SITAC
Situation tactique

SOGH
Saut opérationnel à grande hauteur, entre 2400 et 4000 m.

SOTGH
Saut opérationnel à très grande hauteur, au-delà de 4000 m, sous oxygène.

STAC
Stage commando.

STICK
Équipe de parachutistes.

SVNC
Secteur vecteur nautique commando.

TACON
Contrôle tactique.

TAP
Troupes aéroportées.

TARPON
Largage de fret ou d'humains en mer par un aéronef.

TELD
Tireur d'élite longe distance.

TF
Task force, groupement de forces spéciales.

THP
Tireur haute précision.

TIC
Trousse (médicale) individuelle du commando.

TU
Task unit. Unité de base chez les forces spéciales.

VAB
Véhicule de l'avant blindé.

ANNEXES

DÉCOMPOSITION ORGANIQUE DES COMMANDOS MARINE

COMMANDOS	EFFECTIFS	DÉCOMPOSITION INTERNE
JAUBERT	78	1 CTLO, 1 ESNO, 2 GAS SOIT 40 ENVIRON
TRÉPEL	78	1 CTLO, 1 ESNO, 2 GAS SOIT 40 ENVIRON
DE MONTFORT	78	1 CTLO, 1 ESNO, 2 GAS SOIT 40 ENVIRON
DE PENFENTENYO	78	1 CTLO, 1 ESNO, 2 GAS SOIT 40 ENVIRON
KIEFFER	80 ENVIRON	8 CELLULES (VOIR TEXTE)
PONCHARDIER	150-180	4 ESCOUADES (VOIR TEXTE)
HUBERT	100 ENVIRON	50 ENVIRON EN ACTION ET 50 EN SOUTIEN
ÉTAT-MAJOR	60 ENVIRON	
TOTAL	750 ENVIRON	

ÉVOLUTION PRÉVUE DU CPA 10 D'ICI 2024

ANNÉES	ÉQUIPES	CTLO	CHUTOPS	OXY	CYNO	EFFECTIF TOTAL
2020	10	3	4	1	9	270
2024	12	4	8	3	15	290

Monsieur et Madame Pascal et Corinne NARDINI
18 rue de Menez Plen
29940 LA FÔRET FOUESNANT
FRANCE

CRÉDITS

P. 6 : © JMT
P. 9-11 : © JMT
P. 12 : © Christophe M / CFST / Armée de terre
P. 14 : © Collection privée
P. 15 : © Collection privée
BAS DE P. 15 : © JMT
P. 16 : © Olivier Fourt
P. 17 : © Olivier Fourt
P. 18 : © JMT
P. 19 : © JMT
P. 20 : © JMT
P. 21 : © JMT
BAS DE P. 21 : © JMT
P. 22 : © JMT
P. 23 : © JMT
P. 24 : © JMT
P. 25 : © JMT
P. 26 : © JMT
P. 28 : © DR
P. 29 : © Peshmergas
P. 30 : © JMT
P. 33 : © Collection privée Maurice Le Page
P. 34 : © Collection privée Maurice Le Page
P. 37 : © Collection privée Maurice Le Page
P. 39 : © JMT
P. 40 (HAUT ET BAS) : © Collection privée
P. 42 : © JMT
P. 43 : © Collection privée
P. 44 : © JMT
P. 46 : © JMT
P. 47 : © JMT
P. 48 : © JMT
BAS DE P. 48 : © JMT
P. 51 : © JMT
P. 52 : © JMT
P. 53 : © JMT
P. 54 : © JMT
P. 55 : © JMT
P. 57 : © JMT
P. 58 : © DoD
P. 60 : © JMT
P. 63 : © JMT
P. 64 : © JMT
P. 65 : © JMT
BAS DE P. 65 : © JMT
P. 67 : © EMCOS
P. 69 : © EMCOS
P. 70 : © Christophe M / CFST / Armée de terre
P. 73 : © JMT
BAS DE P. 73 : © Christophe M / CFST / Armée de terre
P. 74 : © JMT
P. 75 : © JMT
P. 76 : © JMT
P. 79 : © Christophe M / CFST / Armée de terre
BAS DE P. 79 : © Christophe M / CFST / Armée de terre
P. 80 : © Christophe M / CFST / Armée de terre
P. 81 : © Christophe M / CFST / Armée de terre
P. 82 : © Christophe M / CFST / Armée de terre
P. 85 : © Christophe M / CFST / Armée de terre
BAS DE P. 85 : © Christophe M / CFST / Armée de terre
P. 86 : © Christophe M / CFST / Armée de terre
P. 87 : © Christophe M / CFST / Armée de terre
P. 88 : © Christophe M / CFST / Armée de terre
P. 90 : © Christophe M / CFST / Armée de terre
P. 91 : © Christophe M / CFST / Armée de terre
P. 92 : © Christophe M / CFST / Armée de terre
P. 94 : © JMT
P. 95 : © JMT
P. 97 : © JMT
P. 99 : © JMT
BAS DE P. 99 : © Christophe M / CFST / Armée de terre
P. 100 : © JMT
P. 101 : © JMT
P. 102 : © JMT
P. 105 : © Christophe M / CFST / Armée de terre
P. 107 : © JMT
P. 108 : © Christophe M / CFST / Armée de terre
P. 113 (HAUT ET BAS) : © Christophe M / CFST / Armée de terre
P. 114 : © Christophe M / CFST / Armée de terre
P. 115 : © Christophe M / CFST / Armée de terre
P. 116 : © Christophe M / CFST / Armée de terre
P. 118 : © JMT
P. 119 : © JMT
P. 121 : © JMT
P. 123 : © JMT
P. 124 : © JMT
P. 125 : © JMT
P. 127 : © JMT
P. 129 : © JMT
P. 130 : © JMT
P. 131 : © JMT
P. 133 : © JMT
P. 134 : © JMT
P. 136 : © JMT
P. 137 : © JMT
P. 138 : © JMT
P. 139 : © JMT
P. 140 : © JMT
P. 141 : © JMT
P. 143 : © JMT
P. 144 : © JMT
P. 145 : © JMT
P. 146 : © JMT
P. 147 : © JMT
P. 149 : © Collection privée
P. 151 : © JMT
P. 152 : © Christophe M / CFST / Armée de terre
P. 154 : © JMT
P. 156 : © JMT
P. 157 : © JMT
P. 158 : © JMT
P. 159 : © JMT
P. 160 : © JMT
P. 162 : © JMT
P. 163 : © JMT
P. 164 : © JMT
P. 166 : © Julien / Marine Nationale
P. 169 : © JMT
P. 170 : © JMT
P. 171 : © JMT
P. 172 : © JMT
P. 173 : © JMT
P. 175 : © Marine Nationale
BAS DE P. 175 : © Marine Nationale
P. 176 : © JMT
P. 177 : © AeroVironment
P. 179 : © JMT
P. 181 : © JMT
P. 182 : © JMT
P. 183 : © Marine Nationale
P. 185 : © JMT
P. 187 : © Laurent Guichardon / MBDA
BAS DE P. 187 : © JMT
P. 189 : © JMT
P. 191 : © JMT
P. 192 : © JMT
P. 193 : © JMT
P. 195 : © JMT
P. 197 : © JMT
P. 198 : © Marine Nationale
P. 199 : © Julien MN
P. 200 : © Marine Nationale
P. 202 : © Collection privée
P. 204 : © DGA EV
P. 205 : © JMT
P. 207 : © JMT
P. 208 : © JMT
P. 209 : © JMT
P. 210 : © JMT
P. 211 : © JMT
P. 213 (HAUT ET BAS) : © JMT
P. 214 : © JMT
P. 215 : © JMT
P. 216 : © JMT
P. 218 (HAUT ET BAS) : © Collection privée
P. 219 : © Collection privée
P. 220 : © Collection privée
P. 222 : © JMT
P. 223 : © JMT
P. 224 : © JMT
P. 225 : © JMT
P. 226 : © JMT
P. 227 : © JMT
P. 228 : © JMT
P. 229 : © JMT
P. 230 : © JMT
P. 231 : © JMT
P. 232 : © JMT
P. 234 : © JMT
P. 235 : © JMT
P. 236 : © AFSOC
P. 238 : © JMT
P. 239 : © JMT
P. 240 : © JMT
P. 241 : © JMT
P. 242 : © JMT
P. 243 : © JMT
P. 244 : © JMT
P. 245 : © JMT
P. 246 : © JMT
P. 248 : © JMT
P. 250 : © Christophe M / CFST / Armée de terre
COUVERTURE : © Christophe M / CFST / Armée de terre